Reinhart Kößler
Entwicklung

EINSTIEGE 3

Grundbegriffe der Sozialphilosophie und
Gesellschaftstheorie

Redaktion: H.G. Thien

Reinhart Kößler, geb. 1949, studierte Soziologie, Osteuropäische Geschichte, Mittlere und Neuere Geschichte und Ethnologie in Heidelberg, Leeds und Münster, langjähriger wiss. Mitarbeiter am Institut für Soziologie in Münster, seit 1993 apl. Prof. in Münster, Mitbegründer und Redaktionsmitglied der *Peripherie*, zahlreiche Veröffentlichungen, u.a. im Verlag Westfälisches Dampfboot *Arbeitskultur und Industrialisierungsprozeß*, 1990.

Reinhart Kößler

Entwicklung

WESTFÄLISCHES DAMPFBOOT

Die Deutsche Bibliothek – CIP-Einheitsaufnahme

Kößler, Reinhart:
Entwicklung / Reinhart Kößler – 1. Aufl. – Münster :
Westfälisches Dampfboot, 1998
   (Einstiege ; 3)
   ISBN 3-89691-697-1

1. Auflage Münster 1998
© 1998 Verlag Westfälisches Dampfboot, Münster
http://www.login1.com./dampfboot
Alle Rechte vorbehalten
Umschlag: Lütke · Fahle · Seifert, Münster
Gedruckt auf säurefreiem Papier.
Druck: Rosch-Buch Druckerei GmbH, Scheßlitz
ISBN 3-89691-697-1

Inhalt

Vorrede 7

Kapitel 1
Entwicklung in der Betrachtung von Natur und Geschichte

Der historische Ort des Entwicklungsdenkens 11
Karriere eines Begriffs 15
Entwicklung und menschliche Gesellschaft 38
Entdeckungen des 20. Jahrhunderts: Zufall und Dynamik 47

Kapitel 2
Nachholende Entwicklung: Konzept und Strategien

„Wasch' mir den Pelz, aber mach' mich nicht naß"
— Nachholen und Bewahren 65
„Erziehung" und „Hebung" der Kolonisierten 69
Perspektiven der klassischen Imperialismuskritik 71
Nachholende Entwicklung und Sowjetmacht 75
Kolonialherrschaft und nachholende Entwicklung 81
Nachholende Entwicklung und staatliche Unabhängigkeit 84

Kapitel 3
Entwicklung als Modernisierung — Modernisierung als Entwicklung?

Das modernisierende Entwicklungsparadigma 91
Gemeinsamkeiten gegensätzlicher Konzepte 93
Die Politik der Modernisierungstheorien 102
Talcott Parsons und die Konkurrenz der Nationalstaaten 105
Teleologie zwischen „Ende der Geschichte" und „geschichteter Weltgesellschaft" 107
Das Mißverständnis der Modernisierung 112
Dependenztheorien: Gegenposition im gleichen Bezugsrahmen 114
Etwas Neues im Osten? 118

Ende der Dritten Welt oder hierarchischer und
uneinheitlicher Weltzusammenhang?   121
Fünfeck und Hexagon   127

Kapitel 4
Ko-Evolution, Gesellschaftsformation der Moderne und Entwicklungsoption

Zum Konzept der gesellschaftlichen Moderne   131
Gesellschaftsformation und Ko-Evolution   136
Modelle der Ko-Evolution   140
Der Begriff der Entwicklungsoption   151
Entwicklungsoption und soziale Evolution   161
Entwicklungsoptionen und Weltgesellschaft   166

Kapitel 5
Krisen der Gegenwart und Umrisse eines zukünftigen Paradigmas gesellschaftlicher Entwicklung

Fortschritt, Entwicklung und der Einbruch der Entropie   171
Nachhaltige Entwicklung   176
„Feminisierung der Entwicklung"   191
Recht auf Entwicklung – aber wie und für und durch wen?   196
„Seid realistisch – verlangt das Unmögliche"
oder: Post-Moderne in epigenetischer Perspektive   206

Literatur   211

Vorrede

Ständig „entwickelt" sich alles Mögliche – wenn wir uns selbst und andere reden hören, meistens zum Guten oder doch zum Besseren. Sonst sprechen wir von *Fehl*entwicklungen. Überall entwickelt sich jemand und etwas: Kinder, Pflanzen, Aktienkurse. Oder es wird entwickelt: ein Land, ein Stadtteil, eine Theorie. Über das Alltagsverständnis hinaus tragen wissenschaftliche Disziplinen zum begrifflichen Wirrwarr bei, wenn etwa Psychologie und Sozialwissenschaften Arten von Prozessen jeweils mit „Entwicklung" bezeichnen und daraus Teildisziplinen ableiten, die sich zumindest auf den ersten Blick und in praktischen Konsequenzen als sehr unterschiedlich darstellen.
Wer über Entwicklung redet oder wissenschaftlich darüber handelt, glaubt selbstverständlich zu wissen, worum es dabei geht. Dabei ist das gerade bei einem so allgemein verbreiteten Wort, das sich von der Alltagssprache bis in entlegene Fachsprachen verfolgen läßt, gar nicht so sicher. Zumindest ist es schwer, sich das gesamte Assoziationsfeld, das bei unterschiedlichen Sprechern und Hörerinnen, Autorinnen und Lesern aufgerufen werden kann, vor Augen zu führen. Darf das Interesse an den folgenden Hinweisen auf „Einstiege" vor allem im Bereich der Debatten über nachholende Entwicklung, Unterentwicklung oder „Dritte Welt" vermutet werden, so überzeugt schon ein Blick in gängige Lexika, daß dies alles andere als eine Selbstverständlichkeit ist. „Entwicklung" in der Psychologie, Physiologie oder unter Bezug auf die Entwicklung der Arten spielt dort eine weit größere Rolle, und nachholende Entwicklung kommt eher unter einem Stichwort wie „Entwicklungshilfe" vor. Dabei ist allein schon Entwicklung im Sinn des Nachholens oder auch der vorwärtsweisenden Planung soziökonomischer Prozesse ein höchst kontroverses und auch immer wieder öffentlich umstrittenes Thema. Und für öffentliche Debatten, die vom wissenschaftlichen Diskurs kaum jemals reinlich zu trennen sind, ist die positive Konnotation durchaus folgenreich, die üblicherweise aufgerufen wird, wenn von „Entwicklung" die Rede ist. Diese Konnotation wird verstärkt, wenn wir beispielsweise befriedigt feststellen, ein Kind zeige eine normale Entwicklung oder auch durch die Assoziation der Entwicklung zur „Marktreife" in den spezialisierten R+D-Abteilungen hinreichend großer Unternehmen. Ich versuche daher im folgenden nicht einfach Hinweise auf Einstiegsmöglichkeiten in ein übergreifendes sozialwissen-

schaftliches Fachgebiet zu geben, sondern solche Hinweise in den semantischen und begriffsgeschichtlichen Rahmen zu stellen, von dem sich die Fachdiskussionen auch dann selten Rechenschaft geben, wenn sie bereit sind, die eigene Theoriegeschichte zu berücksichtigen.
Die Rekonstruktion der Entwicklung des Entwicklungsbegriffs weicht deshalb ausdrücklich ab von Versuchen, Entwicklungsdenken dergestalt durch verschiedene Etappen zu verfolgen, daß die Auseinandersetzung mit den *in der Gegenwart* mit „Entwicklung" bezeichneten *Problemstellungen* verfolgt wird. Indem vor allem im einleitenden begriffsgeschichtlichen Überblick das Auftreten und die Schicksale des *Wortes* „Entwicklung" selbst zum Leitfaden genommen werden, können unterschiedliche Denkweisen und meist implizite Grundvoraussetzungen aufgefunden werden, die in heutigen Entwicklungskonzeptionen oft nur noch implizit, aber folgenreich präsent sind. In den folgenden Kapiteln kann dann die Problematik der sozioökonomischen Entwicklung unter verschiedenen Aspekten ausgeleuchtet werden: Zunächst zeichne ich die konzeptionelle Verknüpfung von Entwicklung und Nachholen unter Bezugnahme auf theorie-, aber auch realgeschichtliche Zusammenhänge nach; dem folgt eine kritische Analyse der expliziten Strategien und der sie informierenden Theorieansätze solcher nachholender Entwicklung, vor allem des modernisierungstheoretischen Entwicklungsparadigmas; schließlich skizziere ich in zwei großen Schritten, eher erfolgversprechende Ansätze und Wege künftiger Reflektion, Forschung aber auch Praxis: Dabei geht es um einen Begriff sozioökonomischer Entwicklung, der aktuellen gesellschaftlichen Problemen ebenso entsprechen soll wie er sich durch neuere Einsichten anderer entwicklungsbezogener Wissenschaften anregen läßt, sowie abschließend um die Umrisse eines zukunftsweisenden Entwicklungsparadigmas.
Die Zielsetzung eines solchen Unternehmens kann im gegebenen Rahmen nicht eine erschöpfende Darstellung sein. Vielmehr geht es um „Einstiege", d.h. um unterschiedliche Zugangsmöglichkeiten oder auch um unterschiedliche Definitionsmöglichkeiten für ein weites Spektrum von Problemstellungen der gesellschaftlichen Moderne. „Einstiege" lassen sich dabei nicht allein mit der Richtung nach oben assoziieren, was etwa im Beginn des Durchstiegs durch eine schwierige Bergwand gegeben wäre. Mir ging bei der Arbeit an diesem Text des öfteren ein schon einige Jahre zurückliegendes Abenteuer durch den Kopf, das mich recht unvorbereitet bei einer Befahrung der Schlüsselloch-Höhle im Chiemgau betraf. Der „Einstieg" war in diesem Fall ein schmaler, nur kriechend passierbarer Durchschlupf, der den Zugang zu Tropfstein-Hallen, unterirdischen Wasserläufen und Galerien eröffnete, in denen wir

uns später für ein paar Stunden verirrten. Gerade wenn sie eher nach unten weisen, können Einstiege demnach ungeahnte Perspektiven und Panoramen eröffnen, die ohne die Anstrengung, sie zu passieren, unsichtbar bleiben würden. Das gilt beispielsweise auch für die Unterseite der modernen Städte, wie Walter Benjamin in seinem *Passagenwerk* eindrücklich in seinen Hinweisen auf die Katakomben von Paris dargetan hat, oder wie uns gelegentliche Reportagen über die tausende von Menschen lehren, die in der New Yorker Kanalisation hausen.

Die Darstellung von Einstiegen gerade in ein so komplexes und weitverzweigtes Thema wie Entwicklung kann dabei nicht mehr leisten, als einige der Abzweigungen des sich öffnenden Labyrinths zu erkunden und andere zumindest für diejenigen kenntlich zu machen, die Lust verspüren, ihnen zu folgen. Die Vergewisserung über das Denk-Mögliche und über die Dynamik und Erweiterung solcher Möglichkeiten kann auch da, wo dies manchen als ein abgelegenes Geschäft erscheinen mag, durchaus beitragen, auch die Entwicklungsprobleme der Gegenwart besser zu verstehen und hoffentlich auch praktisch zu bearbeiten. Einstiege sind freilich auch riskant. Man kann sich verlaufen oder versteigen. Doch ohne solches Risiko würde es kaum Entdeckungen von Neuem oder überraschende Wieder-Entdeckungen geben.

* * *

Dank für Anregung und Hilfe beim Zustandekommen des vorliegenden Textes ist vor allem Hans-Günter Thien abzustatten, ohne dessen nachdrückliche und wiederholte Anregung und Anforderung er wohl nicht geschrieben worden wäre. Das Redaktionskollektiv der Zeitschrift *Peripherie* bildet seit fast zwei Jahrzehnten einen Zusammenhang, in dem vielfältige Dimensionen sozioökonomischer Entwicklung aus den Perspektiven unterschiedlicher Fachdisziplinen und Regionalbezüge immer wieder und oft kontrovers diskutiert werden. Anregungen, die ich daraus bezogen habe, sind dem Text in ausdrücklichen Verweisen zu entnehmen, vielleicht aber noch mehr in Problemstellungen und Denkstrategien eingegangen. Ähnliches gilt für die enge und langjährige Kooperation mit Christian Sigrist, die sich nicht allein auf ein im WS 1981/82 am Institut für Soziologie der Universität Münster gemeinsam abgehaltenes Seminar „Einführung in die Entwicklungssoziologie" beschränkt hat, aus dem nicht nur die Kategorie der Entwicklungsoption hier aufgenommen und weiter ausgeführt wurde. Eine wichtige Vorstufe für Teile der Kapitel 2-4 bildeten die Vorlesungen „Entwicklungstheorie am Ende?" und „Entwicklungstheorie als Gesellschaftstheorie", die ich im SS 1993 und WS

1993/94 anläßlich der Vertretung der Professur Entwicklungssoziologie an der Universität Bayreuth gehalten habe. Diskussionen über Zeit und Zukunft, die ich seit längerem mit Jürgen Rinderspacher führe, haben zu der hier eingenommenen Perspektive beigetragen. Wolfgang Hein unterstützte mich sehr bereitwillig in dem Bestreben, der Behandlung der Nachhaltigkeits-Problematik auch angesichts der ausufernden Literatur ein Mindestmaß an Aktualität zu verleihen. Ilse Lenz gab wesentliche Hinweise zu den sicherlich zu kurz geratenen Bemerkungen zur internationalen Frauenbewegung und half vor allem durch alltägliche Ermutigung und vielerlei Impromptu-Diskussionen. Von der Verantwortung für die gerade beim wiederholten „Einsteigen" in fremde Schrebergärten wohl kaum ganz auszuschließenden Irrtümer und Fehler kann ich mich dadurch natürlich nicht entlasten; doch wenn andere beim Lesen ein wenig von den Anregungen empfinden, die mir beim Schreiben gerade das Übersteigen von Fachgrenzen verschaffte, so hat sich dieses Risiko sicher gelohnt.

Ramelow, 8.4.1998

Kapitel 1
Entwicklung in der Betrachtung von Natur und Geschichte

Das Wort „Entwicklung" wird in der heutigen Alltagssprache mit großer Selbstverständlichkeit gebraucht. Gleiches gilt für eine ganze Reihe von Wissenschaftssprachen. Bei solcher Allgegenwart kann es überraschen, daß „Entwicklung"im Deutschen ein relativ junges Wort ist. Die unterschiedlichen Begriffe, die damit verknüpft sind, blicken großenteils auf eine noch kürzere Geschichte zurück. Das ist kein Zufall. „Entwicklung" bezieht sich auf historisch gesehen sehr spezifische Erfahrungszusammenhänge, Denkformen und Erkenntnismöglichkeiten. Die Vorstellungswelt, gleichsam der empirische Bezugsrahmen, auf dem Überlegungen beruhen, wie sie dann u.a. in Konzeptionen von „Entwicklung" zusammengefaßt wurden, war nicht zu allen Zeiten möglich. Die objektiven Voraussetzungen, „Entwicklung" zu denken, haben sich erst mit der Heraufkunft der gesellschaftlichen Moderne allmählich hergestellt. Es geht zunächst um die Erfahrung einer fühlbar schneller verlaufenden, gerichteten Veränderung, der für die Neuzeit charakteristischen „Beschleunigung" (Koselleck 1992, *passim*) dann um die schnelle Aufeinanderfolge naturwissenschaftlicher Entdeckungen.

Der historische Ort des Entwicklungsdenkens

Die Beschleunigung war mehr als einfache Wahrnehmung (s. auch Chesneaux 1989). Die Erfahrung der Moderne läßt sich nicht ablösen von Serien technischer und sozioökonomischer Umbrüche, deren Ende auch nach mehr als zwei Jahrhunderten nicht abzusehen ist. Der Übergang zu industriellen Produktionsmethoden und Formen des Transports ist in seinen Auswirkungen auf gesellschaftliche Beziehungen wie auf das gesellschaftliche Naturverhältnis nur mit der neolithischen Revolution vergleichbar. Damals „erfand" die Menschheit in einem über Jahrtausende sich hinziehenden Prozeß den Ackerbau. Die industrielle Revolution vollzog sich von der Mechanisierung der Baumwollspinnerei über die Mechanisierung des Transports durch Lokomotiven bis zur Mechanisierung des Maschinenbaus in einem ersten großen

Schub innerhalb von noch nicht ganz 100 Jahren. Sie leitete darüberhinaus weitere Innovationswellen ein. Mindestens jede zweite Generation ist seither mit grundlegenden Umwälzungen konfrontiert, die tief in ihr Arbeits- und Alltagsleben eingreifen: Elektrifizierung, Automobilisierung, massenhafter Luftverkehr und Mikroelektronik markieren konsekutive jüngere Etappen. All dies bedeutete und bedeutet *auch* jeweils eine enorme Beschleunigung des individuellen Lebens ebenso wie der Bewegung im Raum und der Veränderung der umgebenden Verhältnisse, bis hin zu dem von Paul Virilio (1992) apostrophierten Paradox des „rasenden Stillstands". Doch liegen darin neben Gefahren und Anforderungen an beständige Neuanpassung und permanentes Lernen auch gänzlich neue Möglichkeiten des Lebens und Handelns, nicht zuletzt der Emanzipation von der Gewalt natürlicher und übernatürlicher Mächte und Risiken.

Hinzu kommen aufgrund der Formbestimmung des materiellen Fortschritts neue Formen existenzieller Unsicherheit, die ihrerseits auf das Zeitbewußtsein zurückwirken. Die Entbettung der Ökonomie, ihre Herauslösung aus gesellschaftlichen Kontrollen und Einschränkungen (vgl. Polanyi 1977) ließ die Vorsorge für die Zukunft zu einem akuten, individuell zu meisternden Problem werden. Waren katastrophenhafte Einbrüche durch Kriege oder Naturkatastrophen unkalkulierbar gewesen, so bestanden zugleich Sicherungsmechanismen in Form kommunaler und besonders klientelistischer Reziprozität und familialer Solidarität. Gerade sie verdampften angesichts der expansiven Macht entfesselter Marktkräfte. Es war sicher kein Zufall, daß von den frühesten Debatten über die Lage der modernen arbeitenden Klassen an deren angeblich mangelnde Vorsorge (improvidence) beklagt und als Grund für ihr Elend bezeichnet wurde. In Wirklichkeit entwickelten sich recht schnell neue Sicherungsstrategien, soweit dies die neuen, oft gerade für die Einzelnen ganz unkalkulierbaren Verhältnisse zuließen. Die in modernen Lebensläufen vorprogrammierte Gefahr einer Katastrophe im Alter aber war vorhersehbar, und man versuchte früh, gerade sie durch besondere Vorkehrungen einzugrenzen. Die institutionalisierte Versicherung einschließlich der mit Leben und Tod kalkulierenden Versicherungsmathematik trat an die Stelle früherer Reziprozitätsbeziehungen als Versuch, sich gegen absehbare Lebensrisiken zu schützen. Zukunft wurde so zum Gegenstand systematisierter und rationalisierter, wenn auch sicherlich nicht immer effizienter Sicherungsstrategien (vgl. z.B. van der Linden 1996; Gosden 1961; ders., 1973).

All dies ist überformt und geprägt durch die dominierende Logik der Akkumulation des Kapitals, anders ausgedrückt, durch den permanenten Zwang zum wirtschaftlichen „Wachstum". Nicht ohne

Ironie hat Marx dies als oberstes Gebot des modernen Kapitalismus ausgezeichnet: „Akkumuliert, Akkumuliert! Das ist Moses und die Propheten!" (Marx 1968, S. 621) Auch mit Akkumulation ist die Verankerung neuer Zeitstrukturen in sozioökonomischen Grundverhältnissen chiffriert. Die Vorherrschaft der Agrarproduktion mit ihren kreisförmigen Prozessen begünstigte zyklische, insgesamt stationäre Vorstellungen vom Zeitablauf. Die Akkumulation des Kapitals folgt zwar ebenfalls dem zyklischen Muster von Konjunktur und Depression, enthält aber das dominante Moment des „Wachstums", das der auf Recheneinheiten wie das Wirtschaftsjahr reduzierten Zeit den Charakter einer Koordinate verleiht, auf der es nicht nur aufwärts, sondern vor allem vorwärts geht. Das einzelne Kapital unterliegt ebenso wie jede einzelne Volkswirtschaft dem Zwang zu immer weiterer Akkumulation, zu prinzipiell schrankenlosem Wachstum. Damit ist gleichfalls der Antrieb und Zwang zu immer neuen Wellen technologischer, aber auch sozialer Innovation und zu tiefgreifenden Umbrüchen gegeben. „Fortschritt" und „Entwicklung" werden so zu ständigen existenziellen Erfahrungen, aber auch erfahren als Bedingungen des (Über-)Lebens von und in modernen Gesellschaften. Inzwischen sind damit Zwänge verbunden, denen im besten Fall nur schwer zu entkommen sein wird.

Die Beschleunigung und der Verlust überkommener Sicherheiten als Grunderfahrungen der Moderne trafen in ihrer Ursprungsregion, im westlichen Europa also, auf eine etablierte, spezifische Denkweise, die jahrhundertelang systematisiert, aber auch in allen europäischen Gesellschaften mit großer Nachhaltigkeit propagiert und breit verankert worden war: Die Zeiterfahrung der Moderne wurde von vornherein verarbeitet vor dem kulturell fast selbstverständlichen Hintergrund jüdisch-christlicher Eschatologie. Unterhalb der verbreiteten These von der säkularisierten Religion stellten kulturell verwurzelte eschatologische Vorstellungen seit Beginn der Moderne in Europa das anderswo keineswegs selbstverständliche Vorverständnis bereit, daß die Welt auf ein Ziel hingeleitet werde oder auf ein solches Ziel zustrebe. Dieses lineare, gerichtete Konzept von einer Geschichte, die schließlich die gesamte *oikumene*, die ganze bekannte oder bewohnte Welt also umfaßte, kontrastiert deutlich mit zyklischen Vorstellungen vom Gang der (Welt-)Geschichte. Diese sind in der westlichen Moderne zwar nicht vollständig verschwunden, aber etwa im Motiv der ewigen Wiederkehr marginalisiert und meist auch als spekulativ diskreditiert worden (s. hierzu Benjamin 1983, B1, D 5,7-D 10a,5). Zum Zeitpunkt des Anbruchs der Moderne hatten sich im Okzident seit etwa anderthalb Jahrtausenden über die zirkulären Rhythmen des Agrarjahres Vorstellungen von der Abfolge von Weltreichen gelegt, von denen das Römische das letzte sein soll-

te, mit dem die (Heils-)Geschichte zum Abschluß kommen würde (vgl. Löwith 1990). Damit ging auch die Einübung in eine unterschiedlich intensive, meist transzendentale, aber gerade in Ausbrüchen der Rebellion durchaus diesseitig verstandene und aktiv gewendete Erwartung auf etwas grundlegend Anderes, Besseres einher. Zu der Vorstellung, die Welt bewege sich auf ein bestimmtes Ziel hin, trat daher die Erwartung oder die Hoffnung auf das mit dem Jüngsten Tag hereinbrechende Jenseits – oder aber auf Vollendung im Diesseits, die mögliche Vervollkommnung der diesseitigen Welt. Dem standen zwar massive Ängste vor Hölle und ewiger Verdammnis gegenüber, doch enthielten sie ganz ebenso die Vorstellung gerichteter Zeit und bildeten letztlich nur den notwendigen Kontrast zu jenseitigen, aber auch zu diesseitigen Heilserwartungen. Gerade diese letzteren wurden in Aufbruchsituationen wie etwa dem deutschen Bauernkrieg zu aktivistisch verfolgten Leitbildern (vgl. Bloch 1974, bes. Kap. 53-55; ders. 1969). In der Aufklärung verbanden sich die zur Vorherrschaft drängenden szientistischen Vorstellungen über die Erkennbarkeit der Natur und in der Folge der Gesellschaft durch die Identifizierung fester Gesetzmäßigkeiten mit der Annahme der Perfektabilität der Welt. Indem die Natur auf ihre Wirkungsprinzipien befragt wurde, sollte sie zugleich gefügig und verfügbar gemacht werden (vgl. Bacon 1963, S. 173f). Die Kenntnis natürlicher Gesetzmäßigkeiten schien aus dieser Sicht zugleich die Möglichkeit ihrer technologischen Anwendung zur Dienstbarmachung der Naturkräfte und Beherrschung zu bieten. Die große Innovation des experimentellen und vor allem des systematisierten, abstrakten Denkens war selbst gebunden an gesellschaftliche Voraussetzungen, vor allem an die Verallgemeinerung von Warenbeziehungen (vgl. Sohn-Rethel 1972; Hurtienne 1984, Kap. 1).
In diesem Horizont kam es innerhalb relativ kurzer Zeit zur Ausbildung und Verallgemeinerung eines Begriffs der „Entwicklung", der sich freilich von den heute geläufigen zunächst noch ebenso grundlegend wie aufschlußreich unterschied. Bei allen Wandlungen läßt sich aber eine Grundproblematik ausmachen, die den unterschiedlichen begrifflichen Ansätzen und den weit aufgefächerten Anwendungsgebieten gemeinsam ist: Zwar wurde selten in Zweifel gezogen, daß „Entwicklung" eine Richtung habe. Doch schon die Frage nach einem vorab bestimmten Ziel war schwieriger zu entscheiden, und erst recht, ob und in welcher Weise in diesem Verlauf wirklich Neues auftrete gegenüber bloßen Umformungen aus Prä-Existentem. Auch für das Entwicklungsdenken der Gegenwart sind Teleologie und Innovation brennende Fragen, die noch weit umstrittener wären, wenn ihnen denn immer ausreichend Aufmerksamkeit zuteil würde.

Karriere eines Begriffs

Bei der Herausbildung mehrerer miteinander in näherer oder entfernterer Beziehung stehender Begriffe von Entwicklung geht es um das Denk-Mögliche gleich aus mehreren Perspektiven. Zur Debatte stehen das Auftauchen des Neuen, die Vorstellung von Ziel und Richtung der mit „Entwicklung" bezeichneten Vorgänge, die Rolle des Zufalls dabei sowie Konzepte der Gesetzmäßigkeit. Wie angedeutet, ist die Herausbildung von Begriffen nicht abzulösen von gesellschaftlichen Prozessen, doch ist mit weiteren Beziehungen der Rückkoppelung zu rechnen:

„Ein Begriff ist nicht nur Indikator der von ihm erfaßten Zusammenhänge, er ist auch deren Faktor. Mit jedem Begriff werden bestimmte Horizonte, aber auch Grenzen möglicher Erfahrung und denkbarer Theorie gesetzt" (Koselleck 1992, S. 120).

Im folgenden soll die Herausbildung und Karriere – im Licht dessen, was es darzustellen gilt, ließe sich auch sagen, die „Entwicklung" – des Entwicklungsbegriffs wenigstens in zentralen Abschnitten beleuchtet werden. Nur dieser Hintergrund kann die Dimensionen erschließen, die oft implizit und sogar unbewußt in einen universalisierten Begriff wie „Entwicklung" mittransportiert und assoziativ aufgerufen werden. Freilich muß eine solche Rekonstruktion bruchstückhaft bleiben, zumal bei einem so stark verallgemeinerten Terminus, dessen Bedeutung in breite Bezüge der Alltagssprache ebenso eingegangen ist wie er sich in höchst unterschiedliche Fachsprachen verzweigt hat. Dennoch soll versucht werden, über begriffsgeschichtliche Zusammenhänge etwas von dem semantischen Feld zu erkunden und zu vermitteln, in dem sich spezifisch sozialwissenschaftliche Konzeptionen von Entwicklung, und hier speziell wieder von *nachholender* Entwicklung, mehr unwillkürlich und unbewußt bewegen, als daß ihre Autorinnen und Autoren davon Kenntnis nähmen. Wenn diese Darstellung einige Linien der Dynamik des modernen Denkens im westlichen Europa nachzeichnet, so findet dies seine Berechtigung darin, daß die Formulierung der Entwicklungsproblematik ebenso wie die Provokation zum Nachdenken darüber vor allem durch wirtschaftliche und gesellschaftliche Prozesse geprägt ist, die gerade in dieser Weltgegend ihren Ausgang genommen haben. Gleiches gilt für die theoretische Verarbeitung dieser Erfahrungen, die nicht abzulösen ist von dem Netzwerk wissenschaftlicher Anstrengungen auf ganz anderen Gebieten. Bei alledem kann es nur um eine Rekonstruktion auch in dem Sinne gehen, daß Schwerpunkte gesetzt und Auslassungen akzeptiert werden müssen. Schließlich verfährt das Unternehmen auch insofern reduktionistisch und exemplarisch, als die begriffliche Entwicklung im Deutschen ins Zentrum gerückt ist.

Die naturwissenschaftlich-technischen Entdeckungen und Erfindungen, aber auch die historischen Erfahrungen der Zeit, die langsame Ablösung von der christlichen Eschatologie mit der beständig aktuell gehaltenen Erwartung des Jüngsten Tages (s. ebd., S. 23ff) eröffneten allmählich zum einen Einsichten in langfristige, gerichtete Veränderungsprozesse, zum andern waren sie verknüpft mit den daraus folgenden und tatsächlich eingelösten Möglichkeiten technischer Verfügbarkeit. Dieser Zusammenhang zwischen Denken und Einsicht in Veränderungsprozessen und bewußtem Eingreifen in diese Prozesse ist Signum der „Neuzeit" und mehr noch der Moderne in einem Ausmaß, das es einleuchtend erscheinen ließ, dem „Beharrungsdenken" der Antike geradezu ein „Entwicklungsdenken" als spezifischen Ausdruck des intellektuellen Neuanfangs gegenüberzustellen, der ein wesentliches Moment des Epochenbruchs gewesen ist (s. Eucken 1920, S. 206-219). Zwar reicht das „Postulat der Kontinuität des Geschehens" im europäischen Denken bis in die Antike zurück (Eisler 1927, S. 347), doch ist damit noch nichts über die Form dieses Geschehens ausgesagt, zumal über eine Richtung, die für die Ereigniskette postuliert wird oder nicht. Um eben diese Fragen ging es aber bei der Ausbildung des Entwicklungsdenkens.

Heute umfaßt „Entwicklung" ein ganzes Spektrum sehr unterschiedlicher Begriffe, einschließlich der Bezeichnung gesellschaftlicher, historischer Prozesse (s. Wieland 1975); daneben stehen aber etwa Konzepte der Persönlichkeitsentwicklung oder auch der Ausführung von Begriffen und schließlich die theoretischen Konzepte zur Entwicklung der Arten und der Individuen, der Phylogenese und der Ontogenese (vgl. Hartmann 1994). Die Herausbildung dieser Konstellation war entscheidend bestimmt durch die Dynamik der Naturwissenschaften, die auch verantwortlich war für aufschlußreiche Brüche, ohne deren Kenntnis die Semantik auch sozialwissenschaftlicher Entwicklungs-Konzepte geprägt haben.

Nachweisbar ist der Terminus „Entwicklung" im Deutschen seit der Mitte des 17. Jahrhunderts. Weiter zurück geht das lateinische Begriffsfeld complicatio/explicatio (s. Weyand 1972, Sp. 550), das mit der bildlichen Vorstellung des „Auswickelns" schon bei dem Mystiker Jakob Böhme vorkommt (s. Eucken 1960, S. 127), das dann mit der „Entfaltung", „Explikation" oder eben „Entwicklung" eines Begriffs oder Problems einen wesentlichen Bereich des semantischen Feldes von „Entwicklung" bezeichnet, der gerade während der frühen Karriere des Terminus bedeutsam war. Noch Kant spricht eher von „Auswicklung" als von „Entwicklung". Dem entspricht exakt die Bedeutung des wichtigsten lateinischen Äquivalents für „Entwicklung": „Evolution" ist abgeleitet von dem Verbum *evolvere*, das ursprünglich vor allem das Ausrollen einer

Schriftrolle bezeichnete; dem steht hier konsequent der Gegenbegriff der „Involution", des „Einrollens" gegenüber. Auch der Terminus „Evolution" wurde erst in der Neuzeit zu einem verbreiteten Wort und erhielt weitere, aus heutiger Sicht teilweise überraschende Bedeutungen. So bezog er sich auf die Bewegungen exerzierender Militärabteilungen oder aber auf die Ausführung musikalischer Motive (s. Briegel 1963, S. 27-56, 69-97); in der Geometrie wurde seit dem 17. Jahrhundert Evolution als Tangente beschrieben, die wie ein „Faden" von einem Punkt auf einer Kurve ausgehe oder abgewickelt werde (s. ebd., S. 57ff). In allen diesen Fällen ist die Tendenz zu beobachten, daß der Begriff zunächst konkrete Vorgänge des Aus- und häufig auch umgekehrt des Einwickelns bezeichnet, um später abstrakter gefaßt und auf Prozeßhaftes bezogen zu werden (s. ebd., *passim*).

Am aufschlußreichsten sind die Schicksale des Begriffs der Entwicklung und des kaum von ihm zu trennenden Konzeptes der Evolution zunächst auf dem Gebiet der Entstehung und Entwicklung individueller Organismen sowie der Arten. Im folgenden ergab sich ein besonderes Spannungsverhältnis zwischen natur- und gesellschaftswissenschaftlichen Entwicklungskonzepten, und mit der Bedeutung der „Explikation" ist zudem eine erkenntnistheoretische Nebenbedeutung enthalten.

Mit den Entdeckungen der Naturwissenschaften erschien der Schöpfungsbericht der Genesis zunehmend als fragwürdig. Damit aber waren eine Reihe höchst folgenreicher Fragenkomplexe aufgeworfen, die bis heute nicht nur die Wissenschaften nachhaltig beeinflußt haben. Waren die Welt nicht in sechs Tagen und die Lebewesen nicht mehr oder weniger alle auf einen Schlag erschaffen worden, so blieb zu fragen, wie sie denn zustandegekommen seien. Dies verschränkte sich mit verstärkten Zweifeln am biblisch begründeten Alter der Welt von etwa 6.000 Jahren. Hinzu kam die Frage nach der Entstehung der Individuen: Weltgeschichte, Phylogenese und Ontogenese standen zur Debatte. Aus den Erklärungsversuchen sind immer wieder ideologische Konstrukte abgeleitet worden, die politisches Handeln legitimieren sollten. Sozialdarwinismus und Rassismus müssen vorerst als Stichworte genügen, um dies zu veranschaulichen. Die wechselnden Streitpunkte prägten entscheidend das Konzept der Entwicklung, das für Konstruktionen der Geschichte und Dynamik menschlicher Gesellschaften zur Verfügung stand. Ähnlich steht es mit der Legitimierung von Unterschieden und Hierarchien zwischen Gesellschaften. Hier liegen etwa die gegensätzlichen Schlußfolgerungen aus der Vorstellung der gemeinsamen Abstammung *aller* lebender Menschen (Monogenese) oder aber aus dem Postulat mehrerer, unabhängiger Prozesse der Menschwerdung zu verschie-

nen Zeiten und an unterschiedlichen Orten (Polygenese) klar auf der Hand: Letztere begünstigte die Rechtfertigung der Kolonialherrschaft oder auch der Sklaverei, während die Monogenese die Einheit und Gleichberechtigung der Menschheit nahelegt.
Zunächst einmal aber mußten sich die Vorstellungen von Ontogenese und Phylogenese von der Vorstellung einer mehr oder weniger gleichzeitigen Schöpfung, aber auch von Annahmen über die beständige Urzeugung niedriger Lebewesen emanzipieren. Aus heutiger Sicht bildete die Theorie der Präformation eine aufschlußreiche Zwischenstufe, die für die ältere Evolutionstheorie bestimmend war. So argumentierte *G. W. Leibniz* gegen die Vorstellungen einer Urzeugung, daß

„die Pflanzen und Tiere nicht aus Fäulnis und Chaos entstehen, sondern aus *vorgeformten* Keimen und daher aus der Transformation zuvor vorhandener Lebewesen. Es gibt kleine Tiere in den Keimen der großen, die durch die Empfängnis eine neue Gestalt annehmen ..., das es ihnen ermöglicht, sich zu nähren und zu wachsen ... und die Fortpflanzung des großen Tieres zu besorgen."

Daraus zog Leibniz sehr weitreichende Schlüsse für den Gang des Lebens: Ebensowenig, wie

„die Tiere allgemein in der Empfängnis oder *Zeugung* nicht völlig geboren werden, vergehen sie auch nicht vollständig in dem, was wir *Tod* nennen. ... Also sind nicht nur die Seelen, sondern auch die Tiere un-erschaffbar und un-vergehbar: Sie werden lediglich entwickelt (developpés), eingewickelt (enveloppés), umgestaltet, abgelegt, transformiert" (1978, 6, S. 601).

Allgemeiner noch glaubte Leibniz sagen zu können,

„daß die ganze künftige Welt in der gegenwärtigen stecke und vollkommentlich vorgebildet sey, weil kein Zufall von außen weiter dazu kommen kann" (1960, S. 49),

was jedoch weder die freie Willensentscheidung noch die Verantwortung für persönliche, alltägliche Angelegenheiten beeinträchtigen sollte (s. 1978, 3, S. 400ff). Bei Leibniz stehen diese Vorstellungen in engem Zusammenhang mit seiner Monadenlehre (s. 1978, 6, S. 619f) und mit der von ihm gleichfalls postulierten prästabilierten Harmonie (s. 1978, 3, S. 198).
Die uns bizarr anmutende Vorstellung von der Präformation des Individuums wie auch aller kommenden Generationen in dem Keim, der in dem hier noch nicht ausdrücklich in Frage gestellten Schöpfungsakt entstanden war, bildete damit eine Kernthese der bestimmenden philosophischen Konzeption der frühen Aufklärung. Hier konnte im Prinzip nichts wirklich Neues entstehen, vielmehr entsprachen diese Vorstellungen von Ontogenese wie Phylogenese sehr genau dem Bild der Entfaltung oder des Auswickelns, also Ent-Wicklung im etymologischen Wortsinn, der heute weitgehend vergessen ist. Diese Metapher konnte vor allem aufgrund

der Beobachtung der „Entfaltung" der Formen beim Wachstum von Pflanzen Evidenz beanspruchen und wurde auch später gelegentlich noch vertreten (vgl. Briegel 1963, S. 148f).

Die Präformationstheorie wurde durch detailliertere Forschungen auf dem Gebiet der Entwicklung der Pflanzen und Tiere sowie durch Untersuchungen über Miß- und Bastardbildungen überwunden. Bahnbrechend waren die Entdeckungen von *Kaspar Friedrich Wolff*, der meinte, die „Entstehung" (generatio) sei durch „Vorformung" (praedelineatio) nicht zu erklären (1774, S. xlff); vielmehr entstünden Gefäße und Organe aus zunächst weitgehend unbestimmten, bläschenartigen Strukturen (vgl. ebd., u.a. S. 93ff). Weiter verwies Wolff auf Bastard- und Mißbildungen als Beleg, daß das Individuum jeweils etwas neu Entstandenes sein müsse, eine Vorstellung, die Abweichungen weit eher plausibel macht als die Präformationstheorie (s. ebd., S. 204ff). Der Psychologe *Johann Nicholas Tetens* nahm im Rahmen entwicklungspsychologischer Untersuchungen ausführlich auf die von Wolff angestoßene Kontroverse Bezug und bemühte sich um eine Verknüpfung der Vorstellungen von „Evolution", damals gleichbedeutend mit Präformation, und „Epigenese": „Epigenesis durch die Evolution" (1777, S. 513). Zwar sei eine völlige Neubildung

„auf andere Weise als durch die Entwicklung vorhergehender und in neue Verbindungen gebrachter Formen" „in einem organisierten Körper ... unwahrscheinlich" (ebd., S. 514), doch sei andererseits „im Keim nichts mehr ... als der bestimmende Grund zu einem neuen Keim, oder zu jedwedem anderen Gliede, Theil oder Form des entwickelten Körpers" (ebd., S. 528).

Daraus folgerte Tetens die Stufenfolge einer „Empfänglichkeit", die übergehe

„in eine Disposition, oder in eine Anlage, und die Anlage in eine nähere Anlage und in eine Tendenz, und die Tendenz in eine Fertigkeit ..." (ebd., S. 533).

Schließlich ergab dieses Entwicklungskonzept den Dreischritt der „Bildung", des „Auswachsens" und des „Einschrumpfens" (ebd., S. 537f), womit Tetens zugleich das Konzept der *In*volution wieder aufnahm.

Das Konzept der Epigenese, d.h. die Annahme von Um- oder Neubildungen im Laufe der Entwicklung wurde in dieser oder ähnlichen Formen in der Folge im wesentlichen anerkannt. Im neueren Sprachgebrauch haben sich die Wörter „Evolution" und „Entwicklung", die ursprünglich eher der Präformationstheorie entsprachen, für Konzepte durchgesetzt, die nach der älteren Terminologie weitgehend epigenetischen Vorstellungen entsprechen (s. Briegel 1963, S. 143ff; Wieland 1975, S. 200f). Diese semantischen Verschiebungen trafen auf ein neues Zeitbewußtsein, das sich durch die Selbstbezeichnung der „neuesten Zeit", charakterisieren läßt und sich etwa im Deutschen auch sprachlich in „mehr als hundert Neubildungen", zumal in Komposita mit „Zeit", niederschlug (Koselleck 1992, S. 337).

Auf diesem Erkenntnis- und Diskussionsstand setzt mit *Johann Gottfried Herder* einer der frühesten Versuche an, nicht nur die „Naturgeschichte", sondern auch die „Geschichte der Menschheit" nach Prinzipien zu konstruieren, die den zeitgenössischen, an den großen Entdeckungen der Astronomie und Physik orientierten Ansprüchen auf Wissenschaftlichkeit genügen sollten und Anschluß an die naturwissenschaftliche Begrifflichkeit finden konnten. Die Gründe Herders dafür, seine Geschichtsphilosophie mit einem angesichts seiner sonstigen Überlegungen aus heutiger Sicht frappierenden naturwissenschaftlichen Anspruch auszustatten, sind zumindest teilweise theologisch: Zwar sieht er die Geschichte der Menschen als „Spinnengewebe" mit „seinen verschlungenen Fäden", das

„nirgend ... einmal seinen traurigen Mittelpunkt, die webende Spinne selbst zeiget. Ist indessen ein Gott in der Natur, so ist er auch in der Geschichte; denn der Mensch ist ein Teil der Schöpfung und muß ... Gesetze befolgen, die nicht minder schön und vortrefflich sind, als jene, nach welchen sich alle Himmels- und Erdkörper bewegen" (1965 II, S. 214).

Doch wenn in diesem Sinne „Geschichte als Naturprozeß" (Nisbet 1996, S. 153) verstanden wird, so folgt für Herder keine mechanistische Konzeption menschlicher Geschichte: Ganz im Sinn seiner Zeit verstand er Natur und menschliche Geschichte in einem Kontinuum, dabei neueren Evolutionskonzepten (s.u.) gar nicht unähnlich:

„Vom Stein zum Kristall, vom Kristall zu den Metallen, von diesen zur Pflanzenschöpfung, von den Pflanzen zum Tier, von diesen zum Menschen s(e)hen wir die *Form der Organisation* steigen" (1965, I, S. 164).

Diese Bewegung setzte sich in der Menschheitsgeschichte fort. Dabei blieb bei Herder die Unterscheidung zwischen beobachtbarem Natur*gesetz* und normativem Natur*recht* verschwommen, so daß er den postulierten objektiven Prozeß und das normative Ziel miteinander verknüpfen konnte in der Aussage, daß „die Rechte der Menschheit (unverjährbar sind) und die Kräfte, die Gott in sie legte, unaustilgbar".

Hier sah Herder zugleich einen Grund für seine Annahme, daß im Verlauf der Geschichte alle Möglichkeiten ausgeschöpft würden, „daß überhaupt, was auf der Erde noch nicht geschehen ist, künftig geschehen werde" (1965 II, S. 219). Neben der propagandistischen Funktion, den eigenen Aussagen naturwissenschaftliche „Gewißheit" zu verleihen (Nisbet 1996, S. 163), folgte daraus noch mehr: Herder glaubte eine „Kette der Kultur" (1965, II, S. 234) erkennen zu können, die „durch gewaltsame Schwingungen von einem

Äußersten zum andern" (ebd., S. 239) doch auf einen „Fortgang des Menschengeschlechts" (ebd., S. 242) in dem Sinne zeige, daß einzelne Menschen ebenso wie die Menschheit insgesamt „endlich durch Not gezwungen werden, Vernunft und Billigkeit zu lernen" (ebd., S. 253): Ähnlich wie „Erfahrung" (ebd., S. 238) und Fehler zur Vervollkommnung in Gebrauch und Form von Werkzeugen beitragen,

> „so arbeitet sich auch in den Kräften des Menschen der übertreibende Mißbrauch mit der Zeit zum guten Gebrauch um; durch Extreme und Schwankungen zu beiden Seiten wird notwendig zuletzt die schöne Mitte eines dauernden Wohlstandes in einer regelmäßigen Bewegung" (ebd., S. 246).

Doch weist Herder für die Natur die deterministische Vorstellung einer Präformation und die damit behauptete ein für allemal bestehende Festlegung von Abläufen zurück, will aber zunächst auch „eine Epigenesis" nicht gelten lassen,

> „nach der die Glieder von außen zuwüchsen. Bildung (genesis) ist's, eine Wirkung innerer Kräfte, denen die Natur eine Masse vorbereitet hatte, ... in der sie sich sichtbar machen sollten" (ebd., S. 170).

Diese Betonung „organischer Kräfte" (ebd., S. 169) prägt auch Herders unmittelbaren Gebrauch des Terminus „Entwicklung". In Herders Sprachgebrauch ist, wie wir sahen, die bildliche Ebene durch die Metapher des Fadens noch deutlich präsent. Der Faden repräsentiert sowohl Abfolge und Zusammenhang wie das wirre Knäuel, das es zu ordnen gilt, will man das Geschehene verstehen. In seinem frühen geschichtsphilosophischen Entwurf spricht Herder dagegen vom „Faden der Entwicklung", den die „Vorsehung" etwa „vom Euphrat, Oxus und Ganges herab, zum Nil und an die phönizische Küsten" geleitet habe (1968, S. 70). Dies ist freilich kein geradliniger Prozeß. Herder fordert vielmehr, dem „großen Lehrer und Gesetzgeber der Könige ... im Geiste der Gesetze aller Zeiten und Völker und nicht nur eines Volkes zu folgen".

Er sieht daher nicht einen Faden, sondern ein „Fadenknäul", das eine „eine glückliche Hand" braucht, „die das Gewirre an einem Faden sanft und langsam zu entwickeln Lust hat" (ebd., 125). Es ging hier also darum, „Entwicklung" sowohl zu erkennen als auch erkennend zu vollziehen. Daß dies nicht selbstverständlich war, läßt sich an den nur wenig älteren Geschichtskonzepten von Vico (1966) oder Ferguson (1966) ablesen, die noch stark durch zyklische Vorstellungen von Aufstieg und Verfall bestimmt waren. Der Faden repräsentiert ungeachtet seiner Unübersichtlichkeit dagegen Richtung. Gleichfalls das Bild des verknäuelten Fadens findet sich denn auch in Herders Reflektion auf Möglichkeiten und Stufen der Entwicklung:

„Schonend ließ [die Vorsehung] bei den meisten Völkern und Ständen der Menschheit die Seelenkräfte in einem festen Knäuel beisammen und entwickelte diesen nur, wo es die Not begehrte. Die meisten Nationen der Erde wirken und phantasieren, lieben und hassen, hoffen und fürchten, lachen und weinen wie Kinder" (Herder 1965 I, S. 327).

Entwicklung bezeichnet im unmittelbaren Anschluß daran und zugleich wiederum im Rückbezug auf das Modell der Natur und vor allem lebender Organismen ein organisches Wachsen. Herder unterstreicht dies durch die Metaphern vom Kindheits-, Jünglingsalter usw. der Menschheit, die er mit einem Gang durch geschichtliche Formen illustriert, der von China aus nach Westen führt, wobei den Griechen das Jünglingsalter zugeordnet wird, während vor allem China, Hinter- und Vorderindien die „Kindheit" vorstellen. Als „Kinder" werden hier zudem alle diejenigen „Nationen" betrachtet, deren inhärenten Möglichkeiten noch nicht aufgrund einer „Not", d.h. eines äußeren Anlasses aktualisiert werden mußten.

Ungeachtet dieser Gewichtung kann Herder daran festhalten, daß allen „Völkern" ein gleiches Recht zukomme: Im Hinblick auf die „Erziehung", „diese zweite Genesis des Menschen", formuliert er provokativ geradezu, „die Kette der Kultur und Aufklärung reicht bis ans Ende der Erde" und habe auch den „Kalifornier und Feuerländer" umfaßt, weil er „Übungen und Künste ... lernte ...; sofern ward er also wirklich kultiviert, wiewohl in niedrigstem Grade" (ebd., S. 338).

Wenn Herder betont, „nicht verschiedene Keime ..., aber verschiedene Kräfte" hätten zur Vielfalt des „Menschen-Typus" geführt (1967, S. 248), so bezieht er sich auch hier auf die zu seiner Zeit nicht selbstverständliche Einheit der Menschheit. Hier schließt sich Herders scharfe Kritik am Kolonialismus seiner Zeit an (s. Otto 1996). Sein Begriff der Entwicklung freilich bleibt zweideutig, gerade weil er sich einer vordergründigen Fortschrittskonzeption verweigert. Hier werden bereits Schwierigkeiten, aber auch ideologische Strategien der späteren Evolutions- und Entwicklungstheorie deutlich.

Herder konnte natürlich die Theorien des 19. und 20. Jahrhunderts nicht vorhersehen, die sich oft zu unrecht (s. Knoll 1996) auf ihn beriefen. Doch seine Grundkonzeption enthält aufschlußreiche Widersprüche, indem sie *einerseits* eine Entwicklungslinie menschlicher Gesellschaften postuliert, sogar zugespitzt in der Metapher des Fadens; *andererseits* aber insistierte Herder zugleich mit allem Nachdruck auf dem eigenen und einzigartigen Wert jeder einzelnen „Nation" oder „Kultur". Diese lassen sich dann schwerlich in eine aufsteigende, am „Fortschritt" orientierte Entwicklungslinie einordnen, und insbesondere ein Recht „höher" entwickelter Gesellschaften auf Unterwerfung und Kolonisierung von solchen, die auf „niedrigeren" Entwicklungsstufen verharren, auf „Vormundschaft" oder „Treuhandschaft" muß unter solchen Prämissen als willkürlich und abwegig erscheinen. Hier besteht eine nicht aufgelöste Spannung zur „Kette der Kultur", die ja durchaus aufsteigend gedacht ist, wenn auch die einzelnen Kulturen im Lernprozeß der Menschheit jede ihr Recht haben und vor allem als lern*fähig* vorgestellt werden.

Welch prekäres politisches Potential dieses auf den ersten Blick so sympathisch anmutende Konzept von der Gleichwertigkeit einer jeden, relativ konstant und abgeschlossen gedachten Kultur aber in Wirklichkeit barg, zeigte sich, als in der Nachfolge Herders Ideologen des Nationalismus und auch Kolonialismus dessen entschieden staatskritische Perspektiven fallen ließen und die Vorstellung eigenständiger, voneinander abgegrenzter „Nationen" mit dem Herder ganz fremden Postulat der Staatlichkeit solcher Einheiten verknüpften. Die Folgen sind in der Geschichte des 19. und 20. Jahrhunderts bis hin zur Adaption der Volks-Ideologie im Nationalsozialismus, zur *homeland*-Politik des südafrikanischen Apartheidsregimes oder zu den Wellen „ethnischer Säuberung" zu besichtigen. Kühne, umfassende Entwicklungstheorien lassen sich einfach nicht abgehoben von politischen Interessen diskutieren.

Aus dem Bezug auf „organische" Kräfte, ihr Wachsen und ihre Entwicklung ergab sich bei Herder noch eine weitere wesentliche Konsequenz, die in unmittelbarer Auseinandersetzung mit den umwälzenden welthistorischen Ereignissen formuliert wurden, deren Zeuge er während seines letzten Lebensabschnittes wurde. Gegen die Vorstellung der Revolution, „wenn das Unterste zu Oberst gekehrt ward", setzte Herder zum einen die alte Wortbedeutung, die erst durch die Erfahrungen des 17. und 18. Jahrhunderts überdeckt worden war, den Kreislauf der Himmelskörper, „einen nach Gesetzen geordneten Lauf der Dinge, eine friedliche Rückkehr der Begebenheiten in sich selbst" (1967a, S. 117; s. Griewank 1969 Kap. VI; Arendt 1982, S. 42ff; Koselleck 1992, S. 76ff). Zum andern aber präzisierte Herder:

"Wenn wir der Natur Einen Zweck auf der Erde geben wollen, so kann solcher nichts sein als eine *Entwickelung ihrer Kräfte in allen Gestalten, Gattungen und Arten.* Diese Evolutionen gehen langsam, oft unbemerkt fort, und meistens periodisch."

Und er bekräftigte seine Vorstellung von der Ausschöpfung der Potentiale auf jeder Stufe, zugleich als Entäußerung:

„Nicht eher verläßt die Natur, dem ordentlichen Laufe nach, ihr Geschöpf, als bis alle physischen Kräfte desselben in Anwendung gebracht, das Innerste gleichsam herausgekehrt, und die Entwicklung, der bei jedem Schritt eine gütige Epigenese beitritt, so vollendet ist, als sie unter den gegebenen Umständen vollendet werden kann." (1967a, S. 118)

Erneut verknüpft Herder unmittelbar Aussagen über die Natur mit solchen über die menschliche Gesellschaft. Doch folgt für ihn nicht etwa die Forderung nach einem Beharren, sondern nach Einsicht in einen sich vollziehenden Wandel mit der ganz praktischen, an das Individuum gerichteten Nutzanwendung, sich nicht an überlebte Verhältnisse zu klammern, kritikfähig zu werden:

„Wer ... sein Daseyn mit der Dauer eines Standes oder einer Einrichtung verwechselt, macht sich selbst unnöthige Plage; was vor Dir war, wird auch hinter Dir seyn, wenn es seyn soll. [...] Gewiß ist also kein Rückgang, vielmehr eine Evolution der Zeiten, wenn der Stand nicht Alles seyn kann .... Und da ... bei den täglichvermehrten Bedürfnissen Europa's dies Gefühl nothwendig zunehmen muß: so bleibt nur Ein Rath übrig, der Jeden vor der Veraltung seines Standes sichert:'sei Etwas in deinem Stande; sodann wirst du der Erste seyn, die Fehler desselben einzusehen, zu vermeiden und zu verbessern. Sein Alter wird in dir verjüngt dastehen, eben weil etwas in Dir ist, das *jede* Form schmücken würde, und *jeder* Form lebt." (Ebd., S. 121)

Herders Entwicklungskonzept bleibt trotz der vielfältigen Anregungen, die von ihm ausgingen und die sich noch immer aus ihm ziehen lassen, ambivalent und unbestimmt. Dies mag daran liegen, daß hier der Versuch einer Vermittlung zwischen zwei Tendenzen gemacht wurde, von dem bestenfalls fraglich ist, ob er „logisch widerspruchsfrei möglich ist" (Wieland 1975, S. 207). Wenn seine Betonung des Eigenwertes von „Kulturen" oder „Völkern" sich auf den ersten Blick gegen das zeitgenössische Fortschrittsdenken richtete, so ging Herder konsequent weiter bis hin zu einer Kritik kolonialer Herrschaft. Doch zugleich unterstellte die Vorstellung von der „Kette der Kulturen" eine Abfolge unter diesen, und mit dem Gegensatzpaar von Revolution und Evolution war nicht nur die Option für die mit letzterer bezeichnete allmähliche und organische Veränderung verbunden, sondern eben zugleich die befürwortende Feststellung eines gerichteten Wandels, den die Einzelnen anzuerkennen und mitzuvollziehen hatten.

Darüberhinaus ließ Herder es in der Schwebe, ob sich diese Fortentwicklung nur auf die Gattung oder auch auf die Einzelperson beziehen solle. Dies ermöglichte es ihm zum einen, das Postulat von der Einheitlichkeit der Gesetze aufrechtzuerhalten, die in Natur und Gesellschaft wirken, zum anderen schloß er hier eine weitgehende Spekulation über den Fortgang der Entwicklung über den persönlichen Tod der Menschen hinaus als Vertreter der höchsten Entwicklungsstufe an (s. 1965, I, S. 1985ff). Dies ebenso wie Herders Annahme von einem durch Entwicklung konstituierten Zusammenhang aller Tierarten forderte seinen Lehrer *Immanuel Kant* zu entschiedenem Widerspruch heraus, „denn es sind da *verschiedene* Wesen, welche die mancherlei Stufen der immer vollkommneren Organisation besetzen".

Zwischen Natur und Mensch betonte Kant gegen Herder daher eine Trennlinie, die eine „Analogie" zwischen beiden ganz unzulässig erscheinen lassen mußte (1983, 10, S. 790). Damit ließ sich die Frage klarer stellen, was die Entwicklung der menschlichen Gattung bedeuten könne. In seinem eigenen, eher skizzenhaften geschichtsphilosophischen Entwurf unterschied Kant den Menschen „als dem einzigen vernünftigen Geschöpf auf Erden" von allen anderen Geschöpfen. So konnte er ein Spezifikum menschlicher, gesellschaftlicher Entwicklung formulieren: Wenn nämlich die „Naturanlagen" der Tiere bestimmt seien, „sich einmal vollständig und zweckmäßig auszuwickeln", so

„sollten sich (am Menschen) diejenigen Naturanlagen, die auf den Gebrauch seiner Vernunft abgezielt sind, nur in der Gattung, nicht aber im Individuum vollständig entwickeln".

Wie Herder unterstellt so auch Kant eine unabdingbare Tendenz, die einmal vorhandenen „Keime ... zu derjenigen Stufe der Entwickelung zu treiben, welche ihrer [der Natur] Absicht vollständig angemessen ist". Da dies aber innerhalb eines Menschenlebens nicht möglich sei, „so bedarf sie einer vielleicht unabsehlichen Reihe von Zeugungen". Der Inhalt der Menschheitsgeschichte läßt sich demnach verstehen als die restlose Einlösung oder auch „Auswickelung" aller Potentiale der Vernunft:

„eine Tiergattung soll Vernunft haben und als Klasse vernünftiger Wesen, die insgesamt sterben, deren Gattung aber unsterblich ist, dennoch zu einer Vollständigkeit der Entwickelung ihrer Anlagen kommen".

Dies werde erreicht durch den „Antagonism [der Natur] in der Gesellschaft, so fern dieser doch am Ende die Ursache einer gesetzmäßigen Ordnung derselben wird". Der Mensch habe zwar „eine Neigung, sich zu vergesellschaften", doch zugleich „auch einen großen Hang, sich zu vereinzelnen", und in der daraus entstehenden „mißgünstig wetteifernden Eitelkeit" erblickt Kant den „Widerstand", der die Menschen „aus der Rohigkeit zur Kultur" treibt mit dem schließlichen Ziel „einer allgemein das Recht verwaltenden bürgerlichen Gesellschaft" (alles 1983, 9, S. 35-39). Unter der Voraussetzung, „daß die Natur, selbst im Spiele der menschlichen Freiheit, nicht ohne Plan und Endabsicht verfahre", glaubte Kant einen „Leitfaden" gewinnen zu können, der ihn von den Griechen über die Römer und

„Barbaren ... bis auf unsere Zeit [...] einen regelmäßigen Gang der Verbesserung der Staatsverfassung in unserem Weltteile (der wahrscheinlicher Weise allen anderen dereinst Gesetze geben wird) entdecken"

ließ. Durch die Herausarbeitung der jeweiligen „bürgerliche(n) Verfassung und deren Gesetze" sei weiter eine langfristige Tendenz zur Vervollkommnung zu erkennen, nämlich

„in so fern beide durch das Gute, welches sie enthielten, eine Zeitlang dazu dienten, Völker ... emporzuheben und zu verherrlichen, durch das Fehlerhafte aber, das ihnen anhing, sie wiederum zu stürzen, so doch, daß immer ein Keim der Aufklärung übrig blieb, der, durch jede Revolution mehr entwickelt, eine folgende noch höhere Stufe der Verbesserung vorbereitete".

Eine solche Rekonstruktion des Ganges der Weltgeschichte und der Entwicklung menschlicher Möglichkeiten hatte für Kant aber nicht einfach intellektuelles Interesse. Vielmehr ging es ihm darum, gegen alle als vordergründig verstandene Evidenz die Vorstellung von einer Welt zu retten, die vernünftig geordnet sei und sich allem Anschein zum Trotz noch als solche erweisen werde. Nur wenn man daher einen „Naturplan" wie den von ihm skizzierten Geschichtsverlauf voraussetze, könne

„eine tröstende Aussicht auf die Zukunft eröffnet werden, ... in welchem alle Keime, welche die Natur in [die Menschengattung] legte, völlig können entwickelt und ihre Bestimmung hier auf Erden kann erfüllet werden".

Darin liege dann auch eine „Rechtfertigung der Natur – oder besser der Vorsehung" als Nachweis für die „Weisheit der Schöpfung" auch in dem „Teil des großen Schauplatzes der obersten Weisheit, der von allem diesen den Zweck enthält". Auch Kant ging es demnach darum, in der Entwicklung der Menschengattung Anhaltspunkte zu finden für die Rechtfertigung der Welt, hier aber nicht im transzendalen Sinn einer Theodizee, sondern um einer Lage zu entkommen, wo

„wir verzweifeln, jemals [in der Geschichte des menschlichen Geschlechts] eine vernünftige Absicht anzutreffen [und] sie nur in einer andern Welt zu hoffen" (ebd., S. 48f).

Der Mensch „als mit Vernunftfähigkeit begabtes Tier" wird von Kant freilich zugleich dafür *verantwortlich* gemacht, seine Potentiale einzulösen, „aus sich selbst ein vernünftiges Tier" zu machen (1983 10, S. 673) und sich *als Gattung* „zu seiner Bestimmung empor(zu)arbeiten", nicht zuletzt durch „Erziehung, sowohl in Belehrung als Zucht (Disziplin)" (ebd., S. 676). Daher „soll und kann die Menschengattung selbst Schöpferin ihres Glücks sein"; dies ist aber an „ihre eigene Tätigkeit" gebunden, wodurch sie „die Entwickelung des Guten aus dem Bösen dereinst zustande zu bringen" und der „Tendenz der Natur" zum Durchbruch zu verhelfen vermag (ebd., S. 683f). Dies schließlich kann für Kant nur „erwartet werden" „durch fortschreitende Organisation der Erdenbürger in und zu der Gattung als einem System" (ebd., S. 690), mithin in der Gestalt des von ihm erstmals konzipierten „Völkerbundes" (1983, 9, S. 42). Es kann daher nicht überraschen, daß Kant zwar im konkreten Verlauf der Französischen Revolution

„Elend und Greueltaten" konstatierte, daß in seiner Beurteilung jedoch „das Fortschreiten zum Besseren, [...] die Tendenz des menschlichen Geschlechts im *ganzen*" überwog. Diese sah er nicht in den Ereignissen, sondern in der

„Denkungsart der Zuschauer, welche sich bei diesem Spiel großer Umwandlungen *öffentlich* verrät, und [...] einen Charakter des Menschengeschlechtes im ganzen, und zugleich einen moralischen Charakter wenigstens in der Anlage beweiset" (1983, 10, S. 357f).

Freilich erhoffte Kant sich einen solchen Fortschritt „nicht von unten herauf, sondern von oben herab": Damit war gemeint,

„daß der Staat sich von Zeit zu Zeit auch selbst reformiere, und, statt Revolution Evolution versuchend, zum Besseren beständig fortschreite".

Dies freilich habe zur Bedingung „Weisheit von oben herab (welche, wenn sie uns unsichtbar ist, Vorsehung heißt)", die Kant am vordringlichsten mit der der allmählichen Zurückdrängung des Krieges verknüpfte (ebd., S. 366f). Spätestens hier zeigt sich, wie die Rede über „Entwicklung" im Blick auf gesellschaftliche Zustände an unmittelbar politische Implikationen nicht nur kaum vermeidbar, sondern wie diese Bezüge offenbar auch gewollt waren. Hier bietet der welthistorische Entwurf von *Antoine Condorcet* einen aufschlußreichen Kontrast, vor allem durch seine emphatische Parteinahme nicht nur für die Französische Revolution, sondern für das Prinzip der „Revolution", verstanden jeweils als Wendepunkt der Menschheitsgeschichte. So bezeichnet Condorcet mit „Revolution" etwa den philosophisch-wissenschaftlichen Aufbruch im alten Griechenland, zumal die sokratische Philosophie, aber auch die „allgemeine Brüderlichkeit" als „Teil der christlichen Moral", schließlich die Durchsetzung aufgeklärter Verfassungsprinzipien in der Französischen Revolution und deren Verallgemeinerung (1988, S. 121, 167, 267). Aber gerade im Anspruch auf universelle Gültigkeit der in Frankreich auf politischer Ebene realisierten bürgerlichen Gesellschaft gründet selbst bei diesem großen Rationalisten ein impliziter Anspruch auf Suprematie, wenn die Perfektibilität aller Menschen in ihrer möglichen Annäherung an die in Frankreich durch die Revolution bereits verwirklichten Ziele gesehen wird (vgl. Melber/Hauck 1989, S. l0ff). Es ist nun kaum ein Zufall, daß in Condorcets Entwurf eines Systems der menschlichen Geschichte, das in der Forderung nach Aufhebung jeglicher Ungleichheit zwischen Nationen und Klassen gipfelt, der Terminus „Entwicklung" (*développement*) kaum vorkommt und auf die Entwicklung von Organismen sowie von Fähigkeiten beschränkt ist (Condorcet 1988, S. 245, 260, 266). Wo bei den anderen hier betrachteten Autoren und auch in neueren Texten „Entwicklung" zu erwarten wäre, steht Condorcet demgegenüber ein bemerkenswertes Spektrum an Ausdrücken zur Verfügung: Neben dem vorherrschenden Fortschritt sind dies u.a. die „Vervollkommnung" (*perfectionnement*), oder der „Marsch des Genius der Wissenschaften". Dieser Kontrast zu zeitgenössischen deutschsprachigen Texten, deren Verfasser sicher nicht zufällig auch dem weltgeschichtlichen Ereignis der Französischen Revolution ungleich skeptischer gegenüberstanden, verweist zugleich auf die Kosten der Verallgemeinerung und Erweiterung eines Terminus, der nun als Chiffre für ein breites Spektrum an Bedeutungen dient, oftmals mit dem Nebeneffekt, von der ins Einzelne gehenden Formulierung ebenso zu entlasten wie von der damit verbundenen Reflektion.

Dagegen erhob der Weltreisende, Naturforscher und Mainzer Jakobiner *Georg Forster* in einer seiner letzten, 1794 in Paris verfaßten Schrift die Forderung nach der „Entwicklung der Vervollkommnungsfähigkeit" der Menschen als der „einzige(n) Gattung von Wesen, welche zur moralischen Freiheit geeignschaftet ist". Der Bezug auf radikal-aufklärerische Gedankengänge, wie sie auch bei Condorcet zu finden sind, ist unverkennbar. Forster beklagt, daß „dieses Vorrecht" der Vervollkommnung der menschlichen Gattung bisher nur auf „äußerst wenige ihrer Glieder" beschränkt war, und dort nur „auf eine meistens unvollkommene Art". Als „ziemlich passende(s) Gleichnis" für diesen Befund nennt er die „vielen Millionen Raupen", von denen „kaum eine" zum Schmetterling wird. Damit, daß sich die Sorge der „plastischen und zeugenden Natur" allein auf das „tierische Wohlsein" der Menschen erstrecke, ihr deren „sittliche Vervollkommnung" aber „völlig gleichgültig" sei, will Forster sich nicht bescheiden:

„Die Vergangenheit beweiset hier nichts für die Bedingnisse der Zukunft [...]. Im Gegenteil, schwerer kann sich niemand am Menschengeschlechte versündigen, als wenn er jenen Raupenzustand ..., worin alle seine höheren Anlagen unbenutzt und unentwickelt bleiben, absichtlich zu verlängern sucht ..."

Diese Schuld sah Forster vor allen bei den „weisen Führer(n) der Völker", die unter dem Vorwand, „uns zu beglücken", die „Verstümmelung" des Menschen bewirkt, „ihn fühllos, unempfindlich, gleichgültig zu machen" und „die Summe seiner Bedürfnisse zu verkleinern" gesucht, „den Menschen ärmer" gemacht hätten, „als ihn die Natur geschaffen hat". Dagegen sei „weise und tugendhaft zu werden ... eines jeden eigenes Werk, eines jeden eigene Pflicht". Daraus folgte die Forderung an die „Fürsten und Priester":

„laßt es eure alleinige Sorge sein, die Hindernisse wegzuräumen, die der freien Entwickelung unserer Kräfte entgegenstehen; öffnet uns die Bahn, und wir wandeln sie, ohne Hülfe eures Treiberstecken, an das Ziel der sittlichen Bildung; denn seht! wir empfangen Freude und Leid, unsere wahren Erzieher, aus der Mutterhand der Natur!" (1971, S. 123ff).

Vervollkommnung wird hier übersetzt in die Aktualisierung oder „Entwicklung" vorhandener, aber verschütteter Potentiale. Sie liegt in der Verantwortung der Individuen, die nur nicht durch unerträgliche Herrschaft und Bevormundung daran gehindert werden dürfen, eigene Erfahrungen zu machen und so ihre Kräfte zu entfalten und zur Geltung zu bringen. Besonders bemerkenswert ist dabei, daß für Forster solche Potentiale „unentwickelt bleiben", vor allem durch die hemmende und blockierende Einwirkung von Herrschaftsinstanzen, die dem mit „Entwicklung" bezeichneten Prozeß äußerlich sind. Damit weist er weit voraus auf sehr aktuelle Phasen gerade des sozioökonomischen Entwicklungsdenkens (s. Kap. 2, 3).

In der vorherrschenden Tendenz, zumal in Deutschland, erweist sich der Begriff „Entwicklung" nur 100 Jahre nach seiner Bildung als Zentralbegriff, ohne den Aussagen über Gesellschaft, Geschichte und Natur nicht mehr möglich sind. Das zeigt sich in der unmittelbaren Folge der Aufklärung vor allem in zwei Richtungen, die ihrerseits wieder miteinander verschränkt sind: Neben der Erforschung von Ontogenese und Phylogenese und der Interpretation neuer empirischer Beobachtungen gilt dies auch für die spekulative Konstruktion von Systemen der idealistischen Philosophie über den Aufbau und den Zusammenhang der Welt; diese Systeme mußten notwendig Natur und Geschichte miteinander in Beziehung setzen.

F. W. J. Schelling forderte von der „Wissenschaft der Natur" weit mehr als die Formulierung von Gesetzmäßigkeiten: Sie solle

„Erkenntniß der absoluten Einheit seyn, welche das Ganze umfaßt, und die sich in der Natur nur von ihrer einen Seite zu erkennen gibt."

Freilich ließ sich „das ganze Absolute" nicht wirklich fassen, da

„die erscheinende Natur nur successiv in (für uns) endlosen Entwicklungen gebiert, was in der wahren zumal und auf ewige Weise ist" (1962, S. 349/II, S. 342).

Entwicklung wird so der Ebene der bloßen Erscheinung zugeordnet, die letztlich hinter dem nicht faßbaren Absoluten und der Wahrheit zurückbleiben muß. (1965, 416/II, 348f).

Das Konzept von Entwicklung als sukzessiver Erscheinung des Absoluten hatte methodische Konsequenzen. Wenn mit *Friedrich Schlegel* Menschen als „eine bestimmte Stufe in der unendlichen Reihe von Entwicklungen" verstanden wurden, so ordnete sich dies in die Vorstellung einer Weltentwicklung ein, die in der „Rückkehr in das ewige Reich der Freiheit" gipfelt. Freiheit wird so bestimmbar als „letzte Stufe der Weltentwicklung" (1964, Bd, 13, S. 15, 14). (Welt-)Entwicklung bezeichnet hier einen spekulativ erfaßten dialektischen Prozeß der Entfremdung und ihrer Aufhebung in einer „idealistisch" und transzendental gedachten Vollendung der Entwicklung, in die sich die menschliche Geschichte als mittlere Stufe einordnet. In deren Rahmen sah Schlegel auch die „höhere Bestimmung" des Staates, „die Bildung und Entwicklung des Menschengeschlechtes mit befördern zu helfen" (ebd., S. 143).

All dies hatte mehr praktische Bedeutung, als sich zunächst vermuten läßt. Das können die ganz auf praktische Fragen der Rechtspolitik in der Restaurationszeit nach Französischer Revolution und Napoleonischen Kriegen ausgerichteten Arbeiten des Begründers der historischen Rechtsschule, *Friedrich Carl von Savigny*, mit ihren höchst handfesten Schlußfolgerungen zeigen. Savigny knüpfte an die organizistische Grundposition an, die schon Herder vertreten hatte, um entschieden gegen Vorstellungen von einem verfassungsstiftenden Gesellschaftsvertrag zu polemisieren, vor allem aber, um die Politik einer rationalen Rechtssetzung zurückzuweisen. Dabei ging es um das aktuelle Problem, den während der „Franzosenzeit" in vielen deutschen Territorien eingeführten Code Napoléon, also die nach der Revolution in Frankreich durchgeführte neue Rechtskodifizierung, wieder zugunsten von Gewohnheitsrecht und anderen älteren Rechtsformen zurückzudrängen (s. Savigny 1892). Diesem übergreifenden rechtspolitischen Ziel entsprach auch die intensive Arbeit auf dem Gebiet der Rechtsgeschichte. Savigny beklagte, rationale Rechtssetzung laufe auf „Willkür" hinaus, nämlich auf ein Zerreißen der Zusammenhänge der Entwicklung. Ein solcher Akt war für Savigny gleichbedeutend mit einem „historischen Egoismus", der sich äußere in der „Absonderung des Einzelnen vom Ganzen", und zwar „der Gegenwart von der gering geschätzten Vorzeit" ebenso wie des „einzelnen Bürgers vom Staate". Demgegenüber argumentierte Savigny aus einem organizistischen Entwicklungsverständnis, daß

„was als einzeln angesehen werden kann, ... von einer anderen Seite betrachtet Glied eines höheren Ganzen (ist). So ist jeder einzelne Mensch nothwendig zugleich zu denken als Glied einer Familie, eines Volkes, eines Staates: jedes Zeitalter eines Volkes als die Fortsetzung und Entwicklung aller vergangenen Zeiten. ... so bringt nicht jedes Zeitalter für sich und willkürlich seine Welt hervor, sondern es thut dieses in unauflöslicher Gemeinschaft mit der ganzen Vergangenheit".

Savigny gibt dem die strikt konservative Wendung, daß „jedes Zeitalter etwas Gegebenes anerkennen (muß)". Aus dieser Sicht bedeutete das Eingedenken an Entwicklung des „Gegebenen" zum einen Festlegung oder Notwendigkeit, weil „es nicht von der besondern Willkür der Gegenwart abhängig ist", zum andern aber auch Freiheit, weil es

„eben so wenig von irgend einer fremden besondern Willkür ... ausgegangen ist, sondern vielmehr hervorgebracht von der höhern Natur des Volkes als eines stets werdenden, sich entwickelnden Ganzen" (Savigny 1815, S. 3-5).

Unter deutlicher Anspielung auf die philosophischen Überlegungen seiner Zeitgenossen begründete Savigny die Kontinuität des Rechtes ausdrücklich aus

„de(m) unauflösliche(n) organische(n) Zusammenhang der Geschlechter und Zeitalter, zwischen welchen nur Entwicklung, aber nicht absolutes Ende und absoluter Anfang gedacht werden kann" (1892, S. 68/1814, S. 112f).

Auch wenn Savigny vor einer „blinden Ueberschätzung der Vergangenheit" warnte und betonte, die Zeit stehe nicht still (1815, S. 10f), so ergibt sich doch aus der Verknüpfung eines organizistisch verstandenen, durch die Dialektik eines sich entäußernden und wieder in sich selbst zurückkehrenden Absoluten überhöhten Entwicklungskonzeptes mit der Kategorie des „Volkes" die Vorstellung konkreter Entwicklung als der Ausführung des im Grunde immer schon Dagewesenen. Konsequent bemißt sich Freiheit hier nur noch an der Abwesenheit fremder Willkür gegenüber dem „Volk", im Respekt vor dem „organischen Zusammenhang des Rechts mit dem Wesen und Character des Volkes" (ebd., S. 7/11). Die Entwicklungs-Problematik in der Geschichte, zumal die Rolle von Völkern und Staaten in diesem Prozeß wurde noch einmal zusammenfassend von *G. W. F. Hegel* aufgegriffen, vor allem im Rahmen seiner Philosophie der Geschichte. Hegel zieht einen klaren Trennstrich zwischen Natur und Geschichte, und er tut dies eben mittels des Kriteriums der Entwicklung: In der Natur gebe es lediglich Kreisläufe: Hier „geschieht nichts Neues unter der Sonne". Dabei bewegte sich Hegel strikt im Bezugsrahmen eines Newtonschen, nach ehernen, unveränderlichen Regeln funktionierenden, „ewigen" Universums mit noch deutlichen Anklängen an die Präformationslehre, die ja anders als das Konzept der Epigenese auch in den Individuen in der Tat nichts wirklich Neues erblicken konnte. Neuerung ist für Hegel vielmehr auf die „Veränderungen, die auf dem geistigen Boden vorgehen" beschränkt und hebt wiederum den Menschen aus den „bloß natürlichen Dingen" durch „eine andere Bestimmung" hervor, „nämlich eine wirkliche Veränderungsfähigkeit, und zwar zum Besseren – ein(en) Trieb der *Perfektabilität*".

Doch ist „die Perfektabilität beinahe etwas so Bestimmungsloses wie die Veränderlichkeit überhaupt", weil damit noch kein „Maßstab für die Veränderung" angegeben ist, die so „ohne Zweck und Ziel" ist. Das „Prinzip der *Entwicklung*" dagegen

„enthält das Weitere, daß eine innere Bestimmung, eine an sich vorhandene Voraussetzung zugrunde liege, die sich zur Existenz bringe. Diese formelle Bestimmung ist wesentlich der Geist, welcher die Weltgeschichte zu seinem Schauplatze, Eigentum und Felde seiner Verwirklichung hat" (1970, S. 74f).

Diese Selbst-Verwirklichung des Geistes bildet die Achse von Hegels Geschichtsphilosophie; er setzt sie in Analogie zu „den organischen Naturdingen" und zwar zur Ontogenese. Entwicklung wird hier ähnlich wie schon bei Herder als Differenzierung, als Fortschreiten vom Einfachen zum Komplexen beschrieben.

Der Geist unterscheidet sich aber von lebenden Organismen dadurch, daß in diesen sich die „Entwicklung ... auf eine unmittelbare, gegensatzlose, ungehinderte Weise (macht)"; für den Geist dagegen ist „der Übergang seiner Bestimmung in ihre Verwirklichung vermittelt durch Bewußtsein und Willen". „Die Entwicklung" in diesem emphatischen Verständnis ist daher für Hegel näher bestimmt als „nicht bloß das Formelle des Sich-Entwickelns überhaupt, sondern das Hervorbringen eines Zwecks von bestimmtem Inhalte".

Eben diesen Zweck bezeichnet Hegel als den „Geist, und zwar nach seinem Wesen, dem Begriff der Freiheit". Damit ist der Entwicklung nicht nur ein Ziel vorgegeben, sondern mit dem „absoluten Zweck" auch ein Bezugspunkt gesetzt, an dem „Entwicklungsperioden" und ihr Untergang, schließlich auch „die Rückgänge" jener „Perioden" sich messen lassen, „die vorübergegangen sind, ohne daß die Entwicklung sich fortgesetzt zu haben scheint", die damit verbundene Vernichtung „de(s) ganze(n) ungeheure(n) Gewinn(s) der Bildung" (ebd., S. 76f).

Ungeachtet der transzendentalen Begründung mit der Selbsthervorbringung des Geistes in der Geschichte ist Entwicklung hier in erster Linie auf der Erde angesiedelt, in gesellschaftlichen, geschichtlichen Vorgängen. Die stark teleologisch fixierte Richtung des Prozesses pointiert Entwicklung als bei aller weltgeschichtlichen Dramatik in Inhalt und Ergebnis weitgehend bereits festgelegten Prozeß auf ein wenn nicht bekanntes, so doch benennbares Ziel. Auf dieser Grundlage erscheint Weltgeschichte als „*Stufengang* der Entwicklung des Prinzips, dessen *Gehalt* das Bewußtsein der Freiheit ist".

Hegel unterscheidet drei große Stufen oder „Grundprinzipien des allgemeinen Prozesses": Auf die „Versenktheit des Geistes in die Natürlichkeit" folge „das Heraustreten desselben in das Bewußtsein seiner Freiheit", das aber „unvollkommen und partiell", mit „einem Momente" „der mittelbaren Natürlichkeit ... noch behaftet" sei. Die dritte Stufe bezeichnet dann „die Erhebung dieser noch besonderen Freiheit in die reine Allgemeinheit derselben" (ebd., S. 77).

Das Bewußtsein, der von Hegel herausgestellte „Zweck" des gesamten Prozesses, findet sich demnach auf dem der „Natürlichkeit" entgegengesetzten Pol. Über den Anfang von Geschichte in diesem Verständnis gab es für Hegel keinen Zweifel. Er ist gekoppelt an den Staat als Garanten von Freiheit:

„Die Freiheit ist nur das, solche allgemeine substantielle Gegenstände wie das Recht und das Gesetz zu wissen und zu wollen und eine Wirklichkeit hervorzubringen, die ihnen gemäß ist – den Staat." (Ebd., S. 82)

Die Entstehung des Staates bezeichnet demnach zusammen mit der Schriftlichkeit und zumal mit der Geschichtsschreibung (vgl. ebd., S. 83ff) den Übergang auf die zweite der von Hegel zuvor bezeichneten großen Stufen der Entwicklung. Damit wird die Geschichte eingeleitet als eine „Entwicklung", die ihrerseits „ein Stufengang, eine Reihe weiterer Bestimmungen der Freiheit ist", und von denen jede „ihr bestimmtes eigentümliches Prinzip hat". Doch auch die in diesem Sinne „welthistorischen Völker" sind voneinander verschieden und zwar im Hinblick auf den „Gehalt, und dieser Gehalt betrifft den tiefsten Unterschied, den der Vernünftigkeit" (ebd., S. 94). Diese wiederum fällt zusammen mit einem fortschreitenden „Freiheitsbewußtsein" und der Konstituierung einer damit eng verknüpften Moral, die unter diesen Voraussetzungen nur Gültigkeit hat, wenn sie „negativ" bleibt, nicht darauf beruht, daß „das Individuum sich als Person, ... als in sich Allgemeines ... erfaßt". Wie Hegel bereits an dieser Stelle betont, sieht er dieses „wesentliche Bewußtsein des Freiheitsbegriffes" in „China" und „Indien" als nicht gegeben an (ebd., S. 95), und schon aus diesem Grund fallen diese „Völker" noch nicht wirklich in die Abfolge der welthistorischen Völker, denen jeweils „konkrete" Erscheinungsformen des Geistes zugerechnet werden; diese Formen drängen jeweils hin auf „Vollbringung" und zugleich auf „Untergang und das Hervortreten eines anderen welthistorischen Volkes". Geschichtlichkeit ist daher für Hegel wesentlich geknüpft an die Entstehung von Neuem, aber auch an ein Vergehen der voraufgegangenen Stufe, auf der das Neue aufbaut: „Dieser Übergang und Zusammenhang führt uns zum Zusammenhange des Ganzen, zum Begriff der Weltgeschichte als solcher ..." Diese läßt sich jetzt noch einmal scharf von der Natur abgrenzen, denn sie „ist ... überhaupt die Auslegung des Geistes in der *Zeit*, wie die Idee als Natur sich im Raume auslegt" (ebd., S. 96f).

Hegels hier nur grob nachgezeichnetes Konzept der Weltgeschichte ist formal nicht wesentlich unterschieden von dem bereits von Herder formulierten Schema. Ganz ähnlich läßt Hegel die Abfolge seiner welthistorischen Völker im Osten mit China beginnen, auf das Indien folgt, dann Persien, die griechische, römische und germanische Welt in aufsteigender Reihenfolge entsprechend des Fortschreitens des Geistes zum Bewußtsein seiner selbst. Doch das Konstruktionsprinzip der Abfolge ist jeweils grundlegend verschieden. Betonte Herder Gleichwertigkeit und Stufenfolge in einer letztlich nicht gelösten Spannung, so ist für Hegel die Stufenfolge entscheidend; zielgerichtete, ja in seinem bestimmten Verständnis zweckbestimmte Entwicklung des Geistes ist das beherrschende Motiv. Zugleich ist der Terminus „Entwicklung" für Hegel ganz selbstverständlich geworden (vgl. auch Wieland 1975, S. 218f), wobei die oben bezeichneten beiden Ebenen einer zyklischen Entwicklung in der Natur und einer fortschreitend, teleologisch konstruierten Entwicklung der menschlichen Geschichte festzuhalten bleiben. Dabei fällt auf, daß Hegel die Ontogenese, die Entwicklung des Individuums nun gerade als Analogiefall für den welthistorischen Prozeß bemüht, also hier das Moment teleologisch verstandener Entwicklung deutlich betont, während die Natur – ebenso wie die frühen Stadien der Geschichte – als weitgehend fest oder „statarisch" verstanden wird, so daß sie sich dem „Raum" und nicht der „Zeit" zuordnen lassen.

Dies sollte durch die naturwissenschaftlichen Einsichten seit dem Beginn des 19. Jahrhunderts unhaltbar werden. Dabei spielte die Embryologie, also die Erforschung der Ontogenese, zunächst eine herausragende Rolle. Die biologisch-medizinische Entwicklungstheorie verstand denn auch „Entwicklung als aus der Beobachtung unmittelbar beweisbares Grundfaktum des Lebendigen" (Toellner 1975, S. 350).

Die bahnbrechenden entwicklungstheoretischen Überlegungen *Karl Ernst von Baers* beruhten aber vor allem auf der mikroskopischen Untersuchung der Entwicklung von Hühnerembryos. Er widerlegte auf der Ebene der Ontogenese die Vorstellungen von einer Präformation ebenso wie die von einer Epigenese im Sinne von völliger Neubildung, denn „nirgends ist Neubildung, sondern nur Umbildung", freilich mit weitreichenden Folgen, weil „alles Einzelne früher in einem Allgemeinen enthalten war"; die „morphologische Sonderung" verstand Baer in der Sprache der Philosophie seiner Zeit als „Hervorbildung eines besonderen aus einem Allgemeinen" (1828, S. 156). Baer interpretierte seine Entdeckungen also durchaus im Bezugsrahmen und in der Terminologie der zeitgenössischen spekulativen Philosophie. Er wandte sich weiter gegen die verfehlte Vorstellung von einem „Verharren ... in der Natur". Demgegenüber verwies Baer auf „das fortgehende Werden", das „nichts anderes" sei „als eine fortgehende Entwicklung, eine Evolution" im Prozeß beständigen „Neuwerdens". Darunter sei aber nicht die Entstehung von etwas völlig Neuem oder Beliebigem zu verstehen, sondern jeweils die „Entwicklung eines Keimes" (1983, S. 67). In diesem Sinn koppelt der „Keim" das „Neuwerden" an die voraufgegangenen Generationen oder die Vergangenheit zurück. Ähnliche Schlüsse drängten sich ihm Bereich der

Phylogenese aus der Analyse fossiler Funde auf. So meinte Baer, daß die „Schöpfung ... die Gegenwart auf dem Gerüste einer unermeßlichen Vergangenheit erhebt" (1983, S. 52). Baers Forschungen und Überlegungen beeinflußten nicht zuletzt auch die Herausbildung des englischen Evolutionsbegriffs, wobei die Übersetzung der „Entwickelung" Baers als „evolution" eine wichtige Rolle spielte (s. Bowler 1975, S. 101).

Als Wendepunkt in der Geschichte des Entwicklungsgedankens gilt allgemein das 1859 veröffentlichte Buch über den *Ursprung der Arten* von *Charles Darwin*. Seine Einsichten machten vor allem Vorstellungen von einer separaten Schöpfung der lebenden Pflanzen und Tiere in ihrer heutigen Gestalt und somit ihrer „Kontinuität" und dauerhaften Gestalt endgültig unhaltbar. Versuche zur Aufstellung von Ordnungsschemata für Tiere und Pflanzen, auch nach dem Grade ihrer „Vollkommenheit" hatte es angefangen von Linné bis zu Lamarck auch schon seit dem späteren 18. Jahrhundert gegeben (vgl. etwa Lamarck 1990, S. 132f). Noch Lamarck, der zu Beginn des 19. Jahrhunderts bereits eine Entwicklungslehre der Arten vertrat, negierte freilich durch den von ihm favorisierten Entwicklungsmechanismus — Gebrauch oder Nicht-Gebrauch einzelner Organe (s. 1990, S. 45) — letztlich ein Konzept der Innovation. Erst in den von Darwin eingeleiteten, um das Konzept der Mutation zentrierten Entwicklungs- und Evolutionskonzepten begannen die natürlichen Arten endgültig, nicht als etwas Festes zu erscheinen, sondern als beständig in Umbildung begriffen. Diese „Variation" ließ sich aus Darwins Sicht gesetzmäßig beschreiben (s. 1983, Kap. 2, 5) und fand ihre Entsprechung in der „natürlichen Selektion" oder „Zuchtwahl", die bestimmt, welche der neu auftretenden Formen überleben oder auch, welche der vorhandenen untergehen (s. ebd., bes. Kap. 4). Dies alles stellte Darwin sich als einen kontinuierlichen Prozeß vor. Er sah in seinen Entdeckungen einen nachhaltigen Beleg für Werden oder Entwicklung als allmählichen Prozeß ohne Sprünge, für

„jenen alten Kernsatz der Naturgeschichte, 'Natura non facit saltum' ... denn die natürliche Selektion kann nur wirken, indem sie sich kleiner aufeinanderfolgender Veränderungen bedient; sie muß ... mit den kleinsten und langsamsten Schritten fortschreiten" (ebd., S. 223f).

Diese kaum merklichen Veränderungen sind von keiner Instanz intendierten. Dennoch treten durch Mutation *neue* Arten auf, die dann den Test des Überlebenskampfes zu bestehen haben. Das für die „Auslese" oder Selektion zentrale Konzept des Überlebenskampfes verwies bei Darwin ausdrücklich auf die Hauptthese des Begründers der Bevölkerungstheorie Thomas Malthus von der Divergenz der geometrisch steigenden Bevölkerungszahl gegenüber der lediglich linearen Zunahme der Subsistenzmittel (vgl. Malthus

1982, S. 75f; Darwin 1983, S. 68). Aus der Sicht von Darwins sorgt in der Natur die „Auslese" für die Eliminierung der überzähligen Individuen.

Bedenkt man die Wirkungsgeschichte seiner Theorie, so muß es überraschen, daß Darwin sich von seinen Vorgängern ebenso wie von wichtigen späteren Propagandisten des „Darwinismus" in einem wesentlichen Punkt unterschied: Seine Deszendenztheorie beschrieb zwar die Veränderung der Arten durch Anpassung an die Umwelt und seine Selektionstheorie die „Zuchtwahl" durch den Überlebenskampf. Dies bezeichnete er aber nicht als „Entwicklung" oder „Evolution"; diese Begrifflichkeit benutzte er nur gelegentlich für die allgemeine Differenzierung der Formen des Lebens (s. etwa Darwin 1983, S. 460; vgl. Bowler 1975, S. 102f). Vor allem sah Darwin in den von ihm entdeckten Prozessen aber keineswegs eine Entwicklung, die etwa auf ein bestimmtes Ziel hin ausgerichtet wäre. Wo er von „Evolution" sprach, hatte dies wenig mit der Erfüllung eines Schöpfungsplanes oder mit der Vorstellung von einer immer weiter fortschreitenden Vervollkommnung zu tun. Auch die spätere, an Darwin orientierte biologische Evolutionstheorie betont die zufällige Wirkungsweise des indirekten Mechanismus der Retention durch Selektion anstatt durch einfache funktionale Erklärung in der Tradition von Lamarck (vgl. Huxley 1948, S. 37ff). Baer etwa wies demgegenüber die Vorstellung von Selektion und Anpassung mit aufschlußreichen Argumenten für eine strikt technologische Vorstellung von Entwicklung zurück. Er hielt es für unhaltbar,

„daß alles zweckmäßig Erscheinende nur entstanden ist durch die Erhaltung des besser Gerathenen, nicht dadurch, daß eine innere Nothwendigkeit uns als ein Gedanke, oder ein Wille der Natur erscheinen könnte, der es bewirkt hat" (1876, S. 433; vgl. Toellner 1975, S.352ff).

Gemäß diesem Postulat einer Teleologie aller Entwicklung, ihrer Ausrichtung auf ein bereits feststehendes, wenn auch eventuell noch nicht manifestes Ziel (griech. *télos*), könne Darwins „Hypothese wissenschaftliche Berechtigung" nur dann „zuerkannt werden" könne, „wenn sie sich der allgemeinen Zielstrebigkeit fügen" werde (Baer 1983, S. 148). Eine empirische Begründung sucht Baer in charakteristischer Weise im Bereich der Embryologie, also in der Ontogenese und betont, daß „ohne Zweifel ... auch der Organismus ein mechanischer Apparat [sei], eine Maschine, die sich selbst aufbaut" (ebd., S. 162).

Das war die ausdrücklich epigenetische Sicht der Neubildung der Organe im individuellen Entwicklungsprozeß, freilich in aller Regel nach einem bekannten Muster. Dieses Postulat der Zielstrebigkeit, „als ob im Ei ein bewußter und verständiger Baumeister säße" (ebd., S. 165), stand ausdrücklich der von Darwin und an-

deren im Hinblick auf die *Phylo*genese vertretenen Konzeption entgegen, die „Entfaltung der Arten" sei durch *zufällige* Ereignisse eingetreten und nicht Folge „einer menschenähnlich berechnenden Intelligenz", was das Wirken von Ursache und Folge „im Sinn der allgemeinen Naturgesetze" ausdrücklich nicht in Abrede stellte (Lange 1974, S. 692; s. Baer 1983, S. 166).
Vor allem in Deutschland wurde der Darwinismus nachdrücklich von *Ernst Haeckel* propagiert. In seiner empirischen Beweisführung berief er sich zum einen auf die vergleichende Anatomie und zog dafür auch fossile Zeugnisse heran; zum andern verwies er auf die „vergleichende Ontogenie oder Keimesgeschichte" als Beleg etwa „für die gemeinsame Abstammung aller Wirbeltiere" (1905, S. 53). Darüberhinaus glaubte Haeckel sich auf der Spur einer umfassenden, „allgemeinen Entwickelungslehre" (vgl. etwa 1877, S. 16). Der von Darwin begründeten Abstammungslehre schrieb er so einen prägenden Einfluß auf alle möglichen anderen Wissensgebiete zu:

„Auch die ... anthropologischen Wissenschaften, Ethnographie und Soziologie, Ethik und Rechtswissenschaft treten in immer engere Verbindung mit der Deszendenztheorie und können sich ihrem Einfluß nicht mehr entziehen" (ders. 1905, S. 31).

Mit diesem umfassenden Erklärungsanspruch verband Haeckel die Neubegründung der Konzeption des „Monismus", den schon ältere Materialisten vertreten hatten. Er postulierte „die feste Überzeugung von der Einheit der organischen und anorganischen Natur, von dem mechanischen Charakter aller Lebens- und Seelentätigkeit" (ebd., S. 47). Aus Entwicklungsgesetz und Substanzgesetz, dem „Gesetz von der Erhaltung der Materie oder des Stoffes", glaubte Haeckel schließlich auf einen „monistische(n) Gott als allumfassendes Weltwesen" schließen zu dürfen, wofür er sich vor allem auf Spinoza und Goethe berief (ebd., S. 90ff). Dementsprechend stellte er den „Entwickelungs-Gedanken" den „mehr oder weniger dunklen Schöpfungsmythen" entgegen, die er nun überwunden glaubte (ebd., S. 13). Er wandte sich damit zugleich vehement gegen „Jesuitismus", „Papismus" und „Kirchenreligion" im Allgemeinen (ebd., passim). Diese Abwendung von der Theologie und religiösen Schöpfungsideen und der Versuch, auf der Grundlage der Fülle neuer Informationen aus den verschiedensten Wissensgebieten eine neue, betont säkulare allgemeine Theorie des Seienden zu konstruieren, erweisen sich als prägend für viele Spielarten des älteren Evolutionismus, besonders folgenreich etwa auch im Bereich der Ethnologie (vgl. Hildebrandt 1983, Kap. II).
Wie schon die Kritik Baers an Darwins Selektionskonzept zeigt auch dessen Erweiterung durch Haeckel eindrücklich die Tendenz, aus naturwissenschaftlichen Einsichten Schlußfolgerungen

zu ziehen, die zur Formulierung einer übergreifenden Weltanschauung führen. Damit wurde der Entwicklungslehre ein universaler Erklärungsanspruch zugesprochen:

„'*Entwickelung*' heisst von jetzt an das Zauberwort, durch das wir alle uns umgebenden Räthsel lösen, oder wenigstens auf den Weg ihrer Lösung gelangen können." (1902, S. viii).

Diese mit aufklärerischem und antiklerikalem Pathos propagierte Weltanschaung war überaus erfolgreich. Insbesondere in der Betrachtung von Geschichte und Gesellschaft spielte die wesentlich durch Haeckels Darwin-Rezeption geprägte „monistische" Perspektive eine herausragende, oft entscheidende Rolle. Das gilt nicht so sehr und sicher nicht allein für den offiziellen Wissenschaftsbetrieb. Haeckel wandte sich in seinen populär gehaltenen Vorträgen an das Bildungsbürgertum und erreichte vor allem auch eine große Ausstrahlung in die sich organisatorisch und ideologisch konsolidierende Arbeiterbewegung. Das Programm einer um den Entwicklungsbegriff in der Version von Haeckel zentrierten „monistischen Weltanschauung" (s. 1923, S. 353-375) stand so an einem Konvergenzpunkt unterschiedlicher wissenschaftlicher, aber auch politischer Strömungen. Bevor darauf näher eingegangen wird, soll die Herausbildung eines spezifisch sozialwissenschaftlichen Entwicklungsbegriffs im Verlauf des 19. Jahrhunderts skizziert werden.

Entwicklung und menschliche Gesellschaft

Schon zu Beginn des 19. Jahrhunderts hatte *Auguste Comte*, der gemeinhin als Begründer der Soziologie gilt, ein Fortschrittsmodell aufgestellt, das „drei große Phasen der Entwicklung" (1877, S. 19) unterschied, die nach „unabänderlichen Naturgesetzen" (ebd., S. 16) aufeinander folgen sollten: Metaphysik, Theologie und „positive Philosophie". Diesen Fortschritt führte Comte auf die „zunehmende Teilung der intellektuellen Arbeit" zurück, deren immer weitere Perfektionierung bis zur Etablierung der „wissenschaftlichen Allgemeinheiten" als „große weitere Spezialisierung" gehen solle und es dann der „modernen gelehrten Welt erlauben werde, „sich unbegrenzt zu entwickeln" (ebd., S. 26ff). Freilich ist die strikt deterministisch-teleologische Interpretation, mit der Comte gemeinhin assoziiert wird, durch seine Berücksichtigung des Zufalls an weniger exponierten Stellen zu relativieren. Ähnliches gilt für die Rekonstruktion vergangener Prozesse als eines allmählichen Wachstums menschlicher Fähigkeiten im Gegensatz zu der teleologischen Vorstellung eines ein für allemal feststehenden Ablaufs (s. Vernon 1978).

Aus anderer Perspektive, nämlich auf den einzelnen Nationalstaat und den Nachvollzug der industriellen Entwicklung in England bezogen, postulierte wenig später *Friedrich List*, „die Nationen" hätten

„folgende Entwicklungsstadien zu durchlaufen: Zustand der ursprünglichen Wildheit – Hirtenstand – Agrikulturstand – Agrikultur-Manufakturstand – Agrikultur-Manufaktur-Handelsstand" (1959, S. 177).

Wenn in diesem Entwicklungsschema gegenüber dem von Comte auch die Wirtschaftsformen deutlich in den Vordergrund rücken, so betont List doch in seiner „Theorie der produktiven Kräfte" die Bedeutung von Erziehung und Moral, die der von ihm kritisierten politischen Ökonomie entgehe (vgl. ebd., S. 151ff). Hier ist aber vor allem die Vorstellung von einer fixierten Abfolge von Stadien festzuhalten, die sich im Gegensatz zu Hegel, wo die geschichtlichen Völker verschiedene Stadien der Selbsterkenntnis des Geistes oder, in säkularisierter Form der Entwicklung *der Menschheit* repräsentieren, bei List ganz pragmatisch auf *Staaten* bezieht, die innerhalb ihrer Grenzen zu handeln haben. Auch bei Comte war dieser Bezug auf die staatlich verfaßte Nation noch nicht zu finden. Lists Konzept (s. auch Kap. 2) ist in vielerlei Variationen zu einem Charakteristikum der meisten Entwicklungskonzepte und Evolutionstheorien geworden.

Den wohl imponierendsten Versuch eines philosophischen Systems auf der Grundlage der neuen naturwissenschaftlichen Erkenntnisse und der Evolutionstheorie unternahm seit der Mitte des 19. Jahrhunderts *Herbert Spencer*. Sein großangelegtes Unternehmen umfaßte ontologische Überlegungen ebenso wie Naturwissenschaften, Psychologie, Soziologie und Moral (s. 1966 I, S. xi-xvii). Dieses System beruhte auf der durchaus „monistischen" Annahme, von der Materie bis zu den sozialen Beziehungen herrsche ein einheitliches „Gesetz der Evolution":

„Evolution ist die Integration von Materie und die damit einhergehende Dissipation von Bewegung; während derer die Materie aus einer [relativ] unbestimmten, unzusammenhängenden Homogenität in eine [relativ] bestimmte, zusammenhängende Heterogenität übergeht; und während derer die übrigbleibende Bewegung eine parallele Transformation erfährt." (1966 I, S. 321).

Für Spencer konstituierte dieses „vereinheitlichte Wissen", das er empirisch abzusichern beanspruchte, die angestrebte synthetische Philosophie (ebd., S. 246). Er unterschied drei große „Arten der Evolution": unorganische Evolution, wiederum unterteilt in „Astrogenese" und „Geogenese"; organische Evolution, unterteilt in physische und psychische Evolution und schließlich die überorganische Evolution, die Spencer mit der Kooperation von Individuen beginnen ließ, wenn sie über ein Elternpaar hinausreicht, also einschließlich etwa von Insektenstaaten; doch die menschlichen

Gesellschaften „überbieten so ungemein alle anderen an Ausmaß, an Komplexität, an Bedeutung, daß diese ihnen gegenüber unbedeutend werden." (1966 VI, S. 7)

Von der Bildung der Sterne bis hin zur menschlichen Gesellschaft sah Spencer somit eine einheitliche Gesetzmäßigkeit am Werk, in der die Differenzierung mit der fortschreitenden Integration der Materie verknüpft war. Dabei setzte Spencer bei der Entwicklung des Embryos und den Beobachtungen von Wolff und Baer an, betonte aber über diesen hinaus die Zunahme an „Kohärenz" und „Bestimmtheit" (1966 I, S. 450; 270n). Später führte er freilich eine terminologische Differenzierung ein, die aber noch einmal pointierte, daß mit „Evolution" Differenzierung und zugleich eine quantitative Zunahme gemeint war. Dies veranlaßte seinen deutschen Übersetzer zu der Erläuterung, daß „Ausbildung (development) ... stets Zunahme der Structur und nicht Zunahme der Körpergröße bezeichnet", wofür „Wachsthum (growth)" reserviert bleiben sollte; ferner solle „das Wort Entwicklung (Evolution) ... Wachsthum sowohl wie die Ausbildung umfass(en)" (1876, S. 144n; vgl. 1966 II, S. 162; s. auch Bowler 1975, S. 107f).

Spencers Begriff von Entwicklung ist demnach gekennzeichnet durch eine besonders nachdrückliche Verbindung von Differenzierung und Integration. Das wird nicht zuletzt deutlich, wenn er davon spricht, daß die funktionale Differenzierung menschlicher Gesellschaften „Beziehungen der Ungleichheit hinsichtlich der Machtbeziehungen" mit sich bringe und zugleich in Analogie zur körperlichen Entwicklung auch für die Gesellschaft die Grenzen erörtert, jenseits derer sich „Struktur" hemmend auf „Wachstum" auswirke oder es gänzlich unterbinde, daß also einerseits „gesellschaftlich wie individuell ... Organisation für Wachstum unabdingbar" sei, doch ab einem bestimmten Punkt Wachstum „indirekt zurück(halte)". „Das Aggregat, das wir Gesellschaft nennen," sei zwar überaus formbar und übertreffe „Individuen" darin bei weitem; dennoch deute manches darauf hin, daß die Gesellschaft dazu tendiere, festgelegt zu werden, und dazu trage „jede Hinzufügung zu ihren Einrichtungen" bei (1880, S. 59, 62, 64f).

Zeitgenössische Kritik an Spencer, nicht zuletzt von seiten Darwins, richtete sich vor allem gegen seine letztlich nur deduktive Methode (s. Hildebrandt 1983, S. 64n). Einflußreiche, empirisch fundierte Modelle gesellschaftlicher Entwicklung wurden in besonderem Maß durch das Bekanntwerden unterschiedlicher Familien- und Verwandtschaftsformen angeregt. Dabei spielte die Wertung „älterer" Formen als Vorstufen zur Gegenwart eine entscheidende Rolle. Vorwiegend auf der Grundlage klassischer Überlieferungen und Mythen konstruierte *Johann Jakob Bachofen* eine „Stufenfolge der Entwicklung" von Ehe- und Familienformen, deren „vorzügliche Bedeutung" er vor allem darin erblickte, „daß sie einem geschichtlichen Fortschritt der menschlichen Zustände entspricht", der „in geläuterte Zustände" führe (1975, S. 278). Diesen Fortschritt sah er vor allem von der „Kulturstufe" des „Mutterrechtes" hin zum „Paternitätssystem" (ebd. S. 3). Darin lag eine entschiedene Abkehr von der bis auf Herodot zurückgehenden älteren Sicht, die Hinweise auf matrilineare Verwandtschaftssysteme und Erbfolge als „abnormal" abgetan hatte (s. Hildebrandt 1983, S. 103ff). Doch auch Bachofen setzte die Ablösung des „Mutterrechtes" durch Patrilinearität und männliche Erbfolge gleich mit der „Losmachung des Geistes von den Erscheinungen der Natur" (1975, S. 48). So bekräftigte auch er bis heute fortwirkende „geschlechtsdualistische Muster" (Lenz 1990a, S. 26) und ihre Einordnung in ein Konzept fortschreitender Entwicklung.

Ein wesentlicher Schritt für das weitere Entwicklungsdenken bestand nun darin, daß die Verhältnisse bei zeitgenössischen „primitiven" Völkern aufgrund von „Ungleichheiten in der Entwicklung" (McLennan, zit. nach Hildebrandt 1983, S. 131) für eine „Rekonstruktion der 'Vorgeschichte'" herangezogen werden (Hildebrandt 1983, S. 136). Diese Grundkonzeption entspricht deutlich der engen Beziehung, die vor allem in der Embryologie und der Paläontologie zwischen Ontogenese und Phylogenese von Organismen etabliert worden war. Der folgenreichste Beitrag aus dieser Perspektive dürfte von *Lewis Henry Morgan* stammen. Ausgehend von intensiven, durch teilnehmende Beobachtung erworbene Kenntnisse des Verwandtschaftssystems der Irokesen entwarf Morgan zunächst ein Schema unterschiedlicher Verwandtschaftssysteme zur Einteilung und Abgrenzung von Völkern und Völkergruppen. Seine Bedeutung erhielt ein Verwandtschaftssystem für Morgan durch die grundlegenden „Ideen und Konzeptionen, die es verkörpert", die durch die „gemeinsame Sprache" vermittelt und durch das „Blut" weitergegeben werden (1966, S. 15). Auf allgemeinster Ebene unterschied er einerseits „klassifizierende" Systeme, in denen die Abstammung nicht Einzelpersonen, sondern Gruppen, etwa von Geschwistern zugeordnet wird und andererseits „deskriptive" mit der genauen genealogischen Identifikation von Eltern und Kindern (s. 1987, S. 331f). In diesem großen Unterschied sah Morgan zunächst einen möglichen Anlaß zum Übergang von klassifizierenden zu deskriptiven Systemen, freilich „nach dem Erreichen der Zivilisation. Dies ist die Vererbung von Eigentum" (1966, S. 14). Diese nämlich begründete das Interesse männlicher Erblasser, sicher zu sein, daß ihr Eigentum auch tatsächlich an ihre leiblichen Nachkommen übergehe. Morgan formulierte damit die zentrale These über den Zusammenhang zwischen Verwandtschaftssystem, Eheform und Eigentumsrecht. Demnach war die „Ehe zwischen einzelnen Paaren in den primitiven Zeitaltern der Menschheit unbekannt", und zugleich läßt sich „die Grenzlinie zwischen zivilisierten und unzivilisierten Nationen" „nahezu" gleichsetzen mit dem Vorherrschen des deskriptiven oder klassifizierenden Verwandtschaftssystems (ebd., S. 469f). In seinem einflußreichsten Werk, der *Urgesellschaft,* präsentiert Morgan auf dieser Grundlage ein Schema der „stufenweise(n) Entwicklung" der Menschheit in „ihrem mühsamen Vordringen zur Zivilisation" (1987, S. 3). Dabei sah Morgan sich noch genötigt, „die Theorie der Entartung der Menschheit, mit der man das Dasein von Wilden und Barbaren zu erklären suchte," ausdrücklich zurückzuweisen (ebd., S. 7) und gleich in der Vorrede das „große Alter der Menschheit" zu betonen (ebd., S. xiii). Darin kommt deutlich die Frontstellung zu theologisch geprägten Vorstellungen zum Ausdruck, in der die Evolutionisten sich generell in der „Auseinandersetzung um die rationale Erklärung der Welt" (s. Hildebrandt 1983, S. 55) befanden. Konkret handelte es sich noch immer um die Zurückweisung des biblischen Postulates eines einmaligen, punktuellen Schöpfungsaktes, das den Menschen nicht nur aus der biologischen Evolution aussonderte, sondern auch eine allmähliche Entwicklung der als sittlich angesehenen Institutionen schwer vorstellbar machte. Ähnlich wie Bachofen war es auch Morgan mit seinem Schema um eben einen solchen allmählichen Entwicklungsprozeß sittlicher Institutionen zu tun, wobei er aber eine weit größere Anzahl von Dimensionen für wesentlich hielt: neben

„Erfindungen und Entdeckungen ... Lebensunterhalt, Gesellschaftsverfassung, Sprache, Familie, Religion, häusliches Leben und Baukunst, Eigentum" (1987, S. 4).

Genauer konstruierte er für die „Entwicklung" von „Gesellschaftsverfassung, „Familienbegriff" und „Eigentumsbegriff" eine Abfolge von Formen, die sich an den großen Stadien der Wildheit, der Barbarei und der Zivilisation orientieren. Dabei werden die ersten beiden in jeweils drei Stufen unterteilt. Die Zivilisation unterteilte Morgan in „antike und moderne" und setzte sie mit dem Gebrauch des Alphabets gleich (ebd., S. 10f). Die Zivilisation führt schließlich zur Ablösung der Verwandtschaft als des für Gesellschaften strukturierenden Prinzips durch die „politische Gesellschaft", zum Übergang zur monogamen, patrilinearen Familie und zum absoluten, freier Verfügungsgewalt unterliegenden privaten Eigentum in der griechischen und römischen Antike. Den Übergang zur Zivilisation „aussschließlich durch eigene Entwicklung" sieht Morgan bei „nur zwei Völkergruppen, (der) semitischen und arischen" (ebd., S. 475). Daraus ergibt sich eine vorrangig auf den Mittelmeerraum und das westliche Europa bezogene Evolutionslinie, wobei Morgan freilich betont, daß „das Eintreten der Zivilisation ...

gar sehr von Zufällen abhing" (ebd.). Problematische Folgen der Herrschaft sah er in „Jagd nach Reichtum" und drohender „Auflösung der Gesellschaft". Ihr setzte er die Hoffnung entgegen, daß „die menschliche Vernunft erstarken wird zur Herrschaft über den Reichtum" (ebd., S. 474). Nicht nur in seiner Entwicklungskonzeption, sondern auch in dieser kritisch-optimistischen Gegenwartsanalyse erwies sich Morgans Werk als anschlußfähig für die sozialistische Gesellschaftskritik.

Die verschiedenen Stränge des Entwicklungsdenkens laufen in besonders instruktiver Weise in dem Werk von *Karl Marx* und *Friedrich Engels* zusammen. Insbesondere die Entdeckungen von Darwin und Morgan setzten sie in enge Beziehung zu ihren eigenen theoretischen Leistungen. Hier geht es vor allem darum, ihr Geschichtsverständnis in das Entwicklungsdenken ihrer Zeit einzuordnen. Schon mit der klassischen, berühmt-berüchtigten Formulierung, die menschliche Geschichte sei eine „Geschichte von Klassenkämpfen", ist ein wesentliches Moment sozialer Evolution, der Abfolge unterschiedlicher Formen von Gesellschaft, bezeichnet. Ferner enthält dies den Verweis darauf, daß in menschlichen Gesellschaften nicht nur Integration stattfindet, sondern daß es strukturell begründete Konflikte gibt. Eben diese Konflikte sind es in der Sicht von Marx und Engels, die Gesellschaften an ihre Schranken treiben und mehr noch, die schließlich das Überschreiten dieser Schranken erzwingen. In Anlehnung an das von Hegel überkommene weltgeschichtliche Schema lassen die Autoren des *Kommunistischen Manifests* die folgenden Gegensatzpaare aufmarschieren:

„Freier und Sklave, Patrizier und Plebejer, Baron und Leibeigener, Zunftbürger und Gesell, kurz, Unterdrücker und Unterdrückte" (Marx/Engels 1969a, S. 462).

Dreißig Jahre nach dem Erscheinen des Manifestes gab die Rezeption der Arbeiten von L. H. Morgan Anlaß, den historischen und damit vergänglichen Charakter vor allem von Staat und Eigentum ebenso herauszustellen wie die Vor-Klassengesellschaft, die der Sklaverei vorausgehen sollte (s. Engels 1969). Die im Manifest bezeichneten Beziehungen gesellschaftlicher Herrschaft stehen in dieser Konzeption in zeitlicher und struktureller Abfolge, an deren Ende „die Epoche der Bourgeoisie" u.a. „die Klassenkämpfe vereinfacht hat ... in zwei große feindliche Lager ...: Bourgeoisie und Proletarier". Vor dem Hintergrund einer „unermeßliche(n) Entwicklung" von Handel und Verkehr war

„die Bourgeoisie selbst das Produkt eines langen Entwicklungsganges, einer Reihe von Umwälzungen in der Produktions- und Verkehrsweise" (Marx/ Engels 1969a, S. 463f).

Im Sprachgebrauch speziell von Marx läßt sich in zentralen Texten eine deutliche Unterscheidung zwischen Entwicklung und Geschichte ausmachen. Letztere bezeichnet explizit oder implizit den großen Prozeß der Ablösung unterschiedlicher dominanter Formen der Ausbeutung und Herrschaft, in klassischer Terminologie „der progressiven Epochen ökonomischer Gesellschaftsformation", die Marx insgesamt als die „Vorgeschichte der menschlichen Gesellschaft" auszeichnete, die eigentlich menschlich in der Überwindung des Prinzips der Klassengegensätze werden sollte. Dagegen findet die „Entwicklung" der „materiellen Produktivkräfte" innerhalb einer jeden dieser Gesellschaftsformationen oder Epochen statt und zwar so lange, bis diese ihre Möglichkeiten erschöpft hat und die „Produktionsverhältnisse" „aus Entwicklungsformen der Produktivkräfte ... in Fesseln derselben um(schlagen)" (1969a, S. 9). Dieses an Herder erinnernde Prinzip der Ausschöpfung der Möglichkeiten einer jeden Entwicklungsstufe gilt für Marx insbesondere für die zeitgenössische, die bürgerliche Epoche, die nach seiner durchgängigen Überzeugung nicht zuletzt durch ihre nie dagewesene Entwicklung der Produktivkräfte die Voraussetzungen für eine freie und reiche Gesellschaft schaffen sollte. In einem von Marxens berühmten, freilich eher journalistisch gehaltenen Artikeln über Indien findet sich eine ähnliche Gegenüberstellung, wenn er das Aufbrechen des früheren „sich selbst entwickelnden gesellschaftlichen Zustandes" durch die britische Herrschaft als Vorbedingung dafür bezeichnet, daß „die Menschheit ihre Bestimmung erfüllen" könne (1969c, S. 94). Anders als bei den zitierten deutschen Autoren zu Anfang des 19. Jahrhunderts tritt hier der Begriff der Entwicklung hinter den der Geschichte zurück. „Entwicklung" bezieht sich hier auf die Einlösung und Verwirklichung eines durch die Grundverhältnisse einer gesellschaftlichen Großepoche gegebenen Möglichkeiten. Unter diesem Aspekt gewinnt der berühmte Satz seinen besonderen Sinn:

„Die Menschen machen ihre eigene Geschichte, aber sie machen sie nicht aus freien Stücken, nicht unter selbstgewählten, sondern unter unmittelbar vorgefundenen, gegebenen und überlieferten Umständen." (1969b, S. 115)

Entwicklung wäre dann ein wesentlicher Aspekt dieser objektiv vorgegebenen Bedingungen gesellschaftlichen Handelns. Dieses Entwicklungskonzept bestätigt Marx noch einmal in den einleitenden Bemerkungen zu seinem Hauptwerk *Das Kapital*: Zum einen begründet er die Möglichkeit seiner wesentlichen Entdeckung, der Analyse der Warenform damit, daß der „ausgebildete Körper", d.h. die Gesellschaft des zeitgenössischen Hochkapitalismus, „leichter zu studieren ist als die Körperzelle", eben die Ware. Zugleich ergibt sich aus den so identifizierten Gesetzen aber eine einheitliche Richtung für unterschiedliche Länder, denn im Vergleich etwa zwischen England und Deutschland zu Beginn des letzten Drittels des 19. Jahrhunderts

„handelt es sich nicht um den höheren oder niedrigeren Entwicklungsgrad der gesellschaftlichen Antagonismen, welche aus den Naturgesetzen der kapitalistischen Produktion entspringen. Es handelt sich um diese Gesetze selbst, um diese mit eherner Notwendigkeit ... sich durchsetzenden Tendenzen. Das industriell entwickeltere Land zeigt dem minder entwickelten nur das Bild der eignen Zukunft." (1968, S. 12)

Solche Formulierungen enthalten unverkennbar den teleologischen Einschlag der ausdrücklich angesprochenen Aufholjagd (s. Kap. 2). Sie boten späteren Interpreten und Epigonen reichlich Anlaß, Marx die Theorie einer naturgesetzlichen, und damit unausweichlich eintretenden Entwicklung zuzuschreiben, die nach der Ausbreitung der kapitalistischen Produktionsweise auf die gesamte Erde und der Entfaltung aller ihr inhärenten Möglichkeiten, insbesondere der Produktivkräfte schließlich zum Sozialismus überleiten werde. So läßt sich Marx vor dem Hintergrund der historischen Erfahrung der letzten 130-140 Jahre in die Reihe jener Modernisierungstheoretiker einordnen, die eine weitgehend gleichförmige, wenn auch ungleichzeitige Entwicklung der vom Weltmarkt erfaßten Länder erwartet haben und immer noch unterstellen. Freilich war dies für Marx selbst nicht das letzte Wort. Eine der Stärken dieses Theoretikers war im Gegensatz zu dogmatischen Verdrehungen und Verkrustungen der Epigonen seine Offenheit für historische Prozesse. Hier war es die Erschütterung Rußlands durch die populistische Bewegung der 1870er und frühen 1880er Jahre, die ihn zu Präzisierung und Neueinschätzung trieb. Dabei ging es vor allem um die Chancen der russischen Dorfgemeinde, zur Grundlage eines bäuerlichen Sozialismus zu werden; diese Perspektive schien durch die Verallgemeinerung des Kapitalismus auf Rußland gefährdet. Auf entsprechende Anfragen aus Kreisen des radikalen russischen Populismus wandte sich Marx gegen den Versuch,

„meine historische Skizze von der Entstehung des Kapitalismus in Westeuropa in eine geschichtsphilosophische Theorie des allgemeinen Entwicklungsganges [zu] verwandeln, der allen Völkern schicksalsmäßig vorgeschrieben ist."

An gleicher Stelle verwies er auf die unterschiedlichen Konsequenzen des formal gleichen Prozesses der Proletarisierung, der persönlichen Befreiung der Arbeitskraft und ihrer Trennung „von ihren Produktions- und Subsistenzmitteln" in unterschiedlichen historischen Epochen und Konstellationen: In Rom und in den Südstaaten der USA hatte dieser Trennungsprozeß nicht zur freien Lohnarbeit, sondern zur Vorherrschaft der Sklaverei geführt. Es komme also auf das jeweilige „historische Milieu", das Studium „jede(r) dieser Entwicklungen für sich" und schließlich auf den historischen Vergleich an (1962, S. 111f). Gegenüber der Vorherrschaft des evolutionistischen Entwicklungsdenkens, etwa repräsentiert in der Darwin-Rezeption Haeckels, waren solche Differenzierungen offenbar machtlos. Das gilt zumindest, was die Breitenwirkung anging. Marx-Adepten der folgenden Jahrzehnte begrüßten nicht nur begeistert die naturwissenschaftlich-antiklerikale Emphase szientistischer Konzeptionen einer naturgesetzlich unausweichlichen Entwicklung hin auf eine bessere Zukunft – die Pionierinnen und Pioniere des Marxismus in Rußland vergaßen oder verdrängten sogar die an sie gerichteten Briefe des Meisters, in denen dieser eine gänzlich andere Sprache gesprochen hatte (vgl. Rjazanov 1924, S. 265f). Komplexe Bedingungsgefüge wurden in der Debatte über die „Entwicklung des Kapitalismus in Rußland" als des um 1900 wichtigsten Paradigmas nachholender kapitalistischer Entwicklung reduziert auf die Annahme, die Warenproduktion selbst schaffe mit naturgesetzlicher Notwendigkeit den inneren Markt, also die Voraussetzungen ihrer eigenen Universalisierung (s. Lenin 1968, S. 44ff, 56). In dieser für die spätere Entwicklungsstrategie der Sowjetunion und damit auch für andere Strategien nachholender Entwicklung unter „sozialistischen" Vorzeichen sehr folgenreichen Analyse wurde somit die Vorstellung des Nachvollzugs der Entwicklung der bereits industrialisierten Länder noch einmal pointiert und als Ausdruck einer allgemeinen Gesetzmäßigkeit verstanden.

Die Hegemonie des darwinistisch geprägten Entwicklungsdenkens erstreckte sich auch auf andere Teile der sozialdemokratisch orientierten Arbeiterbewegung. Besonders in Deutschland unterlag unter ihrem Einfluß die Marxsche Theorie einer „Verlegung des Akzentes von der Dialektik auf den Materialismus" (Korsch 1966, S. 63). Dies förderte ein weitgehend an popularisierten, oft über Haeckel vermittelten Konzepten Darwins orientiertes Entwicklungsdenken, das aus einer durch Orthodoxie gegen Kritik abgesicherten Gesetzmäßigkeit Zuversicht in die Erreichung der Ziele der Sozialdemokratie ableitete (vgl. Steinberg 1967, bes. S. 43-63). Gesellschaftliche Veränderung erschien nicht als Folge politischen, damit auch riskanten Handelns, sondern als eherne Konsequenz der objektiv gültigen und geradezu ohne Beeinflussung durch menschliches Tun wirksamen Entwicklungsgesetze; so blieb der vorgegebene Lauf der Dinge aus der Sicht der Sozialdemokratie vor dem Ersten Weltkrieg lediglich noch abzuwarten (s. Groh 1974). In der Weiterentwicklung dieses theoretischen Grundansatzes im Sowjetmarxismus wurde der Verstoß gegen die von der Spitze der herrschenden Partei mit dem Anspruch auf Letztgültigkeit interpretierten historischen Gesetze zum todeswürdigen Verbrechen und in den Moskauer Prozessen der 1930er Jahre an den alten Bolschewiki entsprechend geahndet (s. Merleau-Ponty 1968). Derartig folgenreiche Konvergenz zwischen sozialwissenschaftlichem und naturwissenschaftlichem Entwicklungsdenken war durch deren langfristige Verschränkung vorbereitet gewesen.

Entdeckungen des 20. Jahrhunderts: Zufall und Dynamik

Ihre Überzeugungskraft konnte die „monistische" Weltanschauung vor allem aus ihrem umfassenden Erklärungsanspruch ableiten. Dagegen war von Pionieren des neueren Entwicklungsdenkens wie Darwin oder Morgan gerade die Bedeutung des Zufalls besonders herausgestellt worden. Künftige Entwicklung hätte aus dieser Sicht als prinzipiell nicht vorhersehbar und damit auch als unplanbar, wenn auch sicherlich als beeinflußbar erscheinen müssen. Das allem Handeln anhaftende Risiko läßt sich nicht durch den Rekurs auf eherne Gesetzmäßigkeiten gleichsam technologisch eliminieren, wie es fortschrittsgläubige Zuversicht unterschiedlichster Couleur immer wieder postuliert hat. Die Konsistenz und Folgerichtigkeit, die sich bei rückblickender Re-Konstruktionen von Entwicklungsprozessen erreichen läßt, hat dies freilich immer wieder verdeckt. Dennoch bietet gerade die Einsicht, daß Entwicklungsprozesse offen und daher aus menschlicher, gesellschaftlicher Sicht immer auch riskant, aber auch formbar sind, zwar weniger Sicherheit, als sie das Bild eines ein für allemal feststehenden und gleichsam präformierten Ablaufs suggerieren mag; zugleich verweist aber diese Einsicht auch auf Chancen: Nur unter der Voraussetzung von Freiheitsgraden einer nicht in allen Punkten von vornherein feststehenden Entwicklung ist Handeln und erst recht schöpferisches Denken für eine nicht präformierte Zukunft möglich. Zuversicht, im Gegensatz zur *docta spes*, der auch um Risiko und Gefahr wissenden Hoffnung (Ernst Bloch) und das Gefühl absoluter Sicherheit dagegen sind nur die Kehrseite eines hilflosen Fatalismus, und in der Tat haben optimistische und pessimistische Versionen der gleichen letztlich zukunftslosen Grundkonzeption abwechselnd und grob gesprochen je nach der sozioökonomischen großkonjunkturellen Lage das vorherrschende Bewußtsein in unserem Jahrhundert geprägt (vgl. auch Hauck 1992, S. 140ff).

Vor dem Hintergrund der soeben in einigen wichtigen Etappen nachgezeichneten Stationen gerade des naturwissenschaftlichen Referenzrahmens des Entwicklungsdenkens muß dies überraschen. Zukunftszuversicht wie Fatalismus halten sich letztlich im Rahmen einer Vorstellung von Entwicklung, die vielleicht eher mit der Metapher vom „Ablauf" zu bezeichnen wäre oder im Kontext der Geschichte des Entwicklungsdenkens dem Konzept der Präformation und Auswicklung immer schon vorhandener Strukturen entspräche. Allein schon eine epigenetische Sicht auf gesellschaftliche Prozesse würde nach den Potentialen und Möglichkeiten gegebener Situationen fragen und erst recht nach denkbaren Variationen. Die Entdeckungen der Naturwissenschaften etwa seit Beginn des 20. Jahrhunderts haben ganz neue Bezugspunkte für Vorstellungen von Entwicklung geschaffen, die im sozialwissenschaftlichen und politischen Denken noch kaum reflektiert worden sind.

Schon Heraklit hatte erkannt, daß nicht allein „alles fließt", sondern mehr noch, daß man aus eben diesem Grund nicht zweimal in denselben Fluß steigen kann. Freilich ist mit der Vorstellung von Entwicklung, wie sie sich vom ausgehenden 17. bis zum Beginn des 20. Jahrhunderts herausgebildet und verallgemeinert hat, eindeutig wesentlich mehr verbunden: Es geht dabei um gerichtete Veränderung. Das galt schon für die Präformationstheorie, die zumindest im Hinblick auf die Größenverhältnisse Veränderungen postulieren mußte, sogar in kaum unvorstellbaren Proportionen, von infinitesimalen Ausmaßen bis auf „Lebensgröße". Das gilt erst recht für alle epigenetischen Entwicklungs- und Evolutionskonzepte: In ihnen wurde die alte Vorstellung der ein für allemal abgeschlossenen Schöpfung abgelöst durch die Annahme des beständigen Eintretens von etwas Neuem, das zuvor als Organ und als Individuum nicht existiert hatte. Solche Vorstellungen wurden bald auf Gattungen, aber auch auf Wissen oder Gesellschaftsformen ausgedehnt. Die damit beschriebene Entwicklung ist gerichtet, weil in jedem einzelnen ihrer Schritte an Voraussetzungen gebunden. Das läßt sich weiter verdeutlichen an dem evolutionären Mechanismus der *Variation* (Mutation, Innovation) innerhalb einer gegebenen Population, der *Selektion* unter den neu aufgetretenen Formen und der *Retention* derer, die dem Selektionsprozeß standgehalten haben, d.h. der Stabilisierung eines Teiles der Ergebnisse der Variation. Retention definiert damit zugleich die Ausgangsbedingungen für jegliche neuerlichen Variationen, und insoweit läßt es sich kaum vermeiden von einer Richtung im Sinne einer solchen gerichteten Entwicklung zu sprechen im Unterschied zu bloßem Fluktuieren (vgl. auch Hauck 1996, S. 14ff).
In anderen Worten handelt es sich um „Orthogenese". Innovationen sind denn auch nicht beliebig, sondern in – freilich prinzipiell unendlich großer Bandbreite – durch das bereits Gegebene abgegrenzt. Eben darin besteht auch der griechische Wortsinn von

Epi-Genesis, was nämlich genau besagt, daß etwas „auf (epí)" der Grundlage von etwas anderem entsteht oder geschaffen wird. Auch bei aller Betonung des Gleichgewichtes („Äquilibration") und selbst der „Reversibilität" in der psychischen Entwicklung stellt aus diesen Gründen etwa auch *Jean Piaget* letztlich den „sequentiellen Charakter der Entwicklung" in den Mittelpunkt seiner Überlegungen (1981, S. 73, 62).

Scheint die Grundannahme der Richtung von jeglichem Konzept der Entwicklung also schwer ablösbar zu sein, so ist damit die Frage des *Zieles* noch keineswegs entschieden. Wie wir bereits gesehen haben, waren die teleologischen Annahmen, wie sie sich mit dem Entwicklungsdenken etwa um die Wende zum 20. Jahrhundert aufs engste verknüpft hatten, äußerst folgenreich. Dieses meist ganz selbstverständlich unterstellte Junktim von Richtung und Ziel ist nach wie vor in vielerlei Hinsicht wirksam, wie am Lehrstück der *nachholenden Entwicklung* ausführlich gezeigt werden soll. Doch ist diese, gerade im abendländischen Denken tief verwurzelte und oftmals als überwältigend erscheinende Selbstverständlichkeit bei näherem Hinsehen so zwingend nicht. Das wurde auf dem Kerngebiet der Evolutionstheorie bereits deutlich aus dem Hinweis auf die Einwände Karl Ernst von Baers gegen das Evolutionskonzept von Charles Darwin: Der Kronzeuge des Entwicklungsdenkens im Bereich der Biologie konnte sich Entwicklung als gerichtetes Entstehen, also die Entstehung neuer Arten auf der Grundlage bereits vorhandener Spezies, sehr wohl ohne Ziel vorstellen. Auch wenn dieses Geschehen gern in das Raster eines zielstrebigen Prozesses eingepaßt wird, zumal als „Ziel" dann in aller Regel wieder der Mensch als die „Krone der Schöpfung" erscheint, ist seine Rekonstruktion als einer von Zufall bestimmten, gerichteten, im strengen Sinne ziel-losen, damit aber auch nach vorne offenen Bewegung oder eben Entwicklung nicht nur möglich, sondern aller Wahrscheinlichkeit nach auch realistischer.

Eine ganz eigene und instruktive Lösung des Problems der Finalität in der Evolution, die auch er als Einheit von Ontogenese und Phylogenese verstand, schlug vor dem Hintergrund der weitgehend unbestrittenen Dominanz eines stark szientistisch geprägten Entwicklungsbegriffes zu Beginn des 20. Jahrhunderts *Henri Bergson* vor. Das mechanizistische Weltbild der Wissenschaften des 19. Jahrhunderts konnte gerade die Zeitlichkeit, das Werden, Altern und Vergehen nicht erfassen, in dem Bergson ein zentrales Wesensmerkmal des Lebens und damit auch der Entwicklung seiner Formen erblickte. Eine statische, auf tote und daher festliegende Größen bezogene Kalkulation konnte aus Bergsons Sicht niemals die „organische *Schöpfung*" erfassen mit ihrem nicht in meßbare, „tote" Einzelabschnitte künstlich parzellierten, sondern vielmehr kontinuierlichen Zeitmodus:

„Kontinuität der Veränderung, Bewahrung der Vergangenheit in der Gegenwart, wahrhafte Dauer" (1945, S. 37, 39).

Diese Konzeption, einschließlich des zunächst überraschenden Verweises auf die Analogie zwischen der Evolution und dem menschlichen Gedächtnis (vgl. ebd., S. 39), findet ihr Echo in Erklärungsmustern der Evolution des Lebens und des Universums, die sich auf die naturwissenschaftlichen Durchbrüche der letzten Jahrzehnte beziehen (vgl. Sheldrake 1993; Prigogine/Stengers 1984, S. 173ff). Ähnliches gilt für die Betonung der Kontinuität in der neueren biologischen Evolutionsforschung, die eine genaue Entsprechung in der Interpretation der nicht differenzierten, im Erbgang weitergegebenen „Urkeimzellen" als „des eigentlichen, durch die Kette der Generationen verlaufenden Lebensfadens" findet (Rensch 1991, S. 41). Bergsons Vitalismus kann daher auch dort nicht einfach als obsolet abgetan werden, wo er auf den ersten Blick zumindest höchst spekulativ daherkommt.

Im adäquaten Verständnis des Organischen oder des „Lebens" liegt für Bergson im Gegensatz zur „mechanistischen Konzeption", in der „alles gegeben" sei (1945, S. 53), auch die Chance, Innovation zu denken und zu erfassen. Das ist besonders wichtig, will man versuchen, die *aus der Rückschau* erstaunliche Konsequenz des Evolutionsgeschehens zu verstehen und zu erklären. Bergson besteht aufgrund einer kritischen Durchsicht der zeitgenössischen Evolutionstheorien auf dem Erklärungsmuster

„eines ursprünglichen Lebens-Schwunges (élan original de la vie), der von einer Generation von Keimen zur folgenden Keim-Generation durch die Zwischenphase der entwickelten Organismen geht, die zwischen den Keimen das Band der Einheit bilden" (ebd., S. 101).

Darin liege auf den verzweigten Linien der Evolution die „tiefe Ursache der Variationen" (ebd.). In diesen Verzweigungen in unterschiedliche Evolutionslinien wiederum erblickt Bergson als Grundeigenschaft des Lebens:

„Das Leben ist Tendenz, und das Wesen einer Tendenz besteht darin, sich in der Form einer Garbe zu entwickeln, die durch die einfache Tatsache ihres Wachstums unterschiedliche Richtungen hervorbringt, unter die sich ihr Schwung aufteilt." (Ebd., S. 112)

Diese Entwicklung des Lebens geschehe nun nicht auf ein in der Zukunft fixiertes Ziel, einen „Plan" hin; der *élan vital* fächere sich im Verlauf der Evolution vielmehr immer mehr auf, so daß seine Einheit im Gegensatz zum Bild vom Plan „nicht in der Zukunft, sondern hinten" liege (ebd., S. 117). Aus diesem Grund aber sei auch die Zukunft, anders als beim Plan, der ihre „Form bestimmt", also festgelegt habe, nicht geschlossen:

„Vor der Evolution des Lebens bleiben die Tore der Zukunft weit geöffnet. Dies ist eine Schöpfung, die ohne Ziel kraft einer Anfangsbewegung weitergeht. Diese Bewegung stellt die Einheit der organisierten Welt her ..." (Ebd).

Eine wesentliche These Bergsons besagt dabei, daß Entwicklungen plural verlaufen und sich als „Divergenz" vollziehen, also als immer weitere Ausdifferenzierung (ebd., S. 129). Anders als bei der Entwicklung der Persönlichkeit werden durch Wahlentscheidungen im Bereich der Evolution des Lebens andere, nicht gewählte Möglichkeiten nicht sogleich ausgeschlossen. Sehr wohl aber lassen sich Hauptlinien der Evolution benennen:

„Die Bifurkationen auf dem Weg (der Evolution) waren zahlreich, aber es gab viele Sackgassen neben zwei oder drei großen Routen, und selbst von diesen großen Routen war eine einzige, diejenige, die über die Vertebraten zum Menschen aufsteigt, groß genug, um den Atem des Lebens frei wehen zu lassen." (Ebd., S. 113)

Nur auf den „drei großen Evolutionslinien", so meint Bergson, bringt das Leben „immer höhere, immer komplexere Formen" hervor, so daß allein hier von „Fortschritt" die Rede sein kann (ebd., S. 117). Dabei sind die stabilen besonderen Formen des Lebens, die „zurückbleibenden Entwicklungen" im Unterschied zu der „ursprünglichen Tendenz" (ebd., S. 130), die Spezies, vom „Leben im Allgemeinen und seiner Evolution" abzugrenzen (ebd., S. 140). Bergsons Vorstellungen vom Gang der Evolution des Lebens mögen hochgradig spekulativ erscheinen. Sie sind lehrreich aus zwei Gründen. Zum einen deutet sich hier eine Differenzierung zwischen den Konzepten der Evolution und der Entwicklung an. „Evolution" meint für Bergson eindeutig den übergreifenden Prozeß der Organisation, des Lebens in seinen vielgestaltigen Ausformungen und seiner wenigstens aus der Rückschau erkennbaren Bewegung hin auf die Hervorbringung des Menschen. „Entwicklungen" sind zumindest in zentralen Formulierungen diesem übergreifenden Evolutionsgeschehen untergeordnet. Sie können, etwa in der Entwicklung einer bestimmten Spezies, Moment der Evolution sein, oder aber von ihren Hauptlinien weg und in evolutionäre „Sackgassen" führen. In diesem hierarchischen Verhältnis der Begriffe werden der „Evolution" die emphatischeren, theoretisch stärker ausgezeichneten Aspekte zugeordnet, während „Entwicklung" eher das Verschwindende bezeichnet. Dabei ist es sicher kein Zufall, daß gerade hier der Übergang in die Alltagssprache fast unmerklich geworden ist. Ferner kommt Bergsons Konzept der Evolution völlig ohne ein vorgestelltes „Ziel" und erst recht ohne Vorstellungen von der Präformierung neu hervorgebrachter oder hervortretender Formen aus. Doch kann sich Bergson andererseits die Entstehung der Arten, die Konsequenz in der Abwandlung und Abfolge ihrer Baupläne und ihre Höherentwicklung nicht vorstellen ohne ein in alledem wirkendes Prinzip, eben den *élan vital*. Wie bereits angedeutet befindet sich Bergson hier durchaus in Übereinstimmung auch mit manchen neueren Konzepten der Evolution des Lebens. Doch ist darüberhinaus auch für eine Diskussion des Begriffs der Entwicklung im engeren Sinn festzuhalten, daß Evolution angesichts der Erkenntnisfortschritte der Naturwissenschaften seit dem Ende des 19. Jahrhunderts in mehrfacher Hinsicht radikaler gedacht werden muß als dies in den bisher betrachteten Ansätzen erfolgt ist. Dies gilt zum einen aufgrund der Entdeckungen der Thermodynamik, zum anderen angesichts von Erkenntnisprozessen, die sich als Auflösung des Newtonschen Universums zusammenfassen lassen. Diese weitreichenden Erkenntnisfortschritte haben zu einem klassischen Paradigmenwechsel im Sinne von Thomas S. Kuhn (1967) geführt, d.h. zu einer grundlegenden Neuinterpretation und Neubewertung des naturwissenschaftlichen Wissens, zu einer „wissenschaftlichen Revolution". So wurden die naturwissenschaftlich informierten Vorstellungen von Raum und Zeit völlig umgewälzt, und ähnliches gilt für die Entstehung aller möglichen Kategorien von Ordnung, mithin für Evolution auf verschiedenen Ebenen. Beide Dimensionen haben offenkundig wesentliche Implikationen für ein Entwicklungsdenken, das sich seiner Voraussetzungen vergewissern möchte. Ohne jeglichen Anspruch auf eine gültige oder vollständige Rezeption sollen hier nur einige Implikationen dieser wissenschaftlichen Revolution in ihren allerwichtigsten Konsequenzen speziell für das sozialwissenschaftliche Entwicklungsdenken resümiert werden. Wie schon bei der Betrachung früherer Stadien des modernen Entwicklungsdenkens geht es also nicht um die naturwissenschaftlichen Einsichten als solche, sondern um ihren prägenden Einfluß auf das Nachdenken oder auch das vergleichsweise naive Theoretisieren über Entwicklung in anderen Bereichen, zumal im Bereich gesellschaftlicher Entwicklung. Soviel möchte ich hier vorwegnehmen. Konfrontiert man neuere naturwissenschaftliche Konzeptionen von Entwicklung mit der gängigen Rede von nachholender Entwicklung im Bereich der Gesellschaftswissenschaften so muß diese entweder als vergleichsweise naiv erscheinen oder aber es ist zu konstatieren, daß sie sich – im Gegensatz zum älteren Entwicklungsdenken noch des 19. Jahrhunderts – weitgehend von den Diskursen und Erkenntnisfortschritten in anderen Bereichen abgekoppelt hat. Das ist umso bemerkenswerter, als synthetische Arbeiten über Entwicklung, Evolution oder auch Selbstorganisation aus dem Bereich der Naturwissenschaften oder auch der Medizin ohne unbillige Furcht vor Dilettantismus-Vorwürfen reichlich Aussagen über Gesellschaft enthalten (vgl. exemplarisch Prigogine/Stengers 1984; Maturana 1990; Rensch 1991; Böcher 1996). Der Anspruch wird ausdrücklich erhoben, daß die ins Blickfeld gerückten evolutionären Prozesse „ein Kontinuum (bilden), das die traditionellen Grenzen der klassischen Disziplinen überbrückt" (Laszlo 1987, S. 39) und das sich dementsprechend auf natürliche ebenso wie auf gesellschaftliche Systeme beziehen läßt; es geht so gesehen ausdrücklich um eine „allgemeine evolutionäre Synthese auf einer festen empirischen Grundlage" (ebd., S. 68). Damit ist eine Perspektive angegeben, wie sie bereits Herbert Spencer verfolgt hatte, freilich auf einer ganz anderen Grundlage der Naturerkenntnis. Doch Spencers Faszination ebenso wie diejenige neuerer Ansätze einer allgemeinen Evolutionstheorie beruhten und beruhen zweifellos auf der universalen, synthetischen Perspektive.

Folgenreich ist zunächst der seit der Mitte des 19. Jahrhunderts begründete zweite thermodynamische Hauptsatz, das berühmte Entropie-Gesetz. Es besagte zunächst, daß einmal in Arbeit verwandelte Wärme, etwa bei einer Dampfmaschine, nicht wieder zurück in Wärme verwandelt werden könne; allgemeiner hieß dies, daß die *Differenz* in der Konzentration von Energie unweigerlich zu einem Ausgleich strebe, bis ein Zustand erreicht sei, in dem diese Differenz so gering geworden sei, daß keine Wärme oder Energie mehr in Arbeit verwandelt werden könne (vgl. etwa Foerster 1990, S. 82ff). Der beständige Übergang aus einem Zustand hoher Konzentration und damit uneinheitlicher Verteilung von Energie in einen Zustand geringer Konzentration und damit weitgehend gleichförmiger Verteilung begründet unter der Voraussetzung eines nach außen geschlossenen Systems, das insbesondere keinen Zustrom an Energie erhält, schließlich den „Wärme-" bzw. „Kältetod" dieses Systems bei vollständig eingetretener Entropie. Da dieser Prozeß zunehmender „Entropie" unumkehrbar ist, scheint es damit zugleich eine physikalische Grundlage zu geben, die alles Geschehen einer physikalisch vorgegebenen Richtung unterordnet und es auf ein Ende, einen Zustand absoluter Ruhe zulaufen läßt. Das Prinzip der Umkehrbarkeit und Wiederholbarkeit war für die Newtonsche Physik schon aufgrund der Legitimation ihrer experimentellen Grundlagen konstitutiv gewesen. Mit der Anerkennung des zweiten thermodynamischen Hauptsatzes erhielt nun gerade die Unumkehrbarkeit auch physikalischer Prozesse in Form unterschiedlicher, auf makroskopischer, mikroskopischer und kosmologischer Ebene angesiedelter „Zeitpfeile" zentrale Bedeutung (Prigogine/Stengers 1984, S. 259).

Auch die Entdeckungen der Quantenmechanik führten, allein schon durch die Feststellung, daß durch Beobachtung das Beobachtungsfeld selbst verändert wird, weitere Elemente der Irreversibilität in das physikalische Weltbild ein. Ferner fiel jetzt dem Zufall, durch den konkrete Ereignisse auf der Quantenebene bestimmt sind, eine entscheidende Rolle zu, auch wenn es sich keineswegs um beliebige Abläufe, sondern in erster Linie um statistisch erfaßbare Wahrscheinlichkeiten handelt (vgl. auch ebd., S. 227). Schließlich wurde das Newtonsche Weltbild nicht nur von der mikroskopischen Seite her aufgebrochen, sondern auch von der Kosmologie her. War zuvor angenommen worden, das Universum sei „ewig" und weitgehend statisch, so führten die Fortschritte der Astrophysik zu der Einsicht, daß im Gegenteil auch Universum und Materie sich in einem Evolutionsprozeß befinden, etwa ausgehend von der mittlerweile wohlbekannten Hypothese des „Urknalls" (vgl. Kratky 1990, S. 5ff). Evolution wurde damit allmählich vorstellbar als universeller und vielgestaltiger, gerichteter und spontaner, d.h. nicht von „außen" geleiteter Prozeß der Ausdifferenzierung und Höherorganisierung von Materie. Dies schließt den gleichlaufenden Prozeß der Entropiesteigerung, des Strebens nach möglichst gleichgewichtiger Verteilung der Energie, nicht aus: Der „Wärmetod" müßte ja nicht notwendig als „ein Brei" vorgestellt werden, sondern vielleicht als „eine Versammlung von komplizierten Skeletten" (Weizsäcker 1986, S. 203).

Der auf kosmologischer Ebene in unvorstellbar langen Zeiträumen vor sich gehende Ausgleich von Energiepotentialen, die abnehmende Ordnung auf der Ebene der Energieverteilung und der damit allem Sein innewohnende „Zeitpfeil" stehen demnach in keinem absoluten Widerspruch zur Höherorganisierung von Materie im Prozeß der Evolution des Universums, der Erde und des Lebens. Diese unterschiedlichen Ebenen und Formen der Evolution verlaufen nun nach neueren Einsichten anders als etwa nach den Vermutungen Darwins diskontinuierlich, „die Natur macht *doch* (auch) Sprünge" (Kratky 1990, S. 7). Es gibt Phasen intensiver Innovationen oder Mutationen und andere größerer Stabilität. Die mit Leben verknüpfte „starke Zeitlichkeit" — abgesetzt von der relativ schwachen des Universums — äußert sich in „Phasensprüngen" (Eigen 1988, S. 114), die im Einzelnen unterschiedlich konzeptionalisiert werden. Einigkeit scheint aber darüber zu herrschen, daß solche Sprünge in Systemzuständen stattfinden, die sich *fern* von einem Gleichgewicht befinden und wo es zur „Transformation von Unordnung, von thermischem Chaos zu Ordnung" kommt, was Ilya Prigogine mit der Enstehung „dissipativer Strukturen" bezeichnet (Prigogine/ Stengers 1984, S. 12). Diese fluktuierenden, selbst-organisierenden Strukturen, zu denen vor allem das Leben gehört, nähern sich immer wieder Zuständen an, in denen ihre Entwicklung in Form einer *Bifurkation*, einer Entscheidung verläuft. Eine grundlegende Änderung des Systems tritt dann ein,

„nicht weil (das vom Gleichgewichtszustand entfernte System) einen Plan verwirklicht, der seinen elementaren Aktivitäten fremd ist ..., sondern im Gegenteil, weil es im 'richtigen Moment' zur Amplifikation einer mikroskopischen Fluktuation gekommen ist, die dazu geführt hat, daß ein Reaktionsweg gegenüber eine Anzahl *gleichermaßen möglicher* Wege begünstigt wurde" (ebd., S. 176; Hv.:R.K.).

Diese Verzweigungssituationen sind auch im Hinblick auf soziale Evolution von höchstem Interesse. Sie lassen sich genauer verstehen als Übergänge zwischen stabilen und schwingenden sowie zwischen schwingenden und chaotischen Zuständen. Je nachdem kommt es zu „subtilen" oder „katastrophischen" Bifurkationen, und diese stellen „echte evolutionäre Sprünge" dar, die „zu einer im wesentlichen unvorhersehbaren Ausformung neuer Dauerzustände führen" (Laszlo 1987, S. 61). Die Entwicklungstendenz der instabilen „Systeme im dritten Zustand – also gleichgewichtsferne dynamische Materie-Energie-Systeme" zeigt abnehmende „Bindungskräfte", d.h. abnehmende Rigidität und eine „Zunahme des Organisationsniveaus" (ebd., S. 39/41).

„Derartige Bifurkationen produzieren eine im Grunde zufällige Auswahl aus dem Bereich der möglichen Dauerzustände. [...] Es besteht eine signifikante Wahrscheinlichkeit, daß das System auf eine neue Ebene des Ungleichgewichts springt",

wobei sich ein

„oft fluktuierende(r), aber dennoch statisch in eine Richtung zielende(r) Aufbau zunehmend dynamischer, ungleichgewichtiger Systeme" ergibt (ebd., S. 65).

Diese Einsichten haben das alte, durch die Newtonsche Mechanik geprägte Weltbild gründlich erschüttert. Dabei wurde weniger die Materie zum Verschwinden gebracht, als daß „die mechanische Auffassung der Materie verschwunden ist" – mitsamt dem an sie gebundenen „kausale(n) Determinismus" (Bloch 1972, S. 331, 333). Freilich verlaufen auch aus der neuen Sicht natürliche Prozesse nicht gesetz- und regellos. Doch ist das Eintreten bestimmter Ereignisse nicht in jedem Fall unausweichlich. Die *Voraussetzungen* für das Ereignis kommen durch eine zufällige Konstellation zustande, während die *Wirkung* dieser Bedingungen in einer zufälligen, kontingenten Situation wiederum gesetzmäßig erklärbar ist. Daraus ergibt sich auch, daß bei ausreichend langen Zeitverläufen, in denen eine ausreichend große Zahl solcher Entscheidungssituationen eintritt, die statistische Wahrscheinlichkeit wiederum dazu berechtigt, von einer Zwangsläufigkeit zu sprechen, die „echten" Zufall geradezu ausschließe. Das läßt sich etwa im Zuge der biologischen Evolution von Fällen der Mutation und Selektion sagen: Hier kommt es dann in einem abgegrenzten Bereich zu „Negentropie", zur sukzessiven Herstellung und Steigerung von Ordnung, (Rensch 1991, S. 151, 110). Insoweit ist es berechtigt, von der Paradoxie einer ziellosen, aber gerichteten, im konkreten Verlauf zufälligen Zwangsläufigkeit zu sprechen: Orthogenese, soweit sie aufbaut auf den durch die voraufgegangene Evolution geschaffenenen Vorbedingungen, erfordert in der Tat keinen vorgefaßten Plan und keine Teleologie.

An dieser Stelle ist freilich zu fragen, ob diese Aussagen auch für evolutionäre Systeme Gültigkeit haben, für deren Dynamik nicht nur Zufälle, sondern bewußtes Handeln in Anschlag zu bringen ist, das sich auf wahrgenommene Interessen, das strategische Verfolgen kürzer- oder längerfristiger Pläne oder individuelle, aber auch kollektive Intentionen, schließlich auch auf Normen beziehen kann. Beim Übergang zu gesellschaftlichen Prozessen ist ferner zu beachten, daß die Zeitstrecken, mit denen wir es zu tun haben, wesentlich kürzer sind als in allen anderen Formen der Evolution, auch noch einmal entscheidend kürzer als bei der biologischen Evolution. Anstatt mit Zeiträumen von Milliarden oder Millionen von Jahren haben wir es lediglich mit einigen zehn-, allenfalls hunderttausend Jahren zu tun, wenn wir die Entwicklung des modernen Menschen betrachten, und die beschleunigte soziale Evolution, die mit dem Übergang zum Ackerbau in der Jungsteinzeit eingeleitet wurde, umfaßt kaum mehr als zehntausend Jahre. Der durch Wahrscheinlichkeitsrechnung ermittelbare Ausgleich von Zufallseffekten kann daher hier nicht in der gleichen Weise funktionieren wie bei der Evolution von Materie und Leben, weil die Grundgesamtheit der Fälle, in denen es zu „zufälligen" Entscheidungen über die Änderung von Entwicklungsrichtungen gekommen ist, unvergleichlich viel kleiner ist, als selbst bei der Evolution des Lebens. Für Prozesse der sozialen Evolution ist daher viel stärker mit der Rolle *singulärer* Ereignisse zu rechnen, die zudem noch von bewußtem, strategischem Handeln beeinflußt werden. Gegenüber den für die Evolution der unbelebten Materie und auch die Evolution des Lebens einleuchtenden Argumenten für eine Relativierung der Kontingenz oder des Zufalls im Hinblick auf den tatsächlichen Verlauf der Evolution ließe sich daher für soziale Evolution und Geschichte von *effektiver Kontingenz* sprechen. Ihr unterliegt insbesondere auch strategisches Handeln, und sie wird umgekehrt zugleich von diesem Handeln wesentlich bestimmt wird. Solches Handeln führt, entsprechend dem ihm grundsätzlich anhaftenden Risiko oder anders gesagt, aufgrund der Wirkung kontingenter Bedingungen, selbstverständlich längst nicht immer zu den erwünschten oder prognostizierten

Folgen. Auch aus diesen Gründen beginnt, wie Hegel betont hat, die Eule der Minerva erst bei der Dämmerung ihren Flug, und geschichtliche Prozesse enthüllen ihre Folgerichtigkeit am ehesten in der Rückschau.
Das strategische Moment zeigt sich in der Entwicklung menschlicher Gesellschaften in einer ganzen Reihe von Erscheinungsformen. Die einfachste und sicherlich häufigste Form, in der dieses strategische, an bewußte Entscheidung und zielstrebiges Handeln geknüpfte Moment auftritt, ist die Diffusion, also die Übernahme kultureller Formen, die von Technologien bis zu Institutionen oder religiösen Vorstellungen reichen können und die in einer bestimmten Gesellschaft entwickelt wurden und sich offenbar bewährt haben, durch andere. Noch aussagekräftiger dürften jedoch die selteneren Fälle eines bewußten Verzichtes auf erkennbare evolutionäre Möglichkeiten sein: Das wichtigste und völlig zu Unrecht von den Sozialwissenschaften weitgehend vernachlässigte, ja geleugnete Beispiel (vgl. Haude/Wagner i.E.) sind die in herrschaftslosen, akephalen Gesellschaften beobachteten institutionellen Vorkehrungen zur Vermeidung von Ungleichheit und zur Verhinderung politischer Herrschaft, etwa in der Stigmatisierung von Konkurrenz oder in der Nivellierung von Besitzunterschieden im Rahmen periodischer Feste, kurz, die „Weigerung der primitiven Gesellschaften, sich von Arbeit und Produktion verschlingen zu lassen".
Diese „Entscheidung" weist solche Gesellschaften gerade *nicht* aus als „zurückgebliebene Embryos der späteren Gesellschaften" (Clastres 1976, S. 186) — und insofern ist auch die verbreitete Bezeichnung „primitiv" zutiefst irreführend. Es handelt sich vielmehr um bewußte Gegenentwürfe zu den bekannten Gefahren politischer Zentralisierung, bis hin zu etablierten Formen der Rebellion, um zentralisierenden Tendenzen entgegenzuwirken oder gar Prozesse der „Rückbildung" einzuleiten (s. Sigrist 1967, S. 256ff; 1984, S. 121ff; vgl. Grevemeyer 1982; Schiefer 1986, bes. S. 156ff). Gerade wenn es zutrifft, daß es sich hier um die *Vermeidung* oder zielstrebige *Bekämpfung* einer als prinzipiell möglich erkannten Entwicklungsrichtung handelt, ist dies unter evolutionstheoretischen Gesichtspunkten von kaum zu überschätzender Bedeutung. Damit würde nämlich die Evolution auf der Ebene der menschlichen *Gattung* in einen zumindest potentiellen Gegensatz zur Entwicklung von einzelnen Gesellschaften oder sonstigen Kollektiven treten, denen die Fähigkeit zuzugestehen wäre, sich zu *bekannten*, von ihnen (noch) nicht vollzogenen Schritten der Evolution *bewußt* zu verhalten. In einer gleich näher zu entfaltenden Terminologie könnte man sagen, hier handele es sich um den bewußten, institutionell bewehrten Verzicht auf „nachholende Entwicklung", womöglich radikalisiert in Fällen der bewußten Rück-

nahme evolutionärer Schritte wie vor allem der Ausbildung von Zentralinstanzen. Dies ebenso wie die bewußte, womöglich selektive Übernahme einer als überlegen oder vorteilhaft erfahrenen, anderswo bereits vollzogenen Entwicklung, positive „nachholende Entwicklung" also, führt ein entscheidendes Moment der Reflexivität in das Evolutionsgeschehen ein. Solche Reflexivität kann außerhalb des Bereichs der Evolution von Gesellschaften allenfalls in letztlich spekulativen vitalistischen Konzepten vorgestellt werden, sei es als „Weltseele" oder Natursubjekt, als „monistischer Gott" oder auch als *„élan vital"* und schließlich in den Ausformungen „morphischer Felder" (Sheldrake 1993, S. 345ff). Es ist daher umso bemerkenswerter, daß auch neuere soziologische Evolutionskonzepte auf diese Form der Reflexivität wenig eingehen, zugunsten einliniger Konstruktionen, die im wesentlichen eine Höherentwicklung der Gattung, die Ausweitung kommunikativer Kompetenzen und die Differenzierung gesellschaftlicher Institutionen thematisieren (s. Parsons 1977; Luhmann 1997, bes. Kap. 3; Habermas 1976, S. 166ff). Dabei bleibt kein Raum für die soeben bezeichnete Reflexivität, was insbesondere daran deutlich wird, daß diese Ansätze gerade Akephalie ausdrücklich nur als Primitivität notieren (vgl. Eder 1976, bes. S. 158ff).

Wenn daher im folgenden von Strategien nachholender gesellschaftlicher und mehr noch ökonomisch-technologischer Entwicklung die Rede ist, so handelt es sich nicht um ein Phänomen, das ausschließlich der gesellschaftlichen Moderne zuzurechnen wäre. Die differenzierende, oft genug diskriminierende Betrachtung anderer Gesellschaften ist beispielsweise von der Verachtung der alten Griechen für die „Barbaren" wohlbekannt, und auch die Diffusion und bewußte Übernahme technischer, organisatorischer und zumal militärischer Neuerungen ist historisch vielfach belegt. Was die Moderne auszeichnet, ist der enorme, sehr bald universalisierte Druck, der ein Ausweichen vor den Imperativen des Nachholens fast ausgeschlossen erscheinen läßt. Aber auch die Kenntnisnahme einer solchen, erstmals weltweit verallgemeinerten Zwangslage sollte nicht den Blick für die vielfältigen Strategien bewußter und kreativer Auseinandersetzung mit dieser einmaligen Provokation verstellen.

Kapitel 2
Nachholende Entwicklung:
Konzept und Strategien

Die Erfahrung der Beschleunigung in allen Lebensbereichen seit Beginn der Neuzeit und verstärkt seit dem Einsetzen der industriellen Revolution hat, wie wir sahen, die Herausbildung und schnelle Verallgemeinerung des Wortes Entwicklung und eines dazu gehörigen, stark ausdifferenzierten semantischen Feldes begünstigt oder sogar überhaupt erst ermöglicht. Die Folgen der industriellen Revolution in England sowie der mit dieser verknüpften, teilweise ihr vorhergehenden Revolutionierungen anderer zentraler Lebensbereiche von der Landwirtschaft bis zum Geldwesen und zum Staat wurden in Kontinentaleuropa besonders intensiv spürbar mit dem Ende der Napoleonischen Kriege und zuvor schon während der Kontinentalsperre:

„die schiere Macht, die nachhaltige Industrialisierung und ihre Möglichkeiten für Profit und menschliche Wohlfahrt darstellten, erwies sich als unwiderstehlich" (Rostow 1975, S. 223).

Das „Nachholen" der englischen Entwicklung stand nun auf der Tagesordnung, verbunden mit dem Versuch, die alten politischen Verhältnisse zu bewahren oder wiederherzustellen. Allein in Rußland stach der Versuch des Zaren Nikolaus I ab, sich dieser Tendenz zur nachholenden Industrialisierung entgegenzustemmen. Vierzig Jahre später belegte das Desaster des Krimkriegs, daß nicht nur ein gesellschaftlicher Umbau unvermeidlich war, sondern unablösbar davon auch die Übernahme der industriellen Technologie. Rußland wurde neben Deutschland zu einem der wichtigsten „Nachzügler" (Shanin 1985, S. 52ff). Das änderte sich auch nicht grundlegend, als wenige Jahre nach der Oktoberrevolution von 1917 die Anstrengungen zur industriellen Entwicklung verstärkt fortgesetzt wurden mit dem Anspruch des „Einholens und Überholens" der kapitalistischen Länder und des Überbietens der in den damals fortschrittlichsten Industriebetrieben verkörperten, mit dem Namen Henry Ford verknüpften Rationalität (s. etwa Süß 1985).

Die enge Verknüpfung, die Vorstellungen über *sozioökonomische* „Entwicklung" mit der Wahrnehmung einer Notwendigkeit oder doch einem verbreiteten Wunsch zum „Nachholen" seit dem frühen 19. und verstärkt und mit großer geographischer Ausweitung seit Beginn des 20. Jahrhunderts eingegangen sind, hatte

Folgen für den spezifischen Entwicklungsbegriff, der sich dabei herausgebildet hat. Anders als das Entwicklungskonzept etwa von Darwin, der sich ja einer Teleologie zu entziehen suchte, färbt die Perspektive des Nachholens den dominierenden sozioökonomischen Entwicklungsbegriff unweigerlich teleologisch ein. Das Ziel des Nach- oder auch Aufholens ist ja definitionsgemäß bekannt. Man kann sich allenfalls über die Wege Gedanken machen, die dahin führen, vielleicht auch darüber, ob alle Aspekte jenes Bildes, das, wie Marx meinte, das entwickeltere dem minder entwickelten Land vorhält, auch erstrebenswert seien. Die Festlegung auf ein im Prinzip bekanntes Ziel bleibt in jedes einzelne Projekt des Nachholens bei allen Variationen der Strategien, es zu erreichen, fest eingeschrieben. Unter den Bedingungen eines von der Konkurrenz nicht nur der Einzelkapitale, sondern auch der Staaten bestimmten, hierarchisch strukturierten Weltmarktes nimmt dieses Nachholen die Form eines Verdrängungswettbewerbs der „Nachzügler" gegen die — momentan — Arrivierten an, die ihrerseits in Gefahr geraten, ins Hintertreffen zu geraten. Dieses „Entwicklungsdilemma" (Senghaas 1994, S. 137-154; Menzel 1998, S. 224ff; 248ff) hat — bis hin zu dem von Wilhelm II mit desaströsen Folgen beanspruchten „Platz an der Sonne" — wesentlich die Geschichte der letzten beiden Jahrhunderte bestimmt, und zwar nicht allein auf der Ebene von Politik und wirtschaftlichen Strategien in einzelnen Staaten, sondern strukturbildend auf der Ebene der Weltpolitik bis hin zu den beiden Weltkriegen des 20. Jahrhunderts.

In Versuchen zur Berücksichtigung der wechselnden Rahmenbedingungen, die Strategien nachholender Entwicklung vorgegeben sind, artikuliert sich in der Moderne zu einem entscheidenden Teil die Reflexivität, die wir als Spezifikum sozialer Evolution kennengelernt haben. Zugleich wird hier die Bandbreite möglicher Richtungen, in die solche bewußten Entscheidungen weisen können, weitgehend verkürzt auf eben das Nachholen von Entwicklung, wie sie durch den Kapitalismus vorgegeben ist und mittels wirtschaftlicher und militärischer Macht propagiert wird.

Das Grundproblem des Nachholens stellte sich früher oder später in *allen* Gesellschaften. Das läßt sich darauf zurückführen, daß beginnend mit der Etablierung eines die ganze Welt umspannenden Handelsnetzes seit dem Zeitalter der westeuropäischen Entdeckungen ein neues, erstmals durch direkte militärische Intervention abgesichertes, durch direkte Beziehungen beständig aktualisiertes Gefälle wirtschaftlicher Macht und effektiver Austauschverhältnisse etabliert wurde (vgl. Wallerstein 1980, S. 6f). Erstmals bestanden nun auf der Erde nicht mehr mehrere, um ein Zentrum gruppierte, locker untereinander in Beziehung stehende

regionale Wirtschaftszusammenhänge nebeneinander, die jeweils für sich eine „Welt", in der Formulierung von Fernand Braudel eine „*économie-monde*" bildeten; vielmehr war es zur Schaffung eines die ganze Welt erfassenden wirtschaftlichen Zusammenhanges gekommen, einer universalisierenden und zugleich hierarchisierenden „*économie mondiale*" (s. Braudel 1986c, S. 74ff, 88ff). Von jetzt ab betrafen Entscheidungen, die in Amsterdam getroffen wurden, den Gewürzanbau auf den Molukken, Kaufleute aus Liverpool handelten mit afrikanischen Sklaven, die auf Zuckerrohrplantagen in der Karibik für den europäischen Markt produzieren mußten. Silber aus dem *Cerro Rico*, dem „reichen Berg" von Potosí im heutigen Bolivien, revolutionierte in Europa Geldsystem und Preise. Und all das hatte Rückwirkungen auf die europäischen Getreidemärkte, was beispielsweise die polnische Szlachta dazu motivierte, aus den auf ihren Gütern lebenden Bauern Leibeigene zu machen. Freilich bedeutete dies nicht, daß die Menschen und ihre gesellschaftlichen Verhältnisse dem Ansturm der Marktkräfte passiv ausgeliefert gewesen wären. Im Gegenteil, die Expansion des europäischen Handels rief vielfältige Strategien hervor, mit denen asiatische, afrikanische und amerikanische Gesellschaften auf die neue Herausforderung reagierten. Solche Strategien nahmen in Ostasien die Form der Abschottung und des höchst selektiven Austausches an, in Westafrika dagegen bildeten sich Staaten, die auf die aktive Beteiligung am transatlantischen Sklavenhandel spezialisiert waren, nordamerikanische Völker systematisierten eine marktorientierte Pelztierjagd (s. Wolf 1986).
Zunächst konnte auch von einer absoluten Überlegenheit Westeuropas keine Rede sein. Bis zur Mechanisierung der Baumwollspinnerei Ende des 18. Jahrhunderts beherrschten indische Stoffe den Handel an der westafrikanischen Küste. Auch dann war die Ausschaltung der indischen Konkurrenz nur möglich, weil die britische Ostindische Kompanie mit der Errichtung einer territorial ausgedehnten staatlichen Herrschaft auf dem Subkontinent überlegene Gewaltmittel anwenden konnte (s. dazu Kößler 1990, S. 99ff).
Noch 1793 und 1816 versuchten britische Gesandtschaften am chinesischen Kaiserhof vergebens, bessere Handelsbedingungen herauszuholen; sie mußten unverrichteter Dinge abziehen, weil das chinesische Interesse an einem solchen Außenhandel und an westeuropäischen Waren weit geringer war als das westeuropäische an Tee, der soeben in Großbritannien zum Volksgetränk wurde, und in geringerem Maß an Seide und Porzellan. Aber auch die militärische Erzwingung einer solchen intensivierten Handelsbeziehung zu verbesserten Bedingungen war damals undenkbar, nicht nur wegen der Kriege im Gefolge der Französischen Revolution, sondern auch wegen der Stärke eines intakten China auf

einem der historischen Höhepunkte seiner Machtentfaltung. Ein Vierteljahrhundert später hatte das Reich der Mitte, auch aufgrund einer nun einsetzenden tiefen Gesellschaftskrise der gewaltsamen „Öffnung" während des Opiumkrieges kaum etwas entgegenzusetzen (s. McAleavy 1971, S. 41-55).

Die entscheidende Wende bestand im Beginn der industriellen Revolution. Damit wurden sukzessive zentrale Arbeitsprozesse mechanisiert; diese mechanisierten Arbeitsprozesse wurden gleichfalls in zunehmendem Maß an nichtmenschliche Antriebskräfte gekoppelt, vor allem an Wasser und bald an Dampfkraft. Dies ermöglichte die Massenproduktion zunächst von Baumwollstoffen in hoher Qualität, in einem nächsten Schritt aber auch die Produktion von Maschinen durch Maschinen. Bereits die Mechanisierung der Baumwollspinnerei aber führte dazu, daß erstmals eine neuartige Form der internationalen Arbeitsteilung etabliert wurde, in der das industriell produzierende Land Rohstoffe und auf lange Sicht auch Nahrungsmittel importierte, während es industrielle Fertigprodukte ausführte. Dafür stand sinnbildlich die britische Baumwollindustrie mit der

„Übertragung des Zentrums einer Industrie in die westliche Welt aus der östlichen Welt, wo dieses seit unvordenklichen Zeiten angesiedelt war" (Daniels 1920, S. 129).

Zugleich kamen jetzt die Folgen jener gesellschaftlichen Trennungsprozesse voll zum Tragen, die vor allem in England während der vorangegangenen Jahrhunderte bereits eingeleitet worden waren: Hier wurde die neue Technologie zielstrebig erarbeitet und sogleich eingesetzt von einer sich formierenden Unternehmerklasse, die bereits Formen des betriebsmäßigen Kapitalismus erprobt hatte (vgl. Weber 1981, S. 18) und der ein Heer von disponiblen Arbeitskräften zur Verfügung stand, die „ohne sonderlich große Schwierigkeiten ... von nicht-industriellen auf industrielle Tätigkeiten umgestellt werden" konnten (Hobsbawm 1969, S. 38).

Die Dynamik der Industrialisierung hing entscheidend davon ab, daß Arbeitskraft ebenso wie Land und Geld zu frei handelbaren Waren wurden (s. Polanyi 1977, S. 94-104). Diese Prozesse waren bereits im Gang und wurden nun in zunehmendem Tempo vollendet.

Die bis ins letzte Drittel des 19. Jahrhunderts andauernde enorme wirtschaftliche Überlegenheit Großbritanniens stellte alle anderen Gesellschaften vor zwei Wahlmöglichkeiten: Versuche, sich von der neuen Dynamik und ihren Folgen abzuschotten, mußten bis zur Jahrhundertmitte mit der russischen Niederlage im Krimkrieg und der gewaltsamen „Öffnung" Chinas und Japans als gescheitert gelten. Daneben blieb nur der Versuch der Nachahmung oder der nachholenden Entwicklung. Diese strategische Grundsituation sollte sich zumindest dem Anschein nach während der nächsten anderthalb Jahrhunderte nicht ändern, wenn sich auch die geographischen Zentren der nachholenden Entwicklung und etwas später die Zentren wirtschaftlicher Macht und industrieller Dynamik immer wieder und sehr nachhaltig verschoben haben.

Schon mit den frühesten Überlegungen zur Einleitung einer eigenständigen und damit vor allem von Großbritannien möglichst unabhängigen Entwicklung wurde die Frage der Außenzölle und damit der Abgrenzung des staatlichen Territoriums als spezifischer Wirtschaftsraum aufgeworfen. Dabei griff man auf die Denktraditionen des Merkantilismus zurück, der im Spätabsolutismus die Bestrebungen zu Landesausausbau und Handelssuprematie angeleitet hatte. Freilich sahen sich die USA nach Erringung ihrer Unabhängigkeit oder das napoleonische Frankreich deutlich anderen Herausforderungen gegenüber (s. Menzel 1993, S. 9ff). Auch bleibt festzuhalten, daß schon Adam Smith nach dem Reichtum der "Nationen" gefragt und die Herausbildung und Veränderung der Arbeitsteilung speziell zwischen Stadt und Land klar auf bestimmte, durch staatliche Instanzen definierte Territorien bezogen hatte (s. 1976, bes. Book III, chpt. 1).

Besonders *Friedrich List* systematisierte die Überlegungen zu nachholender Entwicklung als *National*ökonomie, d.h. als handlungsanleitende Wissenschaft, die sich auf das Territorium eines national definierten Staates – im Fall Deutschlands eines erst noch zu schaffenden Staates – bezog. Diese Wissenschaft stand im Gegensatz zur *Politischen* Ökonomie, deren führende Vertreter, insbesondere David Ricardo unter Verweis auf komparative Kostenvorteile die Vorzüge eines arbeitsteiligen, freihändlerischen Weltmarktes herausgestellt hatten (vgl. Ricardo 1983, S. 134-142). Dagegen rückte List in den Mittelpunkt seiner Forderungen an die Politik des 1834 gegründeten Deutschen Zollvereins das Prinzip, Manufakturwaren zu exportieren und dafür Rohstoffe zu importieren und folgerte daraus die Notwendigkeit von Erziehungszöllen, aber auch von gezielter auswärtiger Politik zur Unterstützung einer systematischen Auswanderungsstrategie und zur Kontrolle der Fernhandelsrouten (vgl. 1959, Kap. 36). Nicht zuletzt wird an dieser klassischen Strategie des Nachholens die zentrale Bedeutung des Austauschs mit der "heißen Zone" deutlich, deren Rolle als Lieferantin von Rohstoffen und Nahrungsmitteln und als Markt für Fertigwaren List als selbstverständlich unterstellt. Den Ländern außerhalb des westlichen Europa und Nordamerikas war hier genau die Position zugedacht, die mittels der nationalökonomischen Strategie für das eigene Land unter allen Umständen vermieden werden sollte. Die hierarchische Struktur der Weltwirtschaft wurde demnach durch die langfristig vielleicht einflußreichste Theorie der nachholenden Entwicklung nicht infragestellt, sondern geradezu bestätigt. Es ging „nur" um die jeweilige Position, die bestimmte staatlich gegeneinander abgegrenzte Gesellschaften innerhalb dieser Hierarchie einnahmen. Damit ist, ohne daß dies zu einem so relativ frühen Zeitpunkt erkennbar reflektiert worden wäre, zugleich ein zentrales Thema angesprochen, das die Debatte während der zweiten Hälfte des 20. Jahrhunderts wesentlich prägen sollte: Erfolgreiche „Entwicklung" im Sinne kapitalistischer Industrialisierung, wie sie List und den meisten seiner Nachfolger vor Augen gestanden hat, war immer konzipiert in den Grenzen einzelner Staaten und zielte darauf, die Position des eigenen Staates entscheidend zu verbessern. Damit war zugleich gesagt, daß *andere* diesen Weg nicht würden gehen können. Sie würden *Abnehmer* von Manufakturwaren bleiben und Rohstoffe und Nahrungsmittel in mehr oder weniger unbearbeiteter Form liefern, also sich in eben jener Lage befinden, die Lists Strategie zur Entwicklung der „produktiven Kräfte" vermeiden oder beheben sollte. Er sah darin geradezu die „Grundbedingung des heutigen Kolonialverhältnisses" und interpretierte den „Abfall" der USA von England eben aus dem „Bedürfnis und der Kraft ..., selbst zu fabrizieren" (ebd., S. 245). Eine solche Möglichkeit sah List freilich auf die Siedlungskolonien der „gemäßigten Zone" beschränkt. Hier aber ist sie mit sicherlich nicht zufälligen, unüberhörbaren Anklängen an Herder, organizistisch begründet. So sieht List ausdrücklich „allen" Nationen,

„wie dem einzelnen Menschen, de(n) Trieb der Selbsterhaltung, das Streben zur Vervollkommnung von der Natur eingepflanzt. Es ist Aufgabe der Politik, die barbarischen Nationalitäten zu zivilisieren ... . Es ist Aufgabe der Nationalökonomie, die ökonomische Erziehung zur Nation zu bewerkstelligen ..." (ebd., S. 175)

Auch wenn dies von List in die Perspektive einer „künftige(n) Universalgesellschaft" (ebd.) gestellt wurde, so zeigt sich doch an den soeben zitierten konkreteren Überlegungen über das Umfeld der angestrebten „Entwicklung" im Sinne des britischen Industrialisierungsprozesses oder seines Nachholens, daß dies letztlich nur der eine Pol eines Prozesses ist, dessen anderer Pol später mit „Unterentwicklung" oder „Abhängigkeit" und neuerdings mit „Marginalisierung" bezeichnet wurde. Bis zu dem Zeitpunkt, wo diese Erkenntnis formuliert werden konnte, war es freilich noch ein weiter Weg, der nicht nur mit der Entwicklung der Entwicklungstheorie, sondern fundamentaler mit der Entwicklung der Problematik einer hierarchischen Weltwirtschaft bezeichnet werden kann.

Das wird auch durch Erfahrungen mit Versuchen zur Einleitung einer nachholenden Entwicklung unterstrichen. Diese konnten nicht durchgängig glücken. Zu den erfolgreichen „Nachzüglern" vor allem im westlichen Europa zählte Deutschland, wo vor allem nach der Reichseinigung von 1871 die Industrialisierung mit hohem Tempo vorankam und bald, wie auch in den USA von den neuen Technologien in Großchemie und Elektrotechnik profitierte (s. Wehler 1995, S. 615ff). Gerade diese äußerst folgenreichen Erfahrungen zeigen, daß es nicht so sehr um Nachvollzug oder Nachholen im engeren Sinne ging, sondern daß sich Prozesse des Aufholens und Überholens einpaßten in die übergreifenden Innovationsprozesse des modernen Kapitalismus und aus diesen entscheidenden Nutzen ziehen konnten. In einer Reihe weit kleinerer Staaten wie der Schweiz, Finnland oder Dänemark wurden spezifische, oft auch einander abwechselnde Strategien zur Nutzung von Nischen und Faktorkombinationen gefunden (s. dazu Menzel 1988). Allein diese Erfahrungen zeigen, wie komplex die Konstellationen unterschiedlichster Gegebenheiten gewesen sind, die einen solchen Erfolg ermöglicht haben. Sie reichten ohne Anspruch auf Vollständigkeit von der Rohstoffausstattung über die Größe der Fläche und Bevölkerung sowie deren Qualifikations- und Ausbildungsniveau zur Verteilung von Eigentum und Einkommen und weiter zu Intensität und Formen staatlicher Interventionen und Initiativen; nicht zu vergessen sind geographische Lage, interne und externe Verkehrs- und Transportwege sowie weltwirtschaftliche Konjunkturschwankungen. Jede einzelne Erfahrung nachholender Entwicklung zeigt daher so viele spezifische Züge und beruht auf so vielen unwiederholbar zusammentreffenden Bedingungen, daß vom einfachen Kopieren und Wiederholen keine Rede sein kann.

„Wasch' mir den Pelz, aber mach' mich nicht naß" – Nachholen und Bewahren

Unverkennbar war aber jegliche nachholende Entwicklung verknüpft mit tiefgreifenden gesellschaftlichen Veränderungen. Die damit verbundenen Risiken waren den Zeitgenossen spätestens seit den Revolutionen des Jahres 1848 bewußt als „soziale Frage" oder auch in der Furcht oder der Hoffnung, ein durch Industrien räumlich konzentriertes und organisiertes städtisches Proletariat könne zur revolutionären Gewalt werden. Doch nicht zuletzt die Erfahrung militärischer Unterlegenheit veranlaßte die Regierungen in so unterschiedlichen Staaten wie Rußland, China oder Japan zu Versuchen, sich der überlegenen industriellen, nicht zuletzt aber auch der militärischen Möglichkeiten zu versichern. Die unterschiedlichen Projekte einer nachholenden Industrialisierung hatten solche Veränderungen zur Voraussetzung ebenso, wie sie weitere Umwälzungen auslösten. In einem Fall gelang es freilich, ohne Anstrengungen zu industrieller Entwicklung und nennenswerte innergesellschaftliche Veränderungen die koloniale Unterwerfung abzuwehren: Der äthiopische Kaiser Menelik II, dessen Armee am 1. März 1896 bei Adowa einem italienischen Expeditionskorps „die blutigste Niederlage" beibrachte, „die je eine Kolonialmacht in Afrika erlitten hat" (Pakenham 1992, S. 475), nutzte geschickt die Rivalitäten der europäischen Mächte, um sich Bündnispartner und vor allem Feuerwaffen zu verschaffen, die ihm schließlich nicht nur die Unabhängigkeit erhielten, sondern einen beträchtlichen Anteil an der kolonialen Aufteilung Afrikas bescherten.

In aller Regel waren die von europäischer Kolonisierung bedrohten alten Eliten jedenfalls bestrebt, den erhofften Nutzen der industriell-militärischen Errungenschaften von den befürchteten sozialen Konsequenzen zu isolieren. Solche Konsequenzen mußten gerade da als besonders riskant erscheinen, wo eine nachholende Industrialisierung „von oben" in Gang gesetzt wurde. Derartige Versuche entsprangen in aller Regel den Wahrnehmungen und Erfahrungen einer akuten Gefährdung der bestehenden Verhältnisse. Auch aus der Sicht der herrschenden Kasten und Eliten erschienen diese Zustände vor allem vor dem Hintergrund der Erfahrung militärischer Niederlagen, aber auch angesichts der Auswirkungen westlicher, zumal britischer Handelssuprematie als unhaltbar. Gegen die britische Handelssuprematie richtete sich in erster Linie schon die Forderung Lists nach einer nationalen Strategie von Schutz- und Erziehungszöllen (vgl. 1959, S. 30f).

Ein geradezu klassisches Beispiel für den Versuch einer von oben inszenierten nachholenden Entwicklung und ihre Begrenzungen bietet Rußland. Hier wurde das Scheitern einer Politik „unter dem alles beherrschenden Gesetz einer Konservierung der bestehenden Verhältnisse" (Stökl 1965, S. 484) mit der vernichtenden Niederlage im Krimkrieg offenbar und leitete eine Ära der Reformen ein, um Anschluß an den Westen zu finden, ohne doch grundlegende gesellschaftliche Machtverhältnisse zu gefährden. Zunächst scheiterte der Versuch, dies zu bewerkstelligen, ohne einen Schub der Urbanisierung auszulösen und insbesondere, ohne die Herausbildung des gefürchteten, dauerhaften städtischen Proletariats zuzulassen (vgl. Zelnik 1971). In einer späteren Phase erwies sich trotz gewaltiger, vor allem für die Landbevölkerung äußerst opferreicher Industrialisierungsanstrengungen die weitgehende Beibehaltung alter Agrarstrukturen als entscheidende Restriktion für die Entstehung von Massenkaufkraft und damit als wesentliche Schranke für den Erfolg des gesamten Industrialisierungsprojektes; Rußland war auch 1914 in weiten Teilen „Entwicklungs-

land" (Nötzold 1966, S. 202). Wesentliche Schranken für eine erfolgreiche nachholende Industrialisierung von oben waren hier die mächtigen Interessen des Großgrundbesitzes ebenso wie die allgemeine Furcht, ein konsequenter Umbau der ökonomischen Verhältnisse werde auch soziale und politische Umwälzungen unvermeidlich machen und am Ende auch die Autokratie des Zaren mit hinwegreißen. Am Ende geschah eben dies, als die gesellschaftlichen Spannungen durch den zweiten erfolglosen und äußerst verlustreichen Krieg innerhalb zweier Jahrzehnte unerträglich geworden waren: Die beiden russischen Revolutionen von 1917 und besonders die Oktoberrevolution waren in entscheidendem Maß nicht nur städtische Prozesse, sondern vor allem Agrarrevolution. Die russische Erfahrung unterstreicht die allgemeine These, daß vor allem die agrarischen Verhältnisse entscheidend die Formen des Übergangs in die gesellschaftliche Moderne und damit Chancen und Modalitäten nachholender Entwicklungsprojekte bestimmen (vgl. Moore 1969).
Der in solchen strukturellen Spannungen erkennbar systemische Charakter nachholender Entwicklung läßt sich auch in den gegensätzlichen Erfahrungen in Ostasien ablesen. In China wurde vor dem Hintergrund der gewaltsamen „Öffnung" des Landes in den Opiumkriegen und der gewaltigen Rebellenbewegungen Mitte des 19. Jahrhunderts gegen große Widerstände ein Programm durchgesetzt, das vorwiegend auf die Übernahme westlicher Militär- und Verwaltungstechnik abzielte, um „das Überleben der konfuzianischen Ordnung zu sichern" (Wright 1969, S. 221). Letztlich konnten so aber weder die inneren Verhältnisse ausreichend verändert, noch die zunehmende Abhängigkeit von den imperialistischen Mächten verhindert oder die herrschende Dynastie gerettet werden, die schließlich 1911 gestürzt wurde. Der Erfolg der nachholenden Entwicklung in Japan läßt sich dagegen durch das Vorhandensein einer Koalition sozialer Kräfte unter Einschluß eines Teils der alten Aristokratie und einer sich formierenden Bourgeoisie erklären (vgl. Norman 1989), die in der Meiji-Restauration ab 1870 in der Lage waren, einen neuen „herrschenden Block" (Halliday 1975, S. 23) zu bilden und eine Serie grundlegender Reformen einzuleiten, die tiefgreifende Veränderungen von der Agrarstruktur bis zum Rechtswesen, aber auch in der Militärverfassung einschlossen. Auch in Japan war dem die Erfahrung der gewaltsamen „Öffnung" des Landes durch Seestreitkräfte der USA, später auch europäischer Mächte, die Demütigung durch ungleiche Verträge und die Bedrohung durch eine derart mit militärischer Gewalt abgesicherte Handelssuprematie vorausgegangen.
Diese Schlaglichter sollen hier nur belegen, daß nachholende Entwicklung seit dem Beginn des 19. Jahrhunderts zu einem univer-

sellen Problem geworden ist, auf das in sehr unterschiedlicher Weise reagiert wurde. Der Anbruch der gesellschaftlichen Moderne in einem Land am westlichen Rand Europas setzte die Frage der Auseinandersetzung mit einer gänzlich neuartigen Herausforderung, die Frage des Nachholens und seiner Modalitäten innerhalb überraschend kurzer Zeit für die meisten menschlichen Gesellschaften auf die Tagesordnung. Freilich sind nicht alle gesellschaftlichen Veränderungen während der Expansionsphase des industriellen Kapitalismus auf Weltmarktkontakte zurückzuführen. Ein Beispiel, wo dies auf lehrreiche Weise *nicht* zutrifft, ist die überaus folgenreiche Entstehung des Zulu-Reiches im Osten des heutigen Südafrika während der Jahrzehnte vor und nach 1800. Die Umformung des Verwandtschaftssystems, die Überführung der Altersklassen in ein die gesamte Gesellschaft umfassendes Militärsystem machten die Bildung einer expansiven Großethnie erst möglich, die überdies in der Lage war, Unterworfene zu integrieren. Die schlagartige Expansion des Zulu-Reiches ist untrennbar, wenn auch nicht als alleinige Ursache mit den als *mfecane* oder *difecane* bekannten gewaltigen und äußerst verlustreichen Verdrängungs- und Wanderungsprozessen verknüpft, ohne die die burische Kolonisierung im Zentrum und Nordosten des heutigen Südafrika, der berühmte große Trek, ebensowenig denkbar gewesen wäre wie schließlich die Zusammenfassung der vier unter britischer Herrschaft stehenden Kolonien in den heute noch gültigen Grenzen der Republik Südafrika. Doch scheinen die seit den 1820er Jahre recht kontinuierlichen Kontakte des Zulureichs unter dem Gründer Shaka und seinen Nachfolgern mit Kolonisten, später Administratoren in Natal im Süden sowie den burischen Siedlern im Transvaal im Westen nicht ursächlich für die Entwicklung gewesen zu sein, die einer inneren Dynamik folgte (vgl. L. Thompson o.J., S. 336-348) Auch Feuerwaffen als wichtige militärtechnische Errungenschaft wurden nur marginal integriert und haben sicher keine entscheidende Rolle gespielt bei der vernichtenden Niederlage, die die Zulu-Heere noch im Januar 1879 den britischen Kolonialtruppen bei Isandlwana beibringen konnten (vgl. Morris 1994, bes. S. 266-388). Neben Fehleinschätzungen auf britischer Seite beruhte dieser wichtige, wenn auch nicht dauerhafte Sieg auf den unter Shaka entwickelten Taktiken von Fußtruppen, die mit Schild und Stoßspeer (*asegai*) ausgerüstet waren. Interpretationen, die solche autochthonen Entwicklungen vor allem als Antwort auf Herausforderungen durch die Expansion des Westens darstellen (so noch Wolf 1986, S. 483ff), laufen Gefahr, die eigenständigen kreativen Potentiale nicht-westlicher Gesellschaften zu unterschätzen, selbst wenn dies in der Weise geschieht, daß gerade ihre Reaktionsmöglichkeiten auf den Westen herausgestellt werden. Nur dürfen authochthone Potentiale nicht darauf reduziert werden.

„Erziehung" und „Hebung" der Kolonisierten

Die Kolonisierungsprozesse des 19. Jahrhunderts wirkten nicht nur als Anstöße zu authochthonen Gegenstrategien. Sie bereiteten auch Veränderungen in expliziten und impliziten Konzepten nachholender Entwicklung vor. So bestand ein wesentlicher Impuls für die Durchdringung Afrikas durch westeuropäische Reisende, die sich sehr bald auch in Kolonisatoren verwandelten, im Kampf gegen die Sklaverei. Hier mischten sich in besonderer Weise philanthropische Motive und deren strategische Nutzung für private und staatliche Macht- und Profitinteressen. Dies wurde vorbereitet durch einen Perspektivwechsel, in dem die universalistischen, auf die Einheit des Menschengeschlechts orientierten Vorstellungen der Aufklärung und das damit einhergehende Interesse am Fremden ersetzt wurde durch die Betonung der Minderwertigkeit von Afrikanern und generell von Menschen, die zu Objekten der Kolonisierung gemacht wurden (s. Henn 1988). Versinnbildlicht ist die folgenreiche Kreuzung offenbar ganz widerstreitender Motive der kolonialen Eroberung und Durchdringung in der Figur des belgischen Königs Leopold I., der unter dem Banner der internationalen Antisklaverei-Kampagne systematisch französische und britische Konkurrenz aus dem Feld schlug, um schließlich in Zentralafrika sein als Privatunternehmen betriebenes Reich zu begründen, den späteren Belgischen Kongo, heute Demokratische Republik Kongo (vgl. Pakenham 1992 passim). Dies war nicht nur ein wesentlicher Grund für die schnelle koloniale Aufteilung des letzten größeren Kontinentalraumes, der noch nicht zumindest dem Anspruch einer modernen staatlichen Organisation unterworfen war. Die Einbettung und Rechtfertigung der kolonialen Expansion in den Kreuzzug gegen Sklaverei entsprach sehr genau aufklärerischen Vorstellungen von der Perfektabilität, aber auch vom Anspruch auf Freiheit, die sich zumindest auf deklamatorischer Ebene auf *alle* Menschen erstrecken sollten. Nicht zuletzt die großen bürgerlichen Revolutionen haben in ihrer praktischen Politik diesen Grundsatz mißachtet durch die Fortdauer der Sklaverei in den USA und die Niederwerfung der Rebellion schwarzer Sklaven auf Haiti durch das revolutionäre, später das napoleonische Frankreich. Das änderte aber offenbar nichts an der propagandistischen Macht, mit der die Antisklaverei-Kampagne in den folgenden Jahrzehnten vorgetragen und nebenbei zur Festigung der britischen Seemacht, am Ende eben auch zur Vorbereitung, wenn nicht Rechtfertigung kolonialer Besitzergreifung genutzt wurde. In der Rechtfertigung solcher Kolonialprojekte steckte immer auch ein Moment der „Erziehung" oder der „Hebung" der Kolonisierten, ganz unabhängig davon, in welchem Maß die hehren Versprechen wirklich eingelöst wurden. Das Schreckensregime im Kongo-Freistaat, wo dem Geschäft mit der Rohkautschuk-Extraktion buchstäblich Hekatomben dargebracht wurden, ist ein beredtes Beispiel.

Die Kolonialideologie der „Erziehung" und „Hebung" entsprach daher nicht einem vollgültigen Konzept nachholender Entwicklung, das zu Beginn des 20. Jahrhunderts für souveräne, vorab europäische Staaten reserviert war. In diese Phalanx der als entwicklungsfähig betrachteten weißen Völker brach allein Japan ein, dessen Sieg über das zaristische Rußland im Krieg von 1904/05 erstmals und in drastischer Form den Nachweis lieferte, daß Chancen nachholender Entwicklung und Industrialisierung nicht auf Europa und seine Siedlungskolonien beschränkt waren. Die sinnfällig und handfest demonstrierte Überlegenheit des japanischen gegenüber dem russischen Modell des Nachholens bedeutete das Aufbrechen der Gleichung zwischen europäischer Zivilisation und industriellem Fortschritt und leitete eine Welle neuerlich verstärkter Bestrebungen ein, politische und gesellschaftliche Voraussetzungen für eine erfolgreiche Industrialisierung zu schaffen. Das gilt etwa für die jungtürkische Revolution 1908, die republikanische in China 1911 oder die etwa gleichzeitige konstitutionelle Bewegung in Persien. Alle diese Anläufe standen in längeren Kontinuitätslinien und blieben nach kurzer Zeit stecken. Sie unterstreichen aber die Ausstrahlung des japanischen Erfolges. Ähnliches gilt für den Aufschwung der Kongreß-Bewegung und damit die erste Herausforderung der britischen Kolonialherrschaft durch eine moderne politische Kraft in Indien oder die damit durch das Wirken Mahatma Gandhis verknüpften Anfänge der Kongreß-Bewegung in Südafrika.

Die längerfristige Bedeutung dieser Herausforderungen gegenüber der europäischen Suprematie in der Periode unmittelbar vor dem Ersten Weltkrieg dürfte darin liegen, daß eine Emanzipation der Kolonisierten überhaupt in den Bereich des Denkbaren zu rücken begann. Erst jetzt wurde auf der Ebene menschlicher Gesellschaften „Entwicklung" als universelle Perspektive vorstellbar, was etwas ganz anderes ist als die bereits seit gut 150 Jahren spürbaren universalisierten Folgen einer immer noch partikular, auf begrenztem Territorium stattfindenden industriellen Entwicklung.

Dies kommt in der Kolonialideologie zum Ausdruck, wo der Entwicklungsgedanke ausdrücklich mit rassistischen Konzeptionen verknüpft wurde, um für die Kolonialherrschaft eine langfristige

Perspektive zu rechtfertigen. Dazu mußten aus der Sicht des damals als liberal geltenden Paul Rohrbach universalistische Vorstellungen zurückgewiesen werden, die etwa unterstellten, „die Neger seien nur noch nicht soweit entwickelt wie wir"; vielmehr handele es sich um

„eine Rasse, die als vorläufiges Endprodukt unermeßlich langer Entwicklungsreihen einen inferioren Typus zur Ausbildung gebracht hat" (1911, S. 40f).

Die Geschwindigkeit, mit der das Entwicklungsdenken Allgemeingültigkeit erlangt hatte, läßt sich hier, keine hundert Jahre nach den Entdeckungen Karl Ernst von Baers, an der Annahme ablesen, diese „Entwicklungsreihen", also die Herausbildung der lebenden menschlichen „Rassen", hätten „Hunderttausende von Jahren beansprucht" (ebd., S. 40). Aus heutiger Sicht wird damit der fragliche Zeitraum weit mehr als verzehnfacht, denn nach neuesten Erkenntnissen trat der Cromagnon-Mensch als gemeinsame Ausgangsform aller lebenden Menschen, des Homo sapiens sapiens, erst vor wenigen -zigtausend Jahren aus Afrika kommend in Europa auf. Schon deshalb können die von Rohrbach mit der Logik des Entwicklungsdenkens untermauerten Unterschiede der „Rassen" nicht so gewaltig sein, wie dies die argumentative Rechtfertigung dauerhafter Herrschaftsverhältnisse offenbar erforderte. Mit deutlichen Anklängen an List konnte Rohrbach nämlich vor diesem Hintergrund die Siedlungskolonien, zumal im südlichen und östlichen Afrika als Mittel zur „Vermehrung der ideellen und materiellen Kraftfülle und Lebensbetätigung der Nation" behandeln mit dem Ziel der „Festankerung unseres Volkstums" (ebd., S. 31). Die Rolle der „Eingeborenen" war dann wesentlich bestimmt durch den „Arbeitszwang" (ebd., S. 36).

Perspektiven der klassischen Imperialismuskritik

Ebensowenig wie die Kolonialideologen konnte gleichfalls zu Beginn des 20. Jahrhunderts einer der frühesten und immer noch wichtigsten Kritiker des „Imperialismus", *John A. Hobson* so etwas wie Entwicklung, aber auch „Hebung" der Kolonisierten unter der britischen Herrschaft vor allem in Indien feststellen. Sein vernichtendes Urteil über deren Folgen gipfelte in der Feststellung:

„Wir sind unfähig, ... unsere Kultur in Indien anzupflanzen; wir sind höchstens fähig, die indische Kultur zu stören."

Allerdings könne dies dazu beitragen, daß der „Gegensatz zwischen Hindus und Moslems fühlbar verringert" und „die starren

'Kasten'schranken durchbr(ochen)" würden (1968, S. 258). Im Falle Chinas sah Hobson freilich die Chance, daß „sei es durch Europäer, die sich dort niedergelassen haben, sei es durch Eingeborene" nach den Stadien des Handels und des Gebietserwerbs, gekoppelt mit dem Export von Investitionsgütern ein „drittes Stadium" erreicht und gleichsam das Entwicklungsdilemma (Senghaas/Menzel) aktualisiert würde,

„wo Kapital und organisatorische Energie innerhalb des Landes hinreichend entwickelt sind [...]. Ist eine Nation dieserart mit allen erforderlichen Produktionskräften für die künftige innere Entwicklung voll ausgerüstet, dann kann sie sich, ungehemmt durch das Bedürfnis nach weiterer Wirtschaftshilfe, gegen ihren Zivilisator wenden, ihn auf seinem eigenen Markt unterbieten und sich selbst das zuschanzen, was an weiterer Entwicklungsarbeit in anderen unterentwickelten Teilen der Erde zu tun übrig bleibt" (ebd., S. 263).

Darin sah Hobson lediglich eine von mehreren Möglichkeiten der künftigen Schicksale Chinas, das aufgrund seiner Größe, aber auch angesichts der soeben abgeschlossenen brutalen internationalen Intervention gegen den Aufstand der *Ihetuan* („Boxer") und der Abgrenzung von Interessen- und Einflußsphären der Mächte einschließlich Japans seine besondere Aufmerksamkeit fand. Diese Überlegungen waren insofern geradezu kontrafaktisch zur aktuellen Lage. Sie stehen ausdrücklich vor dem Hintergrund des Prozesses des Aufholens und der „hochintelligente(n) Nachahmung" in Japan (ebd., S. 268) und können aus der Rückschau nach den Schüben nachholender Entwicklung gerade in Ostasien als überaus hellsichtig gelten. Zugleich nimmt Hobson hier die Motive der Entwicklung interner *nationaler* Produktivkräfte, wie sie von List gefordert worden war, ebenso auf wie die auf Herder rückführbare Vorstellung eines organischen Wachstums. Schließlich aber erblickte Hobson „die wirtschaftliche Raison d' être des Imperialismus bei der Erschließung Chinas" eben nicht in der „Aufrechterhaltung eines normalen Handels", der, verbunden mit einer „Wirtschaftsdemokratie" zu einem allgemein geteilten Aufschwung der Prosperität und zum „Gewinne(n) ganzer Völker" führen werde. Vielmehr sah er die Öffnung „eine(s) gigantischen neuen Markt(es) für westliche Investoren", auf dem lediglich „Gewinne einer investierenden Schicht" gemacht würden (ebd., S. 270). Damit stellte Hobson die Perspektiven der Entwicklung außereuropäischer Gesellschaften in den Zusammenhang der Machtverhältnisse auf dem kapitalistischen Weltmarkt. Dadurch wurde aus seiner Sicht „der Gewinn" verspielt,

„welcher der Weltkultur aus einer weisen Weitergabe jener Künste an den Geist des Orients erwachsen würde, die speziell die westliche Zivilisation auszeichnen", und die Hobson vor allem in rationaler Technik, Staat und Verwaltung sowie „Denksysteme(n) und Literatur" erblickte (ebd., S. 275f). Das tatsächliche Vorgehen der imperialistischen Mächte dagegen,

„das gewaltsame Niederreißen der charakteristischen Institutionen Asiens zur Befriedigung von Handelsgelüsten oder Machtgier ist zweifellos die denkbar verhängnisvollste Mißdeutung des Entwicklungsgangs der Weltkultur" (ebd., S. 276f).

Besonders deutlich wird in dieser Formulierung die Gleichsetzung des „Entwicklungsgangs" mit positiv bewertetem, potentiell als universell gedachtem Fortschritt, dem der Imperialismus als weltumspannendes Herrschaftssystem gerade entgegengesetzt wurde. Dieses Konzept unterscheidet sich nicht allzu sehr von zeitgenössischen sozialistischen Kritiken am Imperialismus. Nicht zufällig war Hobson einer der zentralen Gewährsleute für die Imperialismus-Schrift Lenins. Die andere wesentliche Stütze dieses vor allem aus politischen Gründen epochemachenden Werkes, *Rudolf Hilferdings* Analyse des „Finanzkapitals", behandelt ausdrücklich Entwicklungstendenzen des Kapitalismus, insbesondere die Transformation von Geld und Kredit und die Konzentrationsprozesse zu Beginn des Jahrhunderts sowie die damit einhergehende zunehmende Kontrolle der Großbanken über die Industrie, womit Hilferding eben den Tatbestand des Finanzkapitals im Unterschied zu Industrie- oder Handelskapital erfüllt sah. Als Teil der „Wirtschaftspolitik des Finanzkapitals" hob Hilferding als neue Qualität auch den Kapitalexport und die damit einhergehende „Erschließung fremder Gebiete" hervor. Die dadurch ausgelösten Veränderungen blieben außerhalb seines Gesichtsfeldes, sieht man von der Erwähnung des „kapitalistische(n) Erwachen(s) der Nationen des östlichen Europa und Asiens" ab (1968, S. 453). Auch *Vladimir I. Lenins* Imperialismuskritik befaßt sich mit der Dynamik der kapitalistischen Zentren, wobei unter dem schockartigen Eindruck des Kriegsausbruchs 1914 die Suche nach einer Erklärung für das Versagen der internationalen Sozialdemokratie bei dessen Verhinderung im Vordergrund stand. Die Kolonialländer bildeten eher eine Folie solcher Prozesse durch ihre Einbeziehung in eine „Vergesellschaftung der Produktion", die nach Lenins Auffassung bald ihre privatwirtschaftliche Hülle sprengen würde (1971, S. 308). Doch zuvor waren die Kolonien aus dieser Sicht eher Objekt der Aufteilung und Neuverteilung der Erde (vgl. ebd., S. 263ff), als daß die dadurch ausgelösten gesellschaftlichen Prozesse zur Sprache gekommen wären. Das gilt paradoxerweise auch da, wo Lenin sich enthusiastisch über revolutionäre Bewegungen in China oder im Vorderen Orient äußerte (vgl. hierzu Kößler 1982, S. 29f).

Um eine genauere Vorstellung von der „Erschließung" außereuropäischer Gesellschaften durch den Prozeß der Kolonisierung, vor allem aber durch die Verallgemeinerung der Warenwirtschaft bemühte sich *Rosa Luxemburg* in ihrer Auseinandersetzung mit dem Imperialismus. Luxemburgs stark umstrittener theoretischer Grundannahme zufolge benötigt die kapitalistische Akkumulation immer neue, nicht-kapitalistische Expansionsmöglichkeiten. Dem Aufbrechen der Naturalwirtschaft und der gewaltsamen Öffnung von Märkten in immer neuen Territorien kam daher aus ihrer Sicht ein systematisch weit höherer Stellenwert zu. Dies ermöglichte die Ausweitung der Analyse zu einer wirklich weltumspannende Sicht: Die Aneignung von Gemeinde- und Clan-Ländereien in Algerien, die „Öffnung" Chinas, aber auch der Niedergang der bäuerlichen Farmwirtschaft im Westen der USA mit dem Eisenbahnbau und der Ausweitung der Export- und Weltmarktproduktion erschienen hier nicht als bloße Folie für einen auf die industriekapitalistischen Regionen zentrierten Prozeß, sondern als integrale Momente der kapitalistischen Akkumulation selbst. Zugleich mußte damit eine weltweit gleichmäßige Entwicklung unter kapitalistischen Bedingungen als ausgeschlossen erscheinen, weil Luxemburgs Theorie postulierte, die fortschreitende Kapitalakkumulation in den Zentren habe an den Rändern die ebenfalls immer weiter um sich greifende Zerstörung produktiver Zusammenhänge durch das Hineinreißen in die Warenproduktion zur notwendigen Bedingung. Aus Luxemburgs Sicht gab es unter diesen Bedingungen

„für die primitiven Gesellschaften ... kein anderes Verhalten als Widerstand und Kampf auf Tod und Leben bis zur völligen Erschöpfung oder bis zur Ausrottung" (1968, S. 343).

Eine Lösung für einzelne Gesellschaften und Länder mußte hier ausgeschlossen scheinen. Sie lag für Luxemburg „auf einer gewissen Höhe der Entwickelung" des von ihr herausgearbeiteten Widerpruchs des kapitalistischen Akkumulation allein in der

„Anwendung der Grundlagen des Sozialismus – derjenigen Wirtschaftsform, die zugleich von Hause aus Weltform und in sich ein harmonisches System, weil sie nicht auf Akkumulation, sondern auf die Befriedigung der Lebensbedürfnisse der arbeitenden Menschheit selbst durch die Entfaltung aller Produktivkräfte des Erdrundes gerichtet sein wird" (ebd., S. 446).

Nicht nachholende Entwicklung galt Luxemburg daher als realistische Perspektive, sondern die Überwindung der dynamischen und widersprüchlichen gesellschaftlichen Strukturen, die unter anderem zu krassen regionalen Ungleichheiten, Gewalt- und Herrschaftsverhältnissen, in späterer Terminologie zu Abhängigkeiten und Unterentwicklung geführt hatten. Für sie war noch selbstverständlich, daß dieses gesellschaftliche Projekt nicht in einem Land und schon gar nicht in einem isolierten, von Krieg zerrütteten unternommen werden konnte, wie dies gut zehn Jahre später die sowjetische Führungsgruppe um Stalin proklamieren sollte. Doch ihr war auch unzweifelhaft, daß ein „harmonisches System" sich auf die gesamte „arbeitende Menschheit" erstrecken müßte. Das setzte sie in deutlichen Gegensatz zu Vertretern einer „sozialistischen Kolonialpolitik", die während des ersten Jahrzehnts des 20. Jahrhunderts an Boden gewannen und wie der deutsche Delegierte David auf dem Stuttgarter Kongreß der Sozialistischen Internationalen erklärten, „Europa braucht Kolonien" (zit. bei Carrère d'Encausse/Schram 1969, S. 127).

Auch die sozialistische Imperialismus-Kritik hat demnach bis zum Ersten Weltkrieg kein Konzept einer nachholenden Entwicklung in den Kolonien hervorgebracht. Dazu bedurfte es einer neuen weltpolitischen Konstellation, die offensichtlich auf allen Seiten neue Anstöße gab zum Nachdenken über Entwicklung und Nachholen und zur Formulierung entsprechender Strategien. Diese neue Grundsituation war durch zwei miteinander verschränkte Komponenten geprägt: die Herausforderung des herrschenden Staatensystems durch die russische Oktoberrevolution und die Auseinandersetzung um Formen zwischenstaatlicher Beziehungen sowie insbesondere über das Selbstbestimmungsrecht der Völker auf der Versailler Friedenskonferenz. Diese komplexen Zusammenhänge können hier nur in ihren Auswirkungen für Konzepte nachholender gesellschaftlicher Entwicklung in gebotener Kürze angesprochen werden.

Nachholende Entwicklung und Sowjetmacht

Mit der Oktoberrevolution wurde 1917 ein Prozeß eingeleitet, der innerhalb eines Jahrzehnts zu einem forcierten Projekt nachholender Industrialisierung führen sollte, das unter gesellschaftlichen Bedingungen unternommen wurde, die es als ausdrückliche Herausfoderung des industriellen Kapitalismus erscheinen ließen. Dies war nicht allein die Konkurrenzposition eines „Nachzüglers" gegenüber industriell avancierteren Staaten (so etwa Senghaas 1982, Kap. 6; Menzel 1998, S. 227), sondern der Versuch zur System-Konkurrenz im genauen Sinn, zum Aufbau einer konkurrierenden Ausformung der gesellschaftlichen Moderne. Die revolutionäre Umwälzung im ehemaligen Zarenreich kombinierte mehrere, miteinander verschlungene Prozesse. Die im Oktober 1917 an die Macht gelangte Partei der Bolschewiki war in der Arbeiterschaft der großen Städte mit teilweise überaus modernen Industrien verankert, doch wäre ihr Triumph nicht möglich gewesen ohne die gewaltige Agrarbewegung, die zu spontanen Enteignungen vieler Grundbesitzer geführt hatte und ohne die übermächtige Forderung nach Beendigung des Krieges. Diese Konstellation wurde weiter kompliziert durch die Auswirkungen der russischen Revolution auf die koloniale Randzone des Zarenreiches, vor allem in Zentralasien. Nicht nur die Sowjetregierung, sondern auch die 1919 gegründete Kommunistische Internationale begannen vor diesem Hintergrund frühzeitig, eine eigene, auf die Kolonialrevolution gerichtete Orientpolitik zu entfalten. Ein wesentliches Argument dieser Strategie bestand in dem Verweis auf die beispielhafte Befreiung von der Kolonialherrschaft in den „nationalen Randgebieten" Rußlands. Neben Zentralasien betraf dies vor allem den Kaukasus, wo in den Worten des damaligen Sowjetkommissars für Nationalitätenfragen „die Entwicklung einer maximalen Selbständigkeit" eine

„Brücke zwischen der proletarischen Revolution des Westens und der antiimperialistischen Bewegung des Ostens" (Stalin 1950, S. 211)

schlagen sollte. Diese Vorbildfunktion der sowjetischen Erfahrung, ergänzt durch den „sozialistischen Aufbau" mit der zentralen Komponente einer forcierten Industrialisierung blieb integraler Bestandteil der offiziellen sowjetischen Sicht der Beziehungen zu den Kolonial- und später den „Entwicklungsländern" (vgl. etwa Ul'janovskij 1978, S. 10ff).

Die kolonialen Völker wurden vor diesem Hintergrund in der 1919 gegründeten Kommunistischen Internationale erstmals als historische Subjekte aufgefaßt; freilich wurde ihnen keine wirklich eigenständige Rolle zugeschrieben, sondern sie wurden als potentielle Reserve beider Seiten in einer weltweiten Auseinandersetzung definiert, in der die Sowjetmacht und das industrielle Proletariat Westeuropas und Nordamerikas dem imperialistischen, jeweils mit der Staatsmacht verquickten Kapital gegenüberstand (s. Kößler 1982, S. 30ff). Eine Überwindung der gesellschaftlichen Deformationen als Folge der kolonialen Herrschaft erschien aus dieser Sicht möglich. Bedingung war die radikale Zerstörung „feudaler", mit dem Imperialismus verknüpfter Verhältnisse in den Kolonialländern durch eine als national und radikal-bürgerlich verstandene Revolution im Bündnis mit dem Sowjetstaat und dem Weltproletariat, dessen revolutionärer Durchbruch in den kapitalistischen Zentren Westeuropas und Nordamerikas während der Gründungsphase der Komintern für die unmittelbare Zukunft erwartet wurde. „Sozialismus" galt hier erst als Ergebnis einer weiteren Entwicklung, die durch die antikoloniale Revolution allenfalls vorbereitet werden konnte. Dieses Konzept wurde wenig später entscheidend ergänzt und gravierend abgewandelt durch die von der Fraktion um Stalin durchgesetzte und dann in den Rang eines Dogmas erhobene Strategie des „Aufbaus des Sozialismus in einem Land"; ab 1928 folgten in der Sowjetunion die forcierte Kol-

lektivierung der Landwirtschaft sowie der Versuch einer geradezu schlagartigen Industrialisierung im Rahmen der Fünfjahrespläne. Dies waren die Elemente jener Strategien, die nach dem Zweiten Weltkrieg in den Konzepten der „zwei Lager" und des „nicht-kapitalistischen Weges" weiter systematisiert werden sollten.
Das Grundkonzept der Kolonialtheorie der Komintern blieb konstant bis zum Ende der Sowjetunion. Es war verknüpft mit weitreichenden revolutions- und geschichtstheoretischen Annahmen und unterlag vor allem in seiner praktischen Umsetzung immer wieder der direkten Durchsetzung außenpolitischer Interessen der Sowjetunion. Dem lag eine spezifische Vorstellung gesellschaftlicher Entwicklung zugrunde, die seit ewa 1930 in der offiziellen sowjetischen Theorie konstant blieb. Geschichte und Politik gehorchten in dieser Sichtweise festliegenden, erkennbaren und unausweichlichen, „ehernen" Gesetzen. Die aus der Kenntnis dieser Gesetze aufbauende Theorie konnte daher unter faktischer Ausschaltung jeglichen Zufalls und aller Kontingenz einen unmittelbaren Anspruch auf „Anleitung zum Handeln" erheben. Das dem entsprechende Geschichtsbild umfaßte die berühmten fünf Stadien gesellschaftlicher Entwicklung oder Grundformationen – Urkommunismus, Sklavenhaltergesellschaft, Feudalismus, Kapitalismus, Sozialismus/Kommunismus. Wie schon angedeutet, kann diese Konzeption schwerlich die Authentizität beanspruchen, die ihr vom orthodoxen Sowjetmarxismus beigelegt wurde (vgl. Kramer 1973; Krader 1975). Die Festlegung dieses Schemas auf der Grundlage einer Reihe von „Aussagen" von Marx und Engels bildete vielmehr einen wesentlichen Abschnitt der Dogmatisierung des sowjetischen Marxismus zu einem festgelegten Kanon orthodoxer Theoreme, der andere Konzepte als illegitim ausgrenzte. Vor allem das berühmte Geschichtsschema geht zurück auf politische Interventionen, die 1938 in einem kanonischen Text Stalins ihren Höhepunkt und vorläufigen Abschluß fanden (s. 1939, S. 156ff). Für das Verständnis unterschiedlicher Gesellschaften und ihrer Entwicklungstendenzen hatte all dies schwerwiegende Konsequenzen. Die feste Abfolge der Formationen wurde zwar in der Regel nicht als „obligatorisch" für alle Gesellschaften angesehen; es wurde die Möglichkeit des Überspringens eingeräumt, was im Hinblick auf die Position der Sowjetunion in Zentralasien und später im Kontext ihrer Bündnispolitik in der Dritten Welt besonders wichtig war zur Begründung und Rechtfertigung der Strategie des nichtkapitalistischen Weges. Diese sollte wesentlich in der der Vermeidung eines kapitalistischen Stadiums auf dem Weg zum Sozialismus bestehen. Dieses Konzept wurde in den 1960er und 1970er Jahren zur Theorie der „sozialistischen Orientierung" ausgebaut (vgl. etwa Andreyev 1977, S. 101ff; Ibrahim/Metze-Mangold 1976).

Vor allem diente diese starre geschichts- oder auch evolutionstheoretische Festlegung der legitimatorischen Absicherung des theoretischen Gerüstes, auf dem die koloniale Strategie der Komintern und der Sowjetunion beruhte. Ähnliches gilt für die Strategie einer nichtkapitalistischen Industrialisierung, also letztlich für das sowjetische Modell nachholender Entwicklung selbst. Die Überwindung einer als „national" definierten Unterdrückung in der Form kolonialer Fremdherrschaft sollte verbunden werden mit der Beseitigung interner Entwicklungsblockaden, soweit sie sich den materiellen Interessen individueller oder auch kollektiver Grundeigentümer zurechnen ließen. Traf dies zu, so ließ sich nach sowjetmarxistischer Lesart auch die Konzeption der bürgerlichen Revolution anwenden, die aus der Analyse der Revolution von 1848 zumal in Deutschland bei Marx und Engels abgeleitet worden war. Wesentlich war dabei die Klassenkonstellation einer ihren Interessen nach gegen die Feudalverhältnisse gerichteten Bourgeoisie und einer bereits bestehenden Arbeiterschaft, die die bürgerliche Revolution zu konsequenter Durchführung vorantreiben sollte, insbesondere zur Auflösung des feudalen Großgrundbesitzes. Dieses Grundmuster, in dem das Proletariat auch in der „bürgerlichen" Revolution im günstigsten Fall die „Hegemonie" übernehmen und sogar die politische Herrschaft erringen, nicht aber die Produktionsverhältnisse sozialistisch umgestalten sollte, hatte Lenin bereits für die Verhältnisse des als rückständig gesehenen Rußland entworfen. Es stand in engstem Zusammenhang mit seiner allgemeinen These, Rückständigkeit und die Unterdrückung, wie sie die Arbeiterklasse unter der Zarenherrschaft erleide, sei zunächst ehestens zu überwinden durch die „weitere Entwicklung des Kapitalismus" (1971, S. 560). Eine nach konsequenter Durchsetzung kapitalistischer Verhältnisse, möglichst auf revolutionärem Wege, zahlenmäßig und politisch gestärkte Arbeiterklasse wäre dann auch am ehesten in der Lage, die nächste Stufe, die proletarisch-sozialistische Revolution zu erreichen. Lenins überaus positive Bewertung kapitalistischer Entwicklung *unter als rückständig betrachteten Verhältnissen*. Sie setzte sich auch fort, als in den 1920er Jahren mit der Neuen Ökonomischen Politik eine industrielle Entwicklung unter der politischen Kontrolle der Sowjetmacht eingeleitet wurde. (s. bes. di Leo 1973; Linhart 1976). Auch diese Konzeption wirkte exemplarisch bis hin zu Gorba evs Perestrojka-Strategie oder auch bis zu der neuesten offiziellen Lesart der nach wie vor regierenden Kommunistischen Partei, die VR China befinde sich mit der Freigabe der privatwirtschaftlichen Konkurrenz in einem Anfangsstadium des Sozialismus (s. dazu etwa Lee 1997, S. 120ff). In allen diesen Fällen ging und geht es vor allem um eine nachholende und damit letztlich *nachvollzie-*

hende Entwicklung der Produktivkräfte, von der angenommen wurde, sie sei unter nicht-kapitalistischen Verhältnissen leichter zu bewerkstelligen als unter dem Kapitalismus, der sich im Grunde bereits überlebt habe. Dabei wurde implizit zugleich die Problematik der gesellschaftlichen Bestimmtheit von Maschinen, Fabriksystem oder Computernetzwerken, ihrer Herrschaftsförmigkeit, verdrängt oder negiert. Die Produktivkraftentwicklung entspricht in diesem Verständnis dem technischen Fortschritt, und dieser wird mit dem erhofften gesellschaftlichen Fortschritt wenn nicht gleichgesetzt, so doch als dessen unverzichtbare Grundlage verabsolutiert (s. Kößler 1990, S. 37-49; ders. 1993; ders./Muchie 1990).

Das Fünf-Stadien-Schema war nicht immer unumstritten gewesen. Doch auch da, wo aus unterschiedlicher Perspektive und ausgehend von sehr verschiedenen Erkenntnisinteressen Fragen nach grundlegend abweichenden Entwicklungslinien in Rußland oder dem Orient generell gestellt wurden, die „neben" der europäischen verlaufen seien (Plechanov 1973, S. 60), wurde das Ausbleiben eines der Dynamisierung Westeuropas vergleichbaren Prozesses in anderen Teilen der Welt grundsätzlich mit dem Verweis auf Blockaden erklärt, in erster Linie mit der Übermacht der „asiatischen" oder orientalischen Staatsapparate (vgl. bes. Wittfogel 1962). Vor allem für Georgij V. Plechanov, der als Vater des Russischen Marxismus galt, folgte daraus die Forderung der politisch zu bewirkenden Annäherung an den Westen. Max Webers *Wirtschaftsethik der Weltreligionen* verfolgt die gleiche Frage mit charakteristischem Perspektivwechsel auf die Gründe für die Einzigartigkeit der westlichen Entwicklung (s. auch Kap. 3). Die westliche Entwicklung – gleichviel, ob sie nun als Höhepunkt der Evolution oder als Durchgangsstadium zu einem erwarteten sozialistischen Endziel erschien – gewann so auch für diejenigen Evolutionskonzepte Vorbildcharakter, die unterschiedliche Wege gesellschaftlicher Evolution grundsätzlich zugestanden oder diese Vorstellung sogar zum zentralen Moment ihrer Konstruktion machten. Wurde mit den mehrlinigen Evolutionsmodellen der Eigenart außereuropäischer Gesellschaften Rechnung getragen, so war darin doch zugleich die Aussage enthalten, daß dort die entscheidende vorwärtsweisende Wendung der Entwicklung der großen Industrie nicht nur nicht eingetreten, sondern auch gar nicht möglich gewesen sei; entsprechend der Vorstellung von einer unabänderlich wirkenden historisch-gesellschaftlichen Gesetzmäßigkeit wären demgegenüber die westeuropäischen Gesellschaften, speziell England privilegiert gewesen, weil sie prädestiniert waren, den industriellen Kapitalismus hervorzubringen. Mehrlinige Evolutionsmodelle tendieren daher, gerade wenn sie fortschrittsorientiert sind, zur Ontologisierung und damit zur Rechtfertigung der bestehenden Welthierarchien. Umgekehrt haben wir bereits gesehen, daß auch der klassische, einlinige Evolutionismus zu solchen legitimatorischen Schlußfolgerungen geeignet ist, weil sich aus ihm die Überlegenheit derjenigen Gesellschaften begründen läßt, die auf der Evolutionslinie weiter fortgeschritten sind und nun gegenüber den zurückgebliebenen Hilfs- oder gar Erziehungsfunktionen übernehmen sollen. Gerade dieses Denkmuster war in der klassischen Ideologie des modernen Kolonialismus weit verbreitet und fand Ausdruck im Anspruch der „Vormundschaft" über die Kolonisierten oder auch im Konzept des „Mandats" und später der „Treuhandschaft", mit dem nach beiden Weltkriegen die Umverteilung der Kolonien der unterlegenen Mächte geregelt wurde: Vor allem die Unterteilung der in Versailles vergebenen Völkerbundsmandate in A-, B- und C-Mandate beruhte auf der Vorstellung, es gebe fortgeschrittene Gebiete, die unmittelbar auf die Unabhängigkeit vorzubereiten seien, während andere noch einer längeren Zeit der Zivilisierung und gleichsam der Erziehung bedürften. Auch in der Argumentation für eine Neuauflage des Konzepts der „Treuhandschaft" in der Debatte um militärische Interventionen des Nordens nach dem Ende der Blockkonfrontation wird nicht von ungefähr auf den überlegenen politischen und ökonomischen Entwicklungsstand der Länder des Nordens verwiesen (s. Menzel 1992, Kap. 5; Michler 1993). Es zeigt sich: Unterschiedliche Konzeptionen der Weltgeschichte oder der sozialen Evolution können gleichermaßen genutzt werden, um aktuelle Politik und Herrschaftsverhältnisse zu rechtfertigen.

Die Option für ein einliniges Konzept der sozialen Evolution im sowjetischen Marxismus war angesichts der Implikationen, die sowohl ein- und mehrlinige Modelle für Legitimationsstrategien haben konnten, unter diesem Gesichtspunkt weitgehend willkürlich. Sie legitimierte aber den Führungsanspruch der stalinistischen Sowjetunion und der dort herrschenden Partei *sowohl* gegenüber der Arbeiterbewegung der industriell entwickelten Länder *als auch* gegenüber den antikolonialen Bewegungen. Die Fünf-Stadien-Theorie hatte darüberhinaus revolutionsstrategische Bedeutung, weil man annahm, aus ihr Klassenallianzen ableiten zu können. Aus diesem Grund wurden die nach 1919 von China bis Südafrika und Lateinamerika schnell entstehenden kommunistischen Parteien angewiesen, Ausschau nach Bündnispartnern zu halten, die dem Profil der „nationalen Bourgeoisie" entsprechen konnten. Diese Versuche, deren wichtigster der enge Block der KP Chinas mit der nationalistischen Guomindang war, mündeten teilweise in politische Katastrophen, etwa in China 1927. Mit ähnlichen Argumenten wurde auch die Unterstützung Kemal Paschas (später Atatürk) oder Reza Schahs im Iran motiviert, durchweg mit wenig günstigem Ausgang für die auf der Suche nach Bündnispartnern in der Zwischenkriegszeit weitgehend erfolglose Sowjetmacht (s. Schlesinger 1970; Carr 1971, S. 290-304, Kap. 34; Isaacs 1971; Wilbur 1984).

Kolonialherrschaft und nachholende Entwicklung

Diese Hinweise belegen bereits die handfesten politischen Implikationen einer bestimmten Theorie der gesellschaftlichen Entwicklung. Doch das mit dem Begriffspaar Rückständigkeit und Nachholen bezeichnete konzeptionelle Muster war natürlich nicht auf die Überraschung beschränkt, die die Geschichte des 20. Jahrhunderts geprägt hat und darin bestand, daß die erste konkurrierende Ausformung der gesellschaftlichen Moderne gerade als Projekt nachholender Entwicklung aufgetreten und schließlich auch gescheitert ist. Gerade die Zeit unmittelbar nach dem Ersten Weltkrieg war bestimmt durch Ansätze zu einer Neudefinition von Staaten und ihrer Beziehungen zueinander, die in sich im Kontext der Theorie der internationalen Beziehungen der idealistischen Richtung zuordnen lassen (vgl. Menzel 1998, S. 250) und in Ansätzen die Perspektive einer nachholenden Entwicklung auch der Kolonien enthielten. Das aus heutiger Sicht mit Vorstellungen nachholender Entwicklung eng verknüpfte Selbstbestimmungsrecht der Völker war während des Krieges vor allem als zentraler Bestandteil der berühmten 14 Punkte propagiert worden, in denen US-Präsident Woodrow Wilson seine Vorstellungen von einer demokratischen, friedenssichernden Nachkriegsordnung niedergelegt hatte. Auf der Versailler Konferenz wurde das Selbstbestimmungsrecht effektiv auf die Nachfolgestaaten der Donaumonarchie, des Russischen Reiches und auf Polen beschränkt, während die Kolonialländer davon ausgeschlossen blieben. Der Protest gegen diese krasse Diskriminierung kam vielleicht am folgenreichsten zum Ausdruck in der „Bewegung des 4. Mai" 1919 in China. Die chinesischen Studenten und Intellektuellen, die damals gegen die Forderungen Japans und die Zumutungen der Entente in Versailles auftraten, verknüpften unauflöslich die antikolonial-nationalistische Politik mit Forderungen nach weitgehender Verwestlichung, und damit nach wesentlichen Voraussetzungen nachholender Entwicklung (vgl. etwa Bianco 1967, S. 75-81).

Selbst die restriktive Handhabung des Selbstbestimmungsrechtes durch die Versailler Konferenz ignorierte jedoch nicht völlig die Perspektive einer nachholenden Entwicklung. So war die Übergabe der während des Krieges durch Entente-Truppen besetzten deutschen Kolonien und ehemals zum Osmanischen Reich gehörender Gebiete an eine Reihe der Siegermächte als durch den Völkerbund verliehene Mandatsgebiete an sich eine Bestätigung der Kolonialherrschaft und wenig mehr als eine dünne Verschleierung der Eroberung von Gebieten, auf die keiner der Kriegsgegner einen legitimen Anspruch erheben konnte. Dennoch war in der Konzeption des Mandats unwillkürlich mehr enthalten. Das Mandatssystem war mit der Unterstellung unterschiedlicher Entwicklungsgrade in den einzelnen betroffenen Territorien verbunden, und die Zuordnung zu dem einen oder andren Entwicklungsgrad wiederum legitimierte die Form der neuen Abhängigkeit, die auf der Versailler Konferenz beschlossen wurde. Die Aufgliederung in A-, B- und C-Mandate beruhte darauf, daß diese Gebiete nach der Möglichkeit taxiert wurden, in absehbarer Zeit die staatliche Unabhängigkeit zu erreichen. Das Spektrum reichte von einer relativ kurzfristigen Perspektive bis zur Prognose eines ganz unbestimmten Datums für diesen Schritt. Doch auch im Fall dieser C-Mandate wurden die Mandatsmächte zumindest formal ausdrücklich darauf verpflichtet, für den „Fortschritt" auch der ihnen anvertrauten „Eingeborenen" zu sorgen (s. etwa UoSA 1920).

Solche Festlegungen entsprachen der kolonialen Verwaltungspraxis, wie sie zumindest in britischen Kolonien Afrikas seit dem Vorabend des Ersten Weltkrieges sowie zunehmend während der Zwischenkriegszeit nachweisbar ist. „Entwicklung" wurde hier bereits zu einem zentralen Bezugspunkt und zunehmend auch zu einem Pfeiler der Legitimationsstrategie: Die Wohltätigkeit und damit die Berechtigung kolonialer Verwaltung sollte nicht zuletzt durch wirkliche oder vorgebliche Anstrengungen zur Einlösung dieses Versprechens belegt werden. Damit war freilich nicht notwendig der Nachvollzug der industriell-kapitalistischen Entwicklung in den Mutterländern gemeint, sehr wohl aber die möglichst vollständige Entfaltung der den „Eingeborenen" zugestandenen Ressourcen. Diese wurden in einem Zug zugleich auch auf diesen oft extrem eingeschränkten Bezugsrahmen verwiesen; insofern war dieses frühe Entwicklungskonzept alles andere als menschenfreundlich zu nennen. Dennoch enthält er deutlich die Momente der Dynamik und des Fortschreitens, wenn auch nicht des Aufholens. Bereits 1878 bemerkte der Gouverneur der Kapkolonie, Sir Bartle Frere über das Gebiet in der Transkei, wohin nach einem Aufstand soeben die zuvor in der landwirtschaftlichen Warenproduktion sehr aktiven Ngqika umgesiedelt worden waren, es sei „nicht sehr günstig für landwirtschaftliche Entwicklung (development)" (zit. bei Bundy 1979, S. 86). In einer Siedlerkolonie wie Südrhodesien, dem heutigen Zimbabwe, erkannte ein *Native*

Commissioner bereits 1914 den Interessenkonflikt zwischen weißen Siedlern und den ihm unterstellten Ndebele, weil

> „sich im Lauf der Zeit ihre Entwicklung (development) als in vieler Hinsicht unvereinbar erwiesen hat mit der Zunahme der europäischen Bevölkerung" (zit. bei Ranger 1985, S. 108).

Etwa zwei Jahrzehnte später erklärte der *Chief Native Commissioner* in sehr charakteristischer Diktion gegenüber Forderungen nach einer Ausweitung der bestehenden Reservate:

> „Es ist die Politik der Regierung, die Eingeborenen-Reservate zu reorganisieren und in vollstem Maße zu entwickeln (develop), bevor der Erwerb zusätzlichen Landes erwogen wird." (zit. ebd., S. 113)

Hier wird Entwicklung bereits als intentionales, strategisches Handeln konzipiert: Im Übergang von der reflexiven Verbform, nach der sich gleichsam als objektiver Vorgang konstatieren läßt, etwas oder jemand oder auch ein Kollektiv „entwickele sich" eben so (oder auch anders) zur transitiven Form, in der die Vorstellung zum Ausdruck kommt, daß Sprecher oder andere Personen Gebiete oder Potentiale zielstrebig „entwickeln", liegt streng genommen der Übergang zu einer auf Entwicklung bezogenen Politik. Deren beschränkte und oft allzu eindeutig auf enge Interessen bezogene Zielsetzung sollte von diesem grundlegenden Umstand nicht ablenken. Das läßt sich besonders deutlich an dem kontroversen Entwicklungsdiskurs ablesen, der schon in den 1920er Jahren zwischen der Ständigen Mandats-Kommission des Völkerbundes und der Mandatsmacht Südafrika über deren „Eingeborenen"-Politik im damaligen C-Mandat Südwestafrika, dem heutigen Namibia, geführt wurde. Der Streit ging im wesentlichen um die Frage, ob die Mandatsmacht

> „in der Lage sein werde, die Ausgaben aufzubringen, die für die Entwicklung (development) und die Wohlfahrt der eingeborenen Bevölkerung notwendig seien",

oder auch, „ob die Mandatsmacht für die Entwicklung (development) des Territoriums genug Geld ausgibt". Demgegenüber bestand der südafrikanische Vertreter auf dem Prinzip der Segregation: Demnach sah die Mandatsverwaltung

> „sich gezwungen ..., von den Eingeborenen zu fordern, die Kosten für die Entwicklung (development) ihres eigenen besonderen Eigentums in den Reservaten selbst zu tragen".[1]

---

[1] League of Nations. Permanent Mandates Commission] Provisional Minutes Seventh Meeting, held at 10 a.m. on June 30th, 1925 (OPM/6th Session/P.V. 8); National Archives of Namibia, Windhoek, Box SWAA 1845, A 394/7 v1 League of Nations. Permanent Mandates Commission Reports.

Es kann hier nicht um eine Analyse der angesprochenen konkreten Politik gehen (s. dazu Kössler 1998a, pt. I, sect 6). Was interessiert, ist die frühzeitige Existenz eines Diskurses über die nachholende Entwicklung einer allgemein als äußerst rückständig klassifizierten Gesellschaft. Die Möglichkeit einer solchen Entwicklung wurde – zumindest in der internationalen Arena des Völkerbundes – nicht in Zweifel gezogen. Strittig war allein, ob die Anstrengungen der Mandatsmacht dazu ausreichend waren. Es ist daher als Ausdruck der *Verallgemeinerung* dieses spezifischen, auf die Überwindung eines als gesellschaftliche Rückständigkeit verstandenen Zustandes zielenden Entwicklungsbegriffs zu sehen, wenn aus dem Reservat Chiduku im heutigen Zimbabwe über die 1949 erfolgte Gründung eines Entwicklungs-Komitees berichtet wird (vgl. Ranger 1985, S. 143). Zu diesem Zeitpunkt war es zumindest für Kolonialbeamte und Diplomaten offensichtlich selbstverständlich, in „Entwicklung" das Mittel und den Weg zu einer gezielten Veränderung von Zuständen zu sehen, die als rückständig verstanden wurden. So wurde in Tanganyika das 1947 in der südlichen Küstenregion – mit langfristig fatalen Folgen – initiierte Groundnut Scheme in Jahresberichten der Verwaltung bereits als

„langfristige Entwicklung anstatt einer Methode zur schnellen Behebung eines bestimmten Engpasses"

beschrieben, verbunden mit der Zielsetzung, unter den dort Beschäftigten, die „Stammesgesetze" durch einen „angemesseneren Verhaltenskodex" zu ersetzen (zit. bei Ehrlich 1976, S. 309).

Nachholende Entwicklung und staatliche Unabhängigkeit

Vor diesem Hintergrund muß es überraschen, daß der Entwicklungsdiskurs gemäß einer weit verbreiteten Auffassung überhaupt erst im Jahr 1949 seinen Anfang genommen haben soll, als der US-Präsident Harry S. Truman in seiner Inaugurationsadresse von „unterentwickelten Gebieten" sprach (so Sachs 1992, S. 25f). Fragen der Rückständigkeit und die Zielsetzung des Nachholens hatten zu diesem Zeitpunkt nicht nur die sozialwissenschaftliche Theoriebildung, sondern in vielen Fällen auch die staatliche Politik bereits seit rund anderthalb Jahrhunderten begleitet. Und dies war, wie die referierten Überlegungen nicht zuletzt von Kritkern und Kritikerinnen des Imperialismus gezeigt haben, mit kontinuierlichen expliziten Bezugnahmen auf das Entwicklungsdenken verbunden. Die Annahme eines Bruchs in der Verwendung des Entwicklungsbegriffes (so Hurtienne 1984) ist danach nur schwerlich nachzuvollziehen und mag allenfalls auf den engen Bereich der Wirtschaftstheorie zutreffen. Das Aufbrechen der Problematik der nachholenden Entwicklung war eine unvermeidliche Konsequenz aus der Universalisierung gesellschaftlicher Verhältnisse, die dazu Anlaß bot und es geradezu erzwang, die Zustände in ganz unterschiedlichen Regionen der Erde zueinander in Beziehung zu setzen, sie miteinander zu vergleichen. Auch wenn das Medium eines solchen Vergleichs allen kulturalistischen Gegenargumenten und -anstrengungen zum Trotz in erster Linie der nun ausgebildete, tatsächlich erdumspanennde Weltmarkt war und noch ist, beschränkte sich der Vergleich doch nicht auf die wirtschaftlichen Kapazitäten. Gerade in jenen Weltgegenden, deren Bewohnerinnen und Bewohner sich im unteren Bereich der nun konstituierten Hierarchie wiederfanden, war übermächtige, hemmungslos angewandte militärische Gewalt wesentlich und oft entscheidend, wenn es darum ging, der wirtschaftlichen Überlegenheit Geltung zu verschaffen und sie politisch abzusichern. Wie bereits erwähnt, spielten evolutionistische Argumentationsmuster eine wesentliche Rolle bei der Rechtfertigung der Kolonialherrschaft, die diesen Prozeß zum Abschluß brachte und bis um 1900 dazu führte, daß erstmals in der Geschichte staatliche Strukturen zumindest dem Anspruch nach die gesamte Landoberfläche der Erde erfaßt hatten.

Das Ende der beiden Weltkriege markierte jeweils insofern einen Einschnitt, als die Legitimation kolonialer und rassistischer Herrschaft ebenso geschwächt wurde wie der Zugriff der Kolonialmetropolen auf die unterworfenen Länder. Der entscheidende Schub der Entkolonialisierung führte während der viereinhalb Jahrzehnte nach 1945 dazu, daß die Kolonialreiche bis auf wenige Überseedepartements und Inselbesitzungen durch formal unabhängige Staaten ersetzt wurden. In diesem Zusammenhang tauchte der Begriff „Entwicklungsländer" während der unmittelbaren Vorbereitungsphase zur Gründung der UNO 1944/45 auf. Er ersetzte Termini wie „rückständige" oder „koloniale Länder", die zum einen diskreditiert waren und zum anderen klar ein formales Abhängigkeitsverhältnis zum Ausdruck brachten, dessen Legitimität zusehends ins Schwinden geraten war (s. Córdova 1969, S. 7f). Insofern enthielt die Bezeichnung „Entwicklungsländer" von Anfang an zweierlei: den Euphemismus oder in George Orwells Terminologie das *Newspeak*, womit reale Ungleichheit und Ausbeutung verdrängt wurden; zugleich enthielt sie aber auch den normativen Anspruch, diese Verhältnisse zu überwinden. Zumindest für den Aspekt des *Newspeak* läßt sich vermuten, daß seine Effektivität aufgrund der Präsenz des anderen, emanzipatorischen Aspektes wesentlich gesteigert wurde.

Die zweite Perspektive begann auf formaler, staatsrechtlicher Ebene unmittelbar nach dem Ende des Zweiten Weltkrieges Realität zu werden mit der Unabhängigkeit der großen Kolonien in Asien – Indien, Pakistan, Indonesien usw. Diese Bewegung erreichte einen Höhepunkt mit dem „Jahr Afrikas" 1960 und kam 1990 mit der Unabhängigkeit Namibias als der letzten Kolonie auf dem afrikanischen Kontinent zu einem deutlichen Abschluß. Weniger als zwei Jahre später folgte nach der Implosion des Sowjetsystems die volle staatliche Unabhängigkeit der ehemaligen Kolonien des Zarenreiches in Zentralasien. Diese Prozesse markieren in der Tat eine neuartige Situation. In einer Vielzahl von Staaten gleichzeitig wurde „Entwicklung" zu einem Ziel, dessen Erreichen nicht zuletzt einem nationalen Zusammenhang Substanz verleihen sollte, der sich zuweilen auf wenig mehr gründete, als auf die – leicht zu unterschätzende – normative Kraft faktisch gemeinsamer Grenzen, teilweise aber auch den Rahmen abgegeben hatte für harte und nicht selten gewaltsam und militärisch ausgefochtene Unabhängigkeitskonflikte. Doch auch solche Mobilisierungserfahrungen erwiesen sich bei einem Ausbleiben materieller Verbesserungen als unzureichend (s. Kößler/Schiel 1996, Kap. 8). Das Versprechen der Unabhängigkeit hieß Entwicklung, nicht nur das Ende von Diskriminierung und Gewalt, sondern die Verallgemeinerung von Privilegien. Dies wäre die Einlösung der Projektion gewesen, die der karibisch-algerische Arzt und Befreiungskämpfer Frantz Fanon mit den Worten umriß,

„es gibt keinen Kolonisierten, der nicht mindestens einmal am Tag davon träumt, sich auf dem Platz des Kolonialherrn niederzulassen" (Fanon 1967, S. 30).

Die beherrschende Stellung des Entwicklungs-Postulates in nachkolonialen Situationen kann daher schwerlich überraschen, und es drängte sich auf, daß Anstrengungen zu seiner Einlösung wie schon in den meisten früheren Anläufen zum Nachholen wesentlich von staatlicher Politik bestimmt waren und häufig als eine exklusiv staatliche Veranstaltung dargestellt und gehandhabt wurde. Zugleich ermöglichte die relativ große Anzahl neuerlich unabhängig gewordener Staaten, gemeinsam mit einer verstärkten Debatte um „Entwicklung" und entsprechenden Anstrengungen in Lateinamerika die gleichzeitige Inszenierung unterschiedlicher Entwicklungsmodelle, die zumindest laut ihren Ansprüchen im Hinblick auf das mögliche Entwicklungstempo und teilweise auch durch unterschiedliche Prioritätensetzungen in den kurz- und mittelfristigen Zielen zueinander in Konkurrenz traten. Alle diese Tendenzen wurden verstärkt durch die mit dem Kalten Krieg einsetzende Systemkonkurrenz zwischen den industriekapitalistisch ent-

wickelten Staaten unter Führung der USA einerseits und dem Sowjetsystem andererseits, das sich freilich durch die Abspaltungen von Jugoslawien und später der VR China frühzeitig in stärkerem Maß differenzierte. Die Systemkonkurrenz bedingte zum einen ein Interesse am System-Export, was gleichbedeutend war mit der Propagierung von Entwicklungsmodellen unter Hinweis auf die wirklichen und vermeintlichen Erfolge der Führungsmächte USA bzw. UdSSR, aber auch auf Erfahrungen beim Wiederaufbau des kriegszerstörten (West-)Europa. Zum andern schuf die zunehmend globalisierte, meist unterhalb des Niveaus eines offenen, militärischen Konfliktes gehaltene Konfrontation der beiden Lager jeweils geopolitische Zwänge, die zwar nicht selten zu „Stellvertreterkriegen" führten, häufig aber auch zur Förderung von Regimen, denen eine Orientierung auf das eigene Lager zumindest zugesprochen wurde und die sich bald in einer Klientelposition wiederfanden. Anders etwa als bei der nur kurz zurückliegenden und noch keineswegs abgeschlossenen, brachial forcierten nicht-kapitalistischen Industrialisierung in der Sowjetunion wurde nachholende Entwicklung daher nach dem Zweiten Weltkrieg relativ schnell zu einem faktisch allgemeinen Problem staatlicher Politik in den Regionen der Erde, die seit Beginn der 1950er Jahre als „Dritte Welt" bezeichnet wurden – und zwar nicht im Sinne einer Zählübung, sondern in hoffnungsvoller Anspielung auf den „Dritten Stand", der nach den Worten des Abbé de Siéyès einmal nichts gewesen war und sich 1789 angeschickt hatte, alles zu werden. Für dieses nicht neue, aber neu aufgeworfene und neu dimensionierte Entwicklungsproblem wurden vor dem Hintergrund der Blockkonfrontation, aber auch unter Berufung auf die Notwendigkeit eigener, autochthoner, spezifischer Lebensweisen und Prioritäten unterschiedliche, teils einander widerstreitende Lösungen praktiziert und zuweilen hitzig debattiert.
Bei allen Unterschieden hatten diese Ansätze zu Entwicklungsstrategien doch vieles gemeinsam. Es ging um staatlich inszenierte und dirigierte, auf den bestehenden oder noch zu schaffenden nationalstaatlichen Rahmen orientierte Projekte. Entwicklung und Stärkung der staatlichen Strukturen waren dabei eng verknüpft. Das bedeutete aus heutiger Sicht nicht nur den Export des westlichen Nationalstaatskonzeptes und die Verlängerung erprobter und routinisierter kolonialstaatlicher Verwaltungs- und Herrschaftspraktiken (vgl. Davidson 1992). Der „Entwicklungsstaat" stellt sich in der Rückschau dar als Ausdruck einer ganz spezifischen welthistorischen und weltwirtschaftlichen Situation. Sie war vor allem durch die seit der Zwischenkriegszeit andauernde Einschränkung des Weltmarktes gekennzeichnet, die während der Kriege und in der Weltwirtschaftskrise bis hin zu seiner Desorganisation ver-

stärkt wurde. In dieser Situation war der staatliche Zugriff auf die Ressourcen, die auf dem nationalstaatlichen Territorium verfügbar waren, weit leichter zu realisieren, als unter den Bedingungen stärkerer Handels- und Kapitalverflechtungen, wie sie in hohem Maß bereits 1913 existiert haben und heute unter dem Stichwort Globalisierung diskutiert werden. So gesehen war die *Möglichkeit* einer einzelstaatlichen Strategie nachholender Entwicklung analog zu den Voraussetzungen des keynesianischen Wohlfahrtsstaates in den industriekapitalistischen Zentren in der Mitte des 20. Jahrhunderts an eine spezifische Konstellation gebunden, deren Auflösung sich mit der Krise und Veränderung des internationalen Währungssystems seit Anfang der 1970er Jahre anzukündigen begann (vgl. Altvater/Mahnkopf 1996, S. 395-405). Die schon früher konstatierten Übereinstimmungen wichtiger Grundstrukturen zwischen den keynesianischen Wohlfahrtsstaaten und dem Sowjetsystem mit seinem extrem staatszentrierten Konzept nachholender Industrialisierung (vgl. Mattick 1971) können das Bild einer spezifischen historischen Konstellation vervollständigen, die gemäß unterschiedlichen strukturellen Grundgegebenheiten der darin agierenden Gesellschaften und Staaten Anlaß zu unterschiedlichen, aber miteinander inhaltlich zusammenhängenden Strategien gegeben hat. Dabei sollte nicht vergessen werden, daß die Orientierung auf das durch die Zwänge kapitalistischer Akkumulation vorgegebene, dominierende Ziel eines immer weiter fortgesetzten Wachstums nichts anderes darstellt als gleichfalls eine Orientierung auf Entwicklung, auch wenn diese nicht nachholend oder nachvollziehend sondern vor allem in technologischer Hinsicht innovativ sein mag. Auch Wachstumspolitik ordnet sich aus diesem Blickwinkel ein in ein breites Spektrum von Entwicklungsstrategien und -modellen, die sich vor allem auf einen nationalstaatlich abgegrenzten Rahmen bezogen. Dies gilt freilich nur mit dem wichtigen Unterschied, daß sie nicht notwendig auf ein Ziel oder Vorbild orientiert und damit nicht im gleichen Maß unausweichlich teleologisch ist wie die auf nachholende Entwicklung ausgerichteten Strategien.

Die spezifische Konstellation der Zeit nach dem Zweiten Weltkrieg bis zur Auflösung des Sowjetsystems verlieh der Dritten Welt eine besondere Position. Mit diesem Terminus ließen sich zum einen Staaten bezeichnen, die ein zentrales Strukturmerkmal gemeinsam hatten, die einschneidende Erfahrung direkter, aber auch – wie vor allem im Fall Chinas – indirekter kolonialer Herrschaft. Diese Erfahrungen und Anstrengungen zu ihrer Überwindung schufen weiter ein gewisses Maß der Interessensolidarität, das es den Regierungen der unabhängig gewordenen Staaten erlaubte, zumindest in gewissen Grenzen gemeinsam auf dem Parkett der internationalen Politik aufzutreten. Das kam 1955 auf der Bandung-Konferenz, später in den Auseinandersetzungen um eine Neue Weltwirtschaftsordnung (NWWO) vor allem im Rahmen der UN-Welthandelsorganisation UNCTAD und in der Blockfreien-Bewegung zum Ausdruck. Gerade diese Forderung bezog sich auf die Schaffung struktureller Rahmenbedingungen, die nachholende Entwicklung begünstigen sollten.

Damit ist die historische Ausgangsposition umrissen, in der die Ausdifferenzierung einer spezifischen Entwicklungstheorie und in verschiedenen akademischen Disziplinen auch die Herausbildung von Teildisziplinen begannen, die sich auf „Entwicklung" als nachholende Entwicklung beziehen.

Kapitel 3
Entwicklung als Modernisierung –
Modernisierung als Entwicklung?

In den beiden Jahrhunderten, die uns vom Einsetzen der industriellen Revolution und der Etablierung von Dominanzverhältnissen auf dem Weltmarkt trennen, ist Modernisierung zu einem universellen Imperativ geworden. Das wurde anhand des Problems der nachholenden Entwicklung deutlich. Die Überwindung dieses Zustandes wurde spätestens seit List als nationalstaatliche Aufgabe bestimmt. Mit der Verallgemeinerung der Perspektive nachholender Entwicklung wurde diese aber weniger als globales Dominanzproblem definiert, sondern als Problem weltweit ungleicher Entwicklung, das in erster Linie am unterschiedlichen Entwicklungsstand staatlich verfaßter und durch staatliche Organisation gegeneinander abgegrenzter Gesellschaften festgemacht werden konnte. Nachholende Entwicklung bezeichnet so einen Sonderfall der strategischen Reflexivität, die wir als spezifisches Potential der sozialen Evolution kennengelernt haben. Dieser Sonderfall ist durch die historisch erstmals aufgetretene und mit großer Sicherheit irreversible Situation gekennzeichnet, daß erstens gesellschaftliche Subjekte fast ausschließlich in staatlich abgegrenzten Einheiten und bezogen auf staatliche Apparate agieren und daß zweitens gesellschaftliche Strategien zur *Vermeidung* evolutionärer Tendenzen kraß abnehmende Erfolgschancen wenigstens insoweit haben, als die universelle Gültigkeit eines dominierenden Entwicklungsmodells zur prägenden Zielvorgabe auch für Versuche zum Aufholen wahrgenommener Entwicklungsrückstände geworden ist. Soweit diese Diagnose der Ausgangslage akzeptiert wird, drängen sich daher Strategien des Nachvollzugs, der „Modernisierung" konsequenterweise auf. Sie scheinen ohne Alternative zu sein, und es geht nur noch um die Frage, wie die nachholende Modernisierung, die dann mit „Entwicklung" in eins fällt, zu organisieren sei. Damit drängen sich Fragen nach Entwicklungswegen, nach darauf ausgerichteten Entwicklungsstrategien oder auch nach übergreifenden Entwicklungsstilen in den Vordergrund.

Das modernisierende Entwicklungsparadigma

Angesichts solcher Voraussetzungen muß die Evidenz und Überzeugungskraft nicht überraschen, mit der unilineare Entwicklungsmodelle immer wieder propagiert wurden, um Strategien und Zielvorstellungen zu definieren. Im Rahmen solcher unilinearer Entwicklungsmodelle ist zunächst nur ein Verhältnis des Fortgeschrittenseins oder Zurückbleibens denkbar. „Modernisierung" bedeutet dann die Schaffung von günstigen Bedingungen für ein Nutzen sich bietender Chancen zum Aufholen, das Beseitigen von Barrieren, die dem entgegenstehen. Alle diese Parameter wurden im Rahmen der „Nation" diskutiert, d.h. in bezug auf einen gesellschaftlichen Zusammenhang, der in erster Linie durch den staatlichen Verband definiert war. Diese Perspektive wurde durch die Umstände der Entkolonialisierungs-Wellen nach dem Zweiten Weltkrieg zunächst noch unterstrichen. Denn es waren ausschließlich Staaten, die als Subjekte der Unabhängigkeit auftraten und als solche behandelt wurden; es waren gleichfalls Staaten, die als Mitglieder in der Völkergemeinschaft anerkannt wurden, was gleichsam ratifiziert wurde durch die Aufnahme in die Vereinten Nationen. Diese Staaten waren ferner bis auf wenige Ausnahmen deckungsgleich mit den früheren Kolonien. Die kolonialen Grenzen gaben so gleichsam die Arena vor, in der nachholende Entwicklung als staatliche Veranstaltung verfolgt wurde. Oft genug standen die entsprechenden Strategien in Kontinuität mit Ansätzen aus der spätkolonialen Phase, die etwa im forcierten Anbau von Agrarprodukten wie Kakao, Erdnüsse oder Kaffee für den Weltmarkt oder auch im Ausbau größerer extraktiver Produktionszweige wie Bergbau, Naturkautschukgewinnung oder auch Holzwirtschaft bestanden. Ferner beflügelte die Überwindung der langjährigen wirtschaftlichen Krisenperiode nach dem Zweiten Weltkrieg die Vorstellung von einem säkularen Wachstum (vgl. Meier 1984, S. 3f), was es auch als berechtigt erscheinen lassen konnte, die 1960er Jahre zur UN-Entwicklungsdekade mit weltweitem Wirtschaftswachstum zu proklamieren. In dieser Situation verschob sich das Assoziationsfeld von „Entwicklung" eher noch ins Positive: Die Anstrengung des Nachholens trat zurück gegenüber den Perspektiven eines universalisierten Fortschritts.

In diesem grob umrissenen Bezugsrahmen lassen sich unterschiedliche Strategien identifizieren, die von konkurrierenden Schulen der Entwicklungsökonomie propagiert wurden, und an die sich Diskussionszusammenhänge soziologischer und politologischer Teildisziplinen anschlossen. Dabei ist immer der enge Bezug zu strategischen, auf staatliche Politik orientierten Konzepten zu bedenken, der es unmöglich macht, Theorie und Programm voneinander zu trennen. Zu nennen sind insbesondere Strategien, die eine offensive Ausrichtung auf den Weltmarkt im Sinne der Nutzung komparativer Kostenvorteile oder der Produktion von „Stapelgütern" favorisierten sowie andererseits die Ansätze zu einer forcierten Industrialisierung durch Importsubstitution. Hier sollte der Ersatz von Importen durch lokal produzierte Güter die Abhängigkeit vom Weltmarkt relativieren und eine leistungsfähige *nationale* Industriestruktur schaffen. Schließlich sind Strategien zu nennen, die auf mehr oder weniger strikte, meist selektive und auf einen begrenzten Zeitraum berechnete Abkoppelung oder Dissoziation vom Weltmarkt setzten, meist mit dem Anspruch auf grundlegende innergesellschaftliche Veränderungen. In jedem Fall ging es darum, im nationalstaatlichen Rahmen ein aufgrund theoretischer Annahmen definiertes Ensemble notwendiger Bedingungen zu etablieren, um den Prozeß des Nach- und Aufholens einzuleiten. Nachholen war insofern nicht eine Kopie des Verlaufs in erfolgreichen Ländern, aber wie wir schon sahen, stand das Ziel dieses Prozesses im wesentlichen fest. Aus diesem Grund läßt sich hinter allen Kontroversen über Entwicklungsstrategien und ebenso über die Theorien, die zu ihrer Begründung und Rechtfertigung angeführt werden, ein übergreifendes theoretisches, durch die gemeinsame Zielvorstellung bestimmtes Paradigma ausmachen. Die gemeinsame Zielvorgabe erlaubt, es als modernisierendes Entwicklungsparadigma zu beschreiben.

Innerhalb dieses impliziten Paradigmas ergaben sich Varianten aus den grundlegenden Orientierungen und den Unterstellungen über vorhandene Rahmenbedingungen und ihre Bedeutung. Diese Varianten wurden allermeist politisch kontrovers diskutiert. Wie bereits angedeutet, zieht sich der Streit, ob die unleugbaren Schwierigkeiten und Strukturverwerfungen postkolonialer Gesellschaften in erster Linie endogen oder exogen verursacht und ob sie eher durch externe oder interne Veränderungen zu beheben seien, durch die gesamte neuere Debatte um nachholende Entwicklung. Wie schon die kurzen Verweise auf den älteren Kolonialdiskurs gezeigt haben, wurden aktuelle, in der Kolonialherrschaft fixierte Hierarchien *sowohl* rassistisch durch die Behauptung eines Wesensunterschiedes zwischen den Menschen unterschiedlicher Länder und Phänotypen begründet, *als auch* durch die Zurückgebliebenheit der Kolonisierten, denen aber *prinzipiell* die Perfektabilität im Sinne westlicher Zivilisation nicht abgesprochen wurde und die damit als Objekte einer mehr oder weniger wohlmeinenden Vormundschaft definiert werden konnten – weit seltener dagegen als Subjekte ihrer eigenen Zukunft. In beiden Fällen wurde eine einheitliche, in Verlauf und Richtung alternativlose Entwicklungslinie unterstellt. Sie versinnbildlichte einen Bezugsrahmen, innerhalb dessen Unterschiede als mehr oder weniger fortgeschrittener Zustand oder eben auch als Rückständigkeit erscheinen mußten. Unterschiede legitimierten auf diese Weise die bestehende Hierarchie zwischen Kolonisatoren und Kolonisierten, Fortgeschrittenen und Zurückgebliebenen. Der Nachkriegs-Entwicklungsdiskurs legitimierte nun nicht mehr ausdrücklich die koloniale Hierarchie, sondern zentrierte um das Versprechen ihrer Überwindung. Die kausale Zurechnung der Gründe für Unterentwicklung hielt sich dennoch im etablierten Bezugsrahmen: Entweder waren die Ursachen in den inneren Verhältnissen der unterentwickelten Gesellschaften zu suchen oder in ihrem internationalen Umfeld. Ungeachtet wichtiger Differenzierungen wurden diese Erklärungsansätze fast immer behandelt, als schlössen sie einander aus. Diese gut dokumentierten argumentativen Grundmuster (s. Hein 1981; Menzel 1993) sollen hier nur insoweit nachgezeichnet werden, wie dies für eine Rekonstruktion des auf postkoloniale Gesellschaften bezogenen Entwicklungsdenkens erforderlich erscheint.

Gemeinsamkeiten gegensätzlicher Konzepte

Erst die spezifische Form des Kapitalismus, die sich seit dem späten 18. Jahrhundert in England entwickelt hat, macht es überhaupt sinnvoll, von einem hierarchischen Weltzusammenhang zu sprechen und Fragen nach Entwicklungsdifferentialen oder nach Unterentwicklung zu stellen. Es dürfte eine der zentralen geschichts- und gesellschaftstheoretischen Fragen der Moderne sein, warum es zu dieser Konstellation gekommen ist. Auch hier werden zunächst gerne zwei Grundthesen miteinander konfrontiert: Zum einen wurde vor allem im orthodoxen Marxismus-Leninismus behauptet, jede Gesellschaft folge im Prinzip einem Entwicklungsweg, der schließlich zur kapitalistischen Transformation und in der Folge zur Überwindung des Kapitalismus im Sozialismus/Kommunismus führe; in den kolonisierten Ländern sei die Entwicklung zum Kapitalismus nur durch den gewaltsamen Einbruch der Kolonialmächte abgebrochen und unterbunden worden. Hier wird demnach zum einen eine universelle Gesetzmäßigkeit behauptet, derzufolge sich alle menschlichen Gesellschaften entlang einer einheitlichen, klar aufsteigenden Entwicklungslinie bewegen; damit soll insbesondere die Gleichwertigkeit aller Gesellschaften betont werden, die sich in ihren Grundstrukturen und damit auch in ihren Entwicklungspotentialen nicht unterscheiden (s. dazu Kößler 1982, bes. S. 247-268).
Die Lage der „Entwicklungsländer" wurde nach dem Zweiten Weltkrieg zunehmend mit einem Zusammentreffen von „wirtschaft-

liche(r) Rückständigkeit und ... wirtschaftliche(r) Abhängigkeit" beschrieben (Tjulpanow 1975, S. 138), womit „ihre normale Entwicklung" hin zur „kapitalistische(n) Warenproduktion ... gehemmt" war (Ernst 1981, S. 28). So wurde versucht, im Bezugsrahmen einer unilinearen Theorie sozialer Evolution offenkundige und politisch höchst bedeutungsvolle Unterschiede zu beschreiben, ohne die Kategorie der Rückständigkeit aufzugeben. Dieser theoretische Ansatz bezog seine Attraktivität gerade auch für Mitglieder kolonisierter und postkolonialer Gesellschaften aus der emphatischen Behauptung der Gleichwertigkeit der Kolonisierten gegenüber den Kolonisatoren, wobei freilich unterstellt wurde, daß Gleichwertigkeit vor allem bedingt sei durch prinzipielle Identität gesellschaftlicher Strukturen und Dynamiken. Vor allem aber bleibt dabei ungeklärt, wie und warum unter solchen Voraussetzungen der industrielle Kapitalismus in Wirklichkeit nur ein einziges Mal spontan entstehen konnte, zudem nicht in einem alten Zentrum hochkultureller Leistungen, sondern in einem zunächst eher marginalen Gebiet am nordwestlichen Rand Europas. Eine solche Erklärung erfordert entweder den Rückgriff auf das Erklärungsmuster zufälliger, kontingenter Konstellationen oder den Nachweis spezifischer struktureller Gegebenheiten, möglicherweise auch eine Kombination beider Strategien. Die Annahme universell gültiger, direkt wirksamer Gesetzmäßigkeiten, die die gesellschaftliche Entwicklung wesentlich bestimmen, versagt daher bei der Klärung einer so zentralen Frage der gesellschaftlichen Moderne wie der ihres Ursprungs.

Doch die Annahme universell gültiger Gesetzmäßigkeiten findet sich auch in ganz anderen Zusammenhängen. So ordnete der einflußreiche Entwicklungsökonom Walt Rostow in seiner klassischen Formulierung „alle Gesellschaften in ihren ökonomischen Dimensionen" einer von fünf Kategorien zu, nämlich traditionale Gesellschaft, Vorbedingungen des *take-off*, *take-off*, das Streben nach Reife und schließlich das Zeitalter des hohen Massenkonsums (1984, S. 4). Es ist leicht erkennbar, daß diesen „Stadien ökonomischen Wachstums" gleich mehrere teleologische Annahmen zugrundeliegen. Die wichtigste ist die über das fünfte Stadium, das klar als Ziel für alle diejenigen erscheint, die es noch nicht erreicht haben, und dessen Verallgemeinerung für Rostow zugleich mit ausdrücklicher Bezugnahme auf Karl Marx die Herstellung eines Zustandes bedeutet, in dem „der Druck der Knappheit in hohem Maß vo(m Menschen) genommen ist" (ebd., S. 166). Ob dies mit der Perspektive des „reichen Menschen" beim jungen Marx kongruent ist, kann hier offen bleiben; entscheidend ist die optimistische Annahme eines Zieles universeller ökonomischer Entwicklung in der Aufhebung der Knappheit, die schließlich die *raison d'être* aller modernen Ökonomie bildet. Diese Perspektive wird hier zudem ausdrücklich dem gesellschaftlichen Gegenentwurf des Sowjetsystems konfrontiert, der mit Marxismus oder Kommunismus chiffriert ist. Für die Einleitung einer solchen letztlich universalen, aber in einzelnen Gesellschaften zu vollziehenden Entwicklung glaubt Rostow, unter Verweis auf die „Wirtschaftsgeschichte wachsender Gesellschaften" „optimale Investitionsmuster" identifizieren zu können, die er auf „breite kollektive Entscheidungen" zurückführt (ebd., S. 13ff). Diese Argumentation steht vor dem Hintergrund von Forschungen zur britischen Wirtschaftsgeschichte des 19. Jahrhunderts (s. Rostow 1948) und ist nur möglich aufgrund der Unterstellung einer Reihe von Voraussetzungen: Insbesondere glauben Rostow und ähnlich viele andere Wirtschaftshistoriker oder historisch arbeitende Entwicklungstheoretiker, die Ergebnisse wirtschafts- und sozialhistorischer Forschungen in irgendeiner Weise auf die „Entwicklungsländer" der Gegenwart übertragen zu können. In der Sicht Rostows erlauben es diese an historischen Beispielen gewonnenen Daten, Bedingungen für den Aufschwung, den angestrebten take-off zu formulieren. Diese Bedingungen liegen neben bestimmten Proportionen zwischen Einkommen, Investitionen, Konsum usw. vor allem in der Beseitigung „traditionaler" Verhältnisse oder – im Fall bestimmter „frei geborener" Siedlergesellschaften – darin, daß solche Blockaden von vornherein gefehlt haben (ebd., S. 17 und vgl. Kap. 3). Es erübrigt sich fast der Hinweis, daß die „freie Geburt" erkauft wurde mit dem Blut und dem Leiden derer, die vor der Ankunft des europäischen Siedlerstroms in diesen vorgeblich „leeren" oder „herrenlosen" Ländern gelebt hatten und deren Nachfahren heute meist in Reservate abgedrängt sind. In allen anderen Fällen, wo die Vergangenheit nicht so leicht zu entsorgen ist, geht es darum, sich den Notwendigkeiten anzupassen und

„die schmerzhaften Veränderungen vorzunehmen, die notwendig sind, um in Würde in der sich herausbildenden Welt der modernen Technologie zu überleben" (Rostow 1975, S. 222).

Allen menschlichen Gesellschaften wird so unter sonst gleichen Bedingungen eine einheitliche, durch moderne Technologie vorgegebene Entwicklungsrichtung unterstellt. Soll dies keine tautologische Leerformel sein, so bedeutet es, daß allen diesen Gesellschaften eine identische Dynamik zumindest der Tendenz nach innewohnt. Auf der so definierten Entwicklungslinie sind die nicht mehr „traditionalen" Gesellschaften offenkundig weiter vorangeschritten als diejenigen, denen „Rückständigkeit" attestiert wird und die ihren *take-off* im günstigsten Fall noch vor sich haben. In ganz ähnlicher Weise hatte Karl Marx gemeint, die entwickeltere Gesellschaft zeige der minder entwickelten das Bild ihrer eigenen

Zukunft. Die Vorstellung vom *take-off* oder auch der Entwicklung des Kapitalismus als Ausfluß einer allgemeinen Gesetzmäßigkeit kann als szientistisch bezeichnet werden, denn ihr liegt ein Verständnis sozialer Evolution zugrunde, das sich an dem Bild der Naturwissenschaften orientiert, wie es bis gegen Ende des 19. Jahrhunderts Gültigkeit beanspruchen konnte. Nicht zuletzt war darin ja Gesetzmäßigkeit an Wiederholbarkeit gekoppelt, doch wie wir sahen, wurde gerade diese zentrale Annahme der Newtonschen Naturwissenschaft durch neuere Erkenntnisse und Entdeckungen gründlich erschüttert. Bei dem expliziten oder impliziten Szientismus einliniger Modelle sozialer Evolution, wie er den Ansätzen des modernisierenden Entwicklungsparadigmas in aller Regel zugrundeliegt, handelt es sich daher präziser gesagt um einen retrograden Szientismus, der hinter entscheidende Erkenntnisfortschritte der Modell-Wissenschaften zurückfällt.

Die Modernisierungstheorien unterschiedlicher Observanz, die im Anschluß an den Diskurs der nachholenden Entwicklung entwickelt wurden, unterstellten genau eine solche gesetzmäßige Notwendigkeit in retrograd-szientistischem Verstand. Auch dies verbindet sie übrigens mit ihrem ideologischen Gegner, dem orthodoxen Marxismus-Leninismus (vgl. Negt 1969). Bei den Modernisierungstheorien betrifft dieses Postulat feststehender, damit gesetzmäßiger Kausalbeziehungen, wie soeben anhand von Rostow kurz demonstriert, die Bedingungen, die zum Ablauf des in seinen Grundzügen gleichfalls feststehenden *take-off* führen sollen. Die Kriterien, nach denen Rostow den Erfolg *eines take-off* beurteilte, waren in erster Linie quantitativ: So begründete er seine auch immanent sicher nicht unbestreitbare These, in Rußland sei der *take-off* bis 1914 vollzogen gewesen, mit dem Ausstoß von Roheisen, Eisen, Stahl, Kohle und Erdöl und sogar mit dem Überschuß an Nahrungsmittelexporten (vgl. Rostow 1984, S. 66). In politisches Handeln übersetzen ließ sich dieses Konzept vor allem im Rahmen der Nation und einer in Sektoren gegliederten, gleichfalls durch einen Staatsverband abgegrenzten und somit definierten Volkswirtschaft (s. bes. ebd., S. 237ff). Der Politikwissenschaftler Karl W. Deutsch erblickte angesichts seines gleichlautenden Befundes, daß nachholende Entwicklung in erster Linie eine staatliche Veranstaltung sei und überdies relativ selten erfolgreich verlaufe, die entscheidende Frage darin, ob ein Staat sich

„als Instrument für innere Entwicklung und Wachstum erweisen wird oder als Maschine für Stagnation und Zerstörung" (1966, S. 193).

Deutsch spezifizierte die „vordringliche Notwendigkeit der Kohäsion" mit der Einengung kultureller Vielfalt, der Ausschaltung ausländischer Einflüsse, die er freilich als ebenso riskant wie für den

Aufbau des nationalstaatlichen Zusammenhangs als unverzichtbar einschätzte (ebd., S. 83; vgl. 173).
Diese stark politische, explizit anti-historistische Denkrichtung berief sich ausdrücklich auf die Pionierarbeiten von Max Weber (vgl. bes. Shils 1963, S. 14ff, 20ff). Das war sicherlich da nicht unberechtigt, wo es um die Anstrengung vergleichender Analyse ging. Doch in dem hier stärker interessierenden Zusammenhang des zugrundeliegenden Entwicklungskonzeptes hatte Weber eine grundlegend andere Position bezogen als die vorgeblich auf ihn aufbauende Modernisierungstheorie. Gerade seine vergleichenden Untersuchungen zur „Wirtschaftsethik der Weltreligionen" kreisten zwar um die Annahme, daß sich aus der Art des Weltbezuges religiöser Denkmuster und institutioneller Gefüge Hinweise gewinnen lassen müßten auf die Dynamiken unterschiedlicher Gesellschaften. Webers theoretische Grundposition war aber gerade nicht strikt nomothetisch, also auf das Auffinden allgemein anwendbarer Gesetzmäßigkeiten ausgerichtet, wie dies im Versuch einer jeden Modernisierungstheorie unweigerlich angelegt ist. Er bemühte sich vielmehr, Gründe dafür zu finden, warum es *in einem bestimmten Fall*, nämlich in England, zu einer *singulären* Folge von Ereignissen, Strukturveränderungen und geistesgeschichtlichen Prozessen gekommen war, die schließlich in die Herausbildung des betrieblich-rationalen Kapitalismus mündete. Hier setzt vor allem der berühmte Aufsatz über die „protestantische Ethik und den Geist des Kapitalismus" an, in dem es Weber in scharfer Abgrenzung von den mehr oder weniger universellen Erscheinungsformen von Kapitalismus, aber auch von Rationalität darum ging, Bedingungen für die Enstehung „eine(r) ... nirgends sonst auf der Erde entwickelte(n) Art des Kapitalismus" (1981, S. 15) aufzuzeigen. Diesen Grundansatz unterstreichen zwei ebenso wesentliche Beiträge, die in den gleichen werkgeschichtlichen Zusammenhang gehören und sich zum einen unmittelbar auf die Rationalität industriellen Arbeitsverhaltens beziehen (s. 1924), zum andern aber auf grundlegende Fragen der Methodologie, die Weber in einem neukantianischen und geradezu voluntaristischen Sinn beantwortet, wobei er die konstruktive Seite der Begriffs- und Theoriebildung mit großem Nachdruck betont (s. 1973). Gerade deshalb läßt gerade Weber sich aber schwerlich für eine nomothetisch verfahrende, auf allgemeine Gesetzmäßigkeiten ausgehende Soziologie vereinnahmen. Im Protestantismus-Aufsatz jedenfalls ist Weber nicht weiter gegangen als nach „bestimmte(n) 'Wahlverwandtschaften' zwischen gewissen Formen des religiösen Glaubens und der Berufsethik" zu suchen. Hier glaubte er, eine der Wurzeln für die *besondere* Dynamik aufdecken zu können, die in Westeuropa, genauer im Nordwesten Eng-

lands, zur Herausbildung eines Gesellschaftssystems geführt hatte, das sich grundlegend von allen früheren unterschied, nicht zuletzt durch die Orientierung des Menschen auf „Erwerben als Zweck seines Lebens" in einer „für das unbefangene Empfinden schlechthin sinnloser Umkehrung" (1981, S. 44) des „Leitmotivs präkapitalistischer wirtschaftlicher Arbeit", das darin bestanden hatte, nur „soviel (zu) erwerben, wie ... erforderlich ist", um zu „leben wie (der Mensch) gewohnt ist" (ebd., S. 50). Die Klärung dieser Frage erfordere es, so Weber, ein

„Gewirr gegenseitiger Beeinflussungen zwischen den materiellen Unterlagen, den sozialen und politischen Organisationsformen und dem geistigen Gehalte der reformatorischen Kulturepochen"

zu ordnen (ebd., S. 77). „Wahlverwandtschaften" bezeichneten in der Alchemie spontane, durch besondere Affinität erklärte und mit „Notwendigkeit" ablaufende Reaktionen zwischen zwei Substanzen, und in diesem genauen Sinn war die Metapher bekanntlich von Goethe auf menschliche Beziehungen projiziert worden (1949, S. 43). Damit ist aber gerade keine Kausalitätsbeziehung gemeint, sondern „Isomorphie ... 'Austausch' zwischen zwei eigengesetzlichen Mengen von Phänomenen" (Bauman 1995, S. 194). Max Weber distanziert sich denn auch am Schluß seiner Protestantismus-Studie ausdrücklich von der Unterstellung, es sei ihm um Kausalitätsbeziehungen gegangen. Für ihn ist die Alternative zwischen „einer einseitig 'materialistischen' (und) eine(r) ebenso einseitig spiritualistische(n) kausale(n) Kultur- und Geschichtsdeutung" falsch gestellt: „*Beide* sind *gleich möglich*," können demnach nur als Leitfaden für die eigentlich zu leistende Untersuchung dienen (1981, S. 190). Damit ist zugleich gesagt, daß wenigstens auf dieser Ebene eine strikt kausale Zurechnung nicht möglich ist.

Diese kurzen Andeutungen sollen hier genügen, um ernsthafte Zweifel daran zu begründen, daß die Berufung der Modernisierungstheorien auf Max Weber berechtigt ist, wenigstens soweit diese auf die Formulierung von Gesetzmäßigkeit und die direkte Ableitung von Strategien ausgerichtet sind. Max Webers „entwicklungsgeschichtliche" Arbeiten *konnten* keine nomothetische Pointe haben, weil es ihm zunächst einmal um das Studium religiöser Weltbilder als „historische(n) Individuen höchst komplexer Art" ging. Daraus sollten „gedanklich konstruierte Typen von Konflikten der 'Lebensordnungen'" gewonnen werden, von denen sich dann sagen ließ, daß sie

„oft als Weichensteller die Bahnen bestimmt (haben), in denen die Dynamik der Interessen das Handeln fortbewegte" (1963, S. 541, 537, 252).

An solche Formulierungen lassen sich durchaus Überlegungen anschließen, die auf eine zwar im orthogenetischen Sinn gerichtete, aber eben nicht auf eine *ziel*gerichtete Entwicklung hinauslaufen. Auf dieser Grundlage lassen sich aber gerade keine Kausalitätszusammenhänge konstruieren. Pointiert läßt sich sagen: *Max Weber war kein Modernisierungstheoretiker. Er war Analytiker und Theoretiker der Modernisierung, und dies in durchaus kritischem Verstand.* Denn es ist eines, Anstrengungen zu unternehmen, um zu verstehen wie es zur gesellschaftlichen Moderne kommen konnte oder was eine solche Entwicklung im Sinne eines intrasozietären Prozesses ausschloß; etwas ganz anderes ist der Versuch, aus solchen Überlegungen Schlüsse darüber abzuleiten, wie denn nachholende Wege zur Moderne führen könnten. Dies aber ist das Hauptinteresse der Modernisierungstheorie, im klaren Unterschied auch zu Max Weber.

Bei näherem Hinsehen erweist sich die Webersche Gegenüberstellung von religiösen und wirtschaftlichen Prozessen selbst wiederum als exemplifizierende Reduktion. Es lohnt sich, kurz einige weitere Faktoren Revue passieren zu lassen, um die Komplexität und damit auch die Unwahrscheinlichkeit der Konstellation zu verdeutlichen, die den Übergang zur Moderne eingeleitet hat. Komplexität und Unwahrscheinlichkeit verweisen zugleich auf die Momente des Zufalls und der Einmaligkeit. Wesentliche Voraussetzungen für die Entstehung des Kapitalismus in England und damit für die Ingangsetzung der spezifischen Dynamik der Moderne lagen in der Kombination so unterschiedlicher innergesellschaftlicher Faktoren wie der weitgehenden Ausdifferenzierung von Staat und Gesellschaft in England über mehrere Jahrhunderte hinweg, der Entwicklung systematischer, anwendungsbezogener und nomothetisch verfahrender Naturwissenschaften, die speziell in England frühzeitig durch institutionell abgesicherte, systematisierte technologische Innovation in ihrer Wirkung wesentlich verstärkt wurde. Hinzu kamen die plötzliche Steigerung der landwirtschaftlichen Produktivität durch die Agrarrevolution des 17. und 18. Jahrhunderts und die damit einhergehenden Prozesse sozialer Neuorganisation, was insbesondere zu einer massenhaften Verdrängung ehemals abhängiger, nun aber oft erwerbslos gewordener Bauern vom Boden führte. Nicht zu vergessen sind die damit verbundene Lockerung und schließlich der fundamentale Umbau der sozialen Sicherungsmechanismen. Ein weiterer Faktor bestand in der Bereitstellung eines leistungsfähigen Geld- und Kreditsystems, verbunden mit den Anfängen einer systematischen Wirtschaftswissenschaft (vgl. Deane 1979, Kap. 2-5). Schließlich ist nicht zu vernachlässigen, daß eine gewisse Mindestzahl von Menschen erforderlich war, die bereit und prädisponiert waren, sich den Anforderungen der neuen Wirtschaftsform als Unternehmer, aber auch als Lohnarbeiter und -arbeiterinnen zu unterwerfen. Auch dies ist keineswegs selbstverständlich. So ist an die Tatsache zu erinnern, daß noch die „ersten Kinder der industriellen Revolution", die als Handweber die mit der Mechanisierung des Spinnens, noch nicht aber des Webens sprunghaft angestiegenen Mengen von Baumwollgarn weiterverarbeiteten, sich hartnäckig dagegen sträubten, Fabrikarbeiter zu werden und größtenteils auch noch unter verelendeten Bedingungen an stärker selbstbestimmten Arbeits- und Lebensbedingungen festzuhalten suchten (vgl. E. P. Thompson 1978, Kap. 9; Rule 1986, S. 3f; auch Kößler 1990, S. 124-134).

Nur unter einem ganzen Ensemble vielfältiger gesellschaftlicher Voraussetzungen also konnten die grundlegenden technologischen Innovationen, die für die industrielle Revolution stehen, ihre Dynamik entfalten, und wenigstens zum Teil waren sie allein unter einem so gestalteten gesellschaftlichen Umfeld überhaupt möglich. Seine expansive Kraft konnte der neu entstandene industrielle Kapitalismus schließlich nur vor dem Hintergrund eines bereits etablierten und in zentralen Abschnitten auch bereits auf das westliche Europa und seine wechselnden ökonomischen Zentren (s. hierzu Braudel 1986b) ausgerichteten Weltmarktes entfalten. Der Weltmarkt schuf die Voraussetzungen für die Rohstoffzufuhr für die ersten mechanisierten Industrien, die Baumwollspinnerei und -weberei, und er garantierte einen wichtigen Teil ihrer ersten Absatzmärkte.

Diese Bedingungen sind noch nicht vollständig, aber sie sind für den historisch einmaligen Fall der spontanen Entwicklung von kapitalistischer Wirtschaft und großer Industrie mitentscheidend, ja unabdingbar gewesen. Sie verweisen auf drei zentrale Tatbestände, die eine Theorie sozioökonomischer Entwicklung für die gesellschaftliche Moderne im Auge behalten muß. Das Zusammentreffen aller dieser Faktoren macht zunächst eine Wiederholung selbst in dem rein hypothetischen Fall völliger Isolation vom englischen Vorlauf in höchstem Maß unwahrscheinlich. Die englische Erfahrung war ein singuläres Ereignis, das alle späteren Versuche des Nacheiferns unweigerlich zu nachholender Entwicklung, auch zu Nachahmung werden ließ. Zumindest eben darin mußten sie sich zwangsläufig vom englischen Fall grundlegend unterscheiden. Zum andern haben wir es gerade angesichts der Unwahrscheinlichkeit des Zusammentreffens zahlreicher notwendiger Bedingungen hier offenbar nicht mit einem immer noch häufig unterstellten, gesetzmäßig vorgezeichneten Ablauf zu tun, sondern vielmehr mit einem in hohem Maß kontingenten, zufallsbestimmten Vorgang, wie er aus Sicht neuerer naturwissenschaftlicher Einsichten gerade charakteristisch ist für evolutionäre Prozesse. Diese beiden Feststellungen werden drittens ergänzt und verstärkt durch den globalen Zusammenhang, in dem die kapitalistische Industrie entstanden ist und der von Anfang an ihr Aktionsfeld gebildet hat. Auch unter diesem Gesichtspunkt erscheint die englische Entwicklung als entscheidender Sonderfall. Alle Nachzügler sahen sich unabhängig von ihren Erfolgen oder Mißerfolgen gezwungen, sich mit einem und bald mehreren, wenigstens zunächst übermächtigen Konkurrenten auf dem Weltmarkt auseinanderzusetzen, was im 19. Jahrhundert vor allem in den Kontroversen über Freihandel und Schutzzölle zum Ausdruck kam, nach der Entkolonisierungswelle Mitte des 20. Jahrhunderts auch in den Theorien und Strategien, die eine völlige, meist freilich eine selektive „Abkoppelung" oder „Dissoziation" vom Weltmarkt als Voraussetzung einer eigenständigen oder autozentrierten Entwicklung befürworteten.

Doch ist noch einmal auf die Analyse Max Webers zurückzukommen. Seine Bewertung von Verlauf und momentanem Ergebnis der betrachteten Entwicklung im Rahmen der Zeitanalyse ist gleichfalls aufschlußreich. Weber beobachtet an der Herausbildung des Kapitalismus in England, wie „sich die Askese wie ein Reif auf das Leben des fröhlichen alten England (legt)" (1981, S. 177). Die „Verpflichtung" des Menschen „gegenüber seinem ... Besitz" läßt ihn „geradezu als 'Erwerbsmaschine'" (ebd., S. 178), einer „exzessiven Kapitalaufsammlungssucht" erliegen (ebd., S. 181). Dieser „Gedanke ... legt sich mit seiner erkältenden Schwere auf das Leben" (ebd., S. 189). Die Entleerung der von ihm analysierten Ethik unter dem „einmal im Sattel sitzenden Kapitalismus" (ebd., S. 60) zum „Gespenst" einer letztlich bedeutungslos gewordenen „Berufspflicht" enthielt für Weber wenigstens die *Möglichkeit* einer „mechanisierte(n) Versteinerung", wo das „seines religiös-ethischen Sinnes entkleidete Erwerbsstreben" sich mit „rein agonalen Leidenschaften" assoziiere (ebd., S. 188). Es dürfte nicht allein bittere Ironie sein, daß die Rezeption Webers gerade „auf dem Gebiet (der) höchsten Entfesselung" dieses Erwerbsstrebens, „in den Vereinigten Staaten" (ebd.), mit den verschiedenen Spielarten der Modernisierungstheorie eine teleologische Entwicklungstheorie mit einer ausdrücklich positiven Wertung ihrer Projektionen und Prognosen hervorgebracht hat. Vielleicht läßt sich dies ja auch auf den „unwiderstehlichen Zauber" der „Zahlenromantik" zurückführen,

„wo einmal die Phantasie eines ganzen Volkes in der Richtung auf das rein quantitativ Große gelenkt ist"

und zugleich

„das, vom persönlichen Glücksstandpunkt aus angesehen, so *Irrationale* dieser Lebensführung, bei welcher der Mensch für sein Geschäft da ist, nicht umgekehrt," (ebd., S. 60) am frühesten zur alltäglichen Selbstverständlichkeit geworden war. Für die weitere Entfaltung dieser theoretischen Perspektive ist der Verlust, richtiger die Verdrängung der Weberschen Perspektive auf Ambivalenz von entscheidender Bedeutung. Das gilt in frappierender Weise auch für Webers Überlegung, daß der

„mächtige Kosmos der modernen ... Wirtschaftsordnung ... den Lebensstil aller einzelnen, die in dies Triebwerk hineingeboren werden ... mit überwältigendem Zwang ... vielleicht bestimmen wird, bis der letzte Zentner fossilen Brennstoffs verglüht ist" (1981, S. 108).

Insgesamt bewegt sich Max Weber unverkennbar wesentlich eher auf der Höhe neuerer Einsichten in evolutionäre Prozesse und ihre Bedingtheiten, aber auch in Ambivalenzen und Risiken der Moderne, als die nach ihm gekommene und unter Berufung auf ihn propagierte Modernisierungstheorie.

Die Politik der Modernisierungstheorien

Max Webers Vorsicht und Skepsis steht dort der Wachstumsimperativ gegenüber, „der Natur mehr Produkte gegen geringeren Aufwand" zu entreißen. Arthur Lewis erblickte nicht zuletzt den „wirklichen psychologischen Unterschied in dem Willen, sich anzustrengen", propagierte also wiederum in deutlichem Kontrast zu Weber einen positiv gewendeten Asketismus (Lewis 1955, S. 23). Zugleich erfuhr in solchen Formulierungen der Mythos vom „faulen Eingeborenen" (s. z.B. Alatas 1977) eine wenn auch verschämte und leise Reprise, da ja unterstellt wurde, die Leute in „unterentwickelten" Ländern strengten sich nicht an, während sie dies in vielen Fällen durchaus taten und tun, wenn auch da, wo es ihnen lohnend erscheint und nicht unbedingt in Sektoren, denen von Entwicklungsplanern Priorität zugemessen wird. Dies galt z.B. lange Zeit für die Vermeidung formeller Lohnarbeit und besonders von Lohnarbeit in bestimmten Bereichen wie im Südlichen Afrika dem Bergbau (vgl. Beinart 1987; Palmer 1977). Dies alles mag durchaus dem Weberschen Leitmotiv des „Arbeitens um zu leben" entsprechen und *insoweit* auch als „traditional" gelten; freilich bedeutet dies keineswegs das Fehlen weitreichender Anpassungsstrategien und sicher alles andere als „Faulheit" oder die Weigerung, sich „anzustrengen". Divergierende Handlungsstrategien wurden aber im modernisierungstheoretischen Diskurs nicht nur als Inkongruenz mit den Anforderungen kapitalistischen Wirtschaftens und Arbeitens wahrgenommen, sondern schlichtweg denunziert als abweichendes oder wenigstens als gegenüber dem Modernisierungspostulat unzureichendes Verhalten.

Vor allem aber konnten so „traditionale" Verhältnisse mit den „endogenen" identifiziert und schroff „modernen", „exogenen" Zuständen gegenübergestellt werden. Deren Einbruch, anders herum das Aufbrechen der „traditionalen" Lebensformen von außen erschien dann als notwendige, positiv bewertete Voraussetzung für die Dynamisierung als rückständig oder unterentwickelt bezeichneter Gesellschaften (vgl. etwa Shils 1963, S. 3). Aus dieser dualistischen Sichtweise wurde nicht geleugnet, daß

„Gesellschaften, die den Übergang aus der Stagnation zum ökonomischen Wachstum vollziehen, schweren Belastungen in allen Lebensbereichen unterliegen" (Lewis 1955, S. 377),

doch erschien dies als Ausfluß der Notwendigkeit, mit der dieser Übergang anzustreben war. Die Schlußfolgerung lag für die Modernisierungstheorie in einer aktiveren Rolle der Politik, die auf Bereiche auszugreifen habe, die „Politiker in stabileren Gesellschaften gern anderen Institutionen überlassen würden" (ebd., S. 378). Dies entspricht einer allgemeinen Tendenz, die gerade für die Mehrheit der entwicklungsbezogenen Modernisierungstheorien charakteristisch ist: Sie betonen nicht nur entschieden die Rolle der Politik, sondern verschärfen dies zum Postulat stark hierarchischer Strukturen politischer Herrschaft. Solche Konzepte liegen in der Konsequenz der fundamentalen Problembestimmung der Modernisierungstheorien: Die Barrieren, die der angestrebten nachholenden Entwicklung entgegenstehen, sucht sie vor allem in innergesellschaftlichen Verhältnissen und bezeichnet diese als „traditional"; sie müssen dementsprechend gegenüber den Imperativen der Moderne, zumal gegenüber ihren wirtschaftlichen Zwängen als irrational erscheinen. Die konsequente Lösung liegt unter solchen Voraussetzungen in forcierter, strategisch angelegter Modernisierung im Sinne der notfalls auch mit politischem Druck oder gelegentlich gar mit Gewalt durchgesetzten Beseitigung der „traditionalen" Zustände, d. h. in zielgerichteter Modernisierungs*politik*. Dabei erscheint gleichfalls folgerichtig „die Regierung" als „die unabhängige Variable", so daß „die Gesellschaft nach politischen Kriterien umstrukturiert" wird. Dementsprechend ist allenfalls „eine sehr begrenzte Partizipation" zu erwarten, während die Eliten nach möglichst umfassender Kontrolle streben, „d.h. mit einem Minimum an Information von unten und einem Maximum an Zwang auskommen" müssen, wie dies aus der Rückschau kritisch resümiert wurde (Töpper 1990, S. 136). Wie sich anhand der Arbeiten verschiedener führender Vertreter der politologischen Entwicklungstheorie nachweisen läßt, entsprach dem die Betonung einer *politisch* zu leistenden Integration, und insbesondere autoritär durchzusetzenden Wandels etwa bei David Apter (1965, S.

33ff). Mehr noch gilt dies für das Postulat der Ordnung, verbunden mit dem Konzept eines von der Staatsspitze zentral geleiteten Modernisierungsprozesses das etwa Samuel Huntington veranlaßte, der „Konzentration der Macht in den Händen einer einzigen modernisierenden Elite" ausdrücklich auf Kosten der „Demokratie" das Wort zu reden (1968, S. 445). Für Huntigton ergaben sich aus dieser Perspektive der Ordnung als einer prioritären Zielsetzung höchst weitreichende Konsequenzen: Er war bereit, selbst der Hinnahme einer Machtübernahme der Nationalen Befreiungsfront („Vietcong") am Ende des Vietnamkrieges den Vorzug zu geben gegenüber dem Risiko fortgesetzter politisch instabiler Verhältnisse (s. Leys 1996, Kap. 3, bes. S. 75f). Beides entspricht in der Grundausrichtung der Diagnose von Talcott Parsons, gesellschaftliche Integration sei das Zentralproblem „moderner", d.h. hochgradig differenzierter und pluralistischer Gesellschaften (s. 1977, Kap. 9). Es ist bemerkenswert, daß auch sowjetische Autoren speziell dem Militär in Entwicklungsprozessen eine nicht allein ordnungsstiftende, sondern auch innovatorisch-modernisierende, „nicht-traditionelle" Rolle zuschrieben (Cagolov 1981, S. 97). Trotz gewisser Kautelen in der Bewertung des „Prätorianertums" befürwortete auch Huntington ausdrücklich Militärs als Institutionen-Baumeister, zumal dann, wenn sie unter relativ wenig entwickelten und komplexen Bedingungen das „kemalistische Modell" verfolgten. Huntingtons Liste solcher „Erfolge" verdient es, zitiert zu werden: Pakistan, Mexiko, Türkei, Südkorea und El Salvador (1968, S. 261). Bei allen gravierenden Unterschieden kann drei Jahrzehnte später allen diesen Fällen eines nicht nachgesagt werden, nämlich politische und institutionelle Stabilität, die das zentrale Interesse von Huntingtons Überlegungen ausmachten – und aus seiner Sicht die Rechtfertigung für militärisch-autoritäre staatliche Herrschaft. Einer späteren Bewertung der Leistungen sehr unterschiedlicher Militärregimes im engeren Bereich sozioökonomischer Entwicklung erschloß sich denn auch eine überaus widersprüchliche Realität: Zu verzeichnen waren „überdurchschnittlich positive wie überdurchschnittlich negative Wachstumsergebnisse", die bereits auf unterschiedliche gesellschaftliche Grundgegebenheiten und entsprechende Dynamiken in einem breiten Spektrum untersuchter Länder schließen ließen (Büttner 1989, S. 75). Dies kann freilich lediglich belegen, daß die aus dem Modernisierungsparadigma abgeleiteten politischen Handlungsanweisungen – konkret: Parteinahme für autoritäre Regimes vom Südvietnam des fast schon vergessenen Generals Thieu über Militärregimes der 1960er-80er Jahre in Lateinamerika oder die Familiendiktatur Somozas in Nicaragua bis hin zur Kleptokratie Mobutus in dem von ihm so genannten Zaire und zur familienzentrierten, gleichfalls durch einen Militärputsch eingeleiteten Entwicklungsdiktatur Suhartos in Indonesien – zumindest für sich genommen keineswegs die theoretisch gültigen Grundlagen beanspruchen konnten, die ihnen zugesprochen wurden. Im besten Fall hat sich die Gleichung, weniger Demokratie und Partizipation schaffe mehr Entwicklung, verstanden als wirtschaftliches Wachstum, als sträflich unterkomplex erwiesen. Gleichwohl findet sie einen deutlichen Nachhall, wenn Wolfgang Zapf, der als führender deutscher Vertreter der Modernisierungstheorie gelten kann und ihren Triumph nach der Implosion des Sowjetsystems mit großem Nachdruck in Anspruch nimmt, am Ende einer emphatisch auf diesen Grundlagen argumentierenden Analyse der gesellschaftlichen Transformation in der früheren DDR gegen die Gleichsetzung von „Modernisierung" mit einer „Ausbreitung der 'Zivilgesellschaft'" in „Osteuropa" einwendet,

„wir werden für die nächsten Jahre ... ein zunehmendes Gewicht von Staat und Verwaltung akzeptieren müssen, damit die Voraussetzungen der 'Zivilgesellschaft' allererst geschaffen werden können" (Zapf 1994, S. 143).

Das ist im Grunde eine einfache Neuformulierung der historisch widerlegten modernisierungstheoretischen These, kapitalistisches Wirtschaftswachstum werde vor allem durch notfalls autoritäres staatliches Handeln gefördert und darauf werde Demokratie schon folgen.

Talcott Parsons und die Konkurrenz der Nationalstaaten

Diese These geht aber zurück auf eine noch tiefliegendere, diesmal nicht nur vereinfachende, sondern ungeachtet aller späteren Differenzierungen auf grundlegend falschen Voraussetzungen beruhende Annahme: Es geht um die dualistische Unterstellung, die mit „Entwicklung" chiffrierten gesellschaftlichen und wirtschaftlichen Transformationen spielten sich wesentlich auf einer Linie ab, die vom „Traditionellen" zum „Modernen" führe. Von solchen Grundannahmen aus läßt sich auch die weitere Annahme schlußfolgern, einzelne Länder oder Gesellschaften seien auf dieser Linie weiter fortgeschritten als andere, und die am weitesten fortgeschrittene Gesellschaft habe das Modell, die Zielvorstellung für alle anderen abzugeben.

Dies kann die Ideologie einer internationalen Hierarchie begründen, nach der bestimmte nationalstaatlich verfaßte Gesellschaften sich nicht nur als berechtigt, sondern geradezu als verpflichtet sehen, anderen auf den richtigen Weg der „Entwicklung" zu helfen. Dieses Konzept erhält mit dem Bezug auf eine unilinear, „objektiv" und damit als unausweichlich erscheinende Entwicklungslinie eine durch nicht mehr hinterfragbare Gesetzmäßigkeiten abgesicherte Grundlage. Das gilt auch, wenn etwa Talcott Parsons, der theoretische Vater der Modernisierunskonzepte, der zeitgenössischen US- Gesellschaft eine Entwicklungsstufe zuwies, die sie aufgrund evolutionärer Gesetzmäßigkeit zum Zielpunkt und damit auch zum Vorbild aller anderen Gesellschaften werden ließ, weil sie in der Aneignung oder Verwirklichung „evolutionärer Universalien", die von sozialer Stratifizierung über Geld bis zu demokratischer Assoziation reichten, am weitesten fortgeschritten gewesen sei (s. 1982). Parsons' strukturfunktionalistische Perspektive erlaubt es, historische und zeitgenössische Gesellschaften in eine Bewertungs-Hierarchie zunehmender Inklusion und funktionaler Differenzierung sowie adaptiver Kompetenzen zu bringen (s. 1977, bes. Kap. 1, 2). Auch wenn damit keine zwangsläufig mechanische Gesetzmäßigkeit für die Entwicklung einzelner Gesellschaften postuliert ist, so läuft die anhand einer evolutionären Entwicklungslinie konstruierte und wissenschaftlich legitimierte Hierarchie von Einzelgesellschaften doch auf einen teleologisch begründeten Zwang hinaus: Wer die evolutionär einmal aufgetretenen überlegenen Charakeristika nicht übernimmt, fällt bestenfalls zurück und ist schlimmstenfalls dem Untergang geweiht. Parsons hat das in deutlichem Anklang an biologische Evolutionskonzepte formuliert:

„Kommt es irgendwo in einer vielfältigen Population von Gesellschaften zu einem Durchbruch in der Entwicklung (developmental breakthrough), so wird der ausgelöste Prozeß sich dem Paradigma evolutionären Wandels annähern: Ein solcher Durchbruch stattet seine Gesellschaft mit einem neuen Niveau an Anpassungskapazität aus und verändert so die Bedingungen ihrer Konkurrenzbeziehungen mit anderen Gesellschaften" (ebd., S. 50)

An dieser Bestimmung ist zweierlei festzuhalten: Zunächst verbindet Parsons mit älteren Modellen der Weltgeschichte oder der sozialen Evolution die Orientierung auf die „Entwicklung" jeweils einzelner Gesellchaften, durch die hindurch aber die Evolution der menschlichen Gesellschaft im allgemeinen, der Gattung also, konstruiert wird. Diese widersprüchliche Konstruktion läuft auf eine Bekräftigung und Rechtfertigung internationaler Hierarchien hinaus, weil sie Schwächere als rückständig auf der Evolutionslinie kennzeichnet. Dieser Schluß ist freilich erkennbar zirkulär, weil aus der Schwäche auf Rückständigkeit geschlossen wird, die wiederum als Begründung der Schwäche dient. Damit wird die implizite These, internationale Ungleichheit sei ein objektives, quasi naturgegebenes, da durch den Evolutionsprozeß begründetes und daher eigentlich unabänderliches Faktum zusätzlich immunisiert.

Im Kontext der Evolutionstheorie ist durch diese Operation jedoch etwas Bemerkenswertes geschehen: Aus einem gattungsgeschichtlichen Vorgang, in dem es auch bei Darwin immer um die Anpassungs- und Lebensfähigkeit der Arten sowie daraus mutierter Individuen ging, ist ähnlich wie auch schon in der imperialistischen Ideologie eine Art *national*geschichtliches Programm geworden, bei dem Stärke als Ausweis für evolutionär avancierte Positionen dient und das nach diesen Maßstäben fortgeschrittenste Land den anderen den Weg weist. Das entspricht recht genau der schon anhand des neomerkantilistischen Programms von Friedrich List aufgezeigten Differenz zwischen einer auf menschheitsgeschichtliche Perspektiven ausgerichteten philosophischen Entwicklungs-Konzeption wie sie am großartigsten von Hegel entworfen wurde und einem Ansatz, der den Nationalstaat in den Mittelpunkt rückt (s. Kap. 1). Im Kontext der Entwicklung des nationalen Selbstbildes der USA liegt hier die Kontinuität mit der imperialen These des *Manifest Destiny* auf der Hand, mit der seit Mitte des 19. Jahrhunderts die Expansion nach Westen und die Annektion eines Drittels des damaligen Staatsgebietes Mexikos legitimiert wurde. Zugleich verhalten sich zweitens die Einzelgesellschaften in Parsons' Konzept zueinander genauso wie die idealtypischen bürgerlichen Individuen auf dem gleichfalls idealtypischen Markt: Sie stehen zueinander in Konkurrenz. Konkurrenz wird als das Selektionskriterium par excellence betrachtet, ungeachtet der durchaus eindrucksvollen Gegenargumente, die sich sowohl aus der Empirie menschlicher Gesellschaften, wie aus der Beobachtung tierischer Arten gewinnen lassen und die im Gegenteil die Bedeutung der Kooperation für das Überleben, für den „Kampf ums Dasein" pointieren (s. etwa schon Kropotkin 1975).

Teleologie zwischen „Ende der Geschichte" und „geschichteter Weltgesellschaft"

Als Konsequenz aus ihrem teleologischen Grundansatz steht die von der Modernisierungstheorie anvisierte Zielvorstellung, die „Moderne", zumindest in ihren Grundzügen immer schon fest. Dabei erlaubt sie fast beliebige Variationen und Differenzierungen in der Untersuchung des „Traditionellen" als des Gegenstandes der Transformation auf dieses Ziel zu. Die Festlegung auf das Ziel zeigt sich selbst da, wo ausdrücklich der Versuch gemacht wird, unter modernisierungstheoretischen Gesichtspunkten *unterschiedliche,* kulturell determinierte Reaktionsweisen auf die Moderne zu thematisieren (vgl. Eisenstadt 1979, bes. S. 81f, 374f). Die positive Bewertung von Moderne und Modernisierung führt ferner gerade bei der differenzierten Betrachtung vielfältiger Erfahrungen dazu, daß wirtschaftliche Rückschläge, wie sie Mitte des 20. Jahrhunderts Chile oder Argentinien erlebten, als Krisen der Modernisierung verstanden werden, und entsprechend gelten dann auch

„der japanische Militarismus, der Faschismus und Nazismus ... (als) vielleicht die wichtigsten Beispiele für den *Zusammenbruch* der Modernisierung in einem viel fortgeschritteneren Stadium" (ebd., S. 85; Hv.: R.K.).

Im Gegensatz zu Analysen speziell des Nationalsozialismus, die aus sehr unterschiedlicher Perspektive gerade dessen Modernismus pointiert herausarbeiten (vgl. etwa Eley 1991, Kap. 5-7; s. auch Horkheimer/Adorno 1947, bes. S. 199ff) oder die in der katastrophenhaft gescheiterten Assimilation deutscher Juden die „eigene Unmöglichkeit" der Moderne indiziert sehen (Bauman 1995, S. 197), zeigt sich hier in zugespitzter Weise die normative Grundtendenz der Modernisierungstheorien die durchweg mit einem positiv aufgeladenen Begriff der Moderne operieren. Ähnlich meinte Wolfgang Zapf 1991 (vgl. 1994, S. 111), mit dem Massaker auf dem Tiananmen-Platz sei das Ende der Modernisierungspolitik in China gekommen – eine These, die nach nahezu einem Jahrzehnt scharfer politischer Repression und stürmischer Industrialisierung zumindest in Südchina, mit allen Konsequenzen sozialer Krisenerscheinungen und ihrer staatlichen Repression kaum aufrechtzuerhalten sein dürfte.

Es geht im modernisierungstheoretischen Grundmodell vor allem um einen Differenzierungsprozeß, der aus der Sicht der Modernisierungstheorien letztlich allein dem nicht nur als vorbildhaft, sondern für eine Vorwärtsentwicklung auch geradezu als unvermeidlich angesehenen westlichen Muster folgen kann. Eine Alternative zu der als evolutionäre Notwendigkeit verstandenen Angleichung an den „Westen", in aller Regel die US-Gesellschaft, wird so streng genommen fast undenkbar; solche Alternativen werden allenfalls in Stagnation und Verfall gesehen. Dies entspricht genau der Vorstellung vom „Ende der Geschichte", das mit dem Wegfall des konkurrierenden Sowjetsystems erreicht sei in dem Sinne, daß keine soziopolitischen Innovationen gegenüber dem nunmehr konkurrenzlos dastehenden US-Modell mehr denkbar sei (vgl. Fukuyama 1992). Aus diesem Blickwinkel ließ sich auch die gesellschaftliche Transformation Osteuropas nach der Implosion des Sowjetsystems konsequent als „Modernisierung" verstehen (vgl. etwa Meier 1991), wobei im vorgegebenen Bezugsrahmen gar nicht mehr thematisiert zu werden brauchte, daß das sowjetische Modell einen radikalen Bruch mit traditionalen Verhältnissen vollzogen hatte, durchaus im Sinne einer Modernisierung, freilich mit einem zumindest verbal dem westlichen industriellen Kapitalismus radikal entgegengesetzten ökonomischen und politischen Programm gesellschaftlicher Umwälzung. Und wenn diese Ebene der Systemkonkurrenz im Bezugsrahmen der Moderne selbst benannt wird, so kann sie als mit der Implosion des Sowjetsystems eliminiert betrachtet werden: Dies eben meint das Ende der Geschichte: Es bedeutet ja nicht, daß womöglich gar nichts mehr geschähe, sondern zumindest in dem von Fukuyama entwickelten hegelianischen theoretischen Zusammenhang, daß keine Entscheidungen mehr fallen werden über den weiteren Fortgang der Entwicklung menschlicher Gesellschaften. Diese soll nunmehr auf dem höchsten und unbestrittenen Perfektionsniveau angekommen sein; zumindest was menschliche Gesellschaften angeht, kann Entwicklung jetzt gewissermaßen wieder auf der Ebene der Präformationstheorie als Entfaltung oder Auswicklung des im letzten Grund immer schon Gegebenen betrachtet werden. Dabei werden pessimistische Varianten einer möglichen Annahme vom Ende der Geschichte, die ja durchaus nicht so fernliegen (vgl. Steenblock 1994; s. auch Menzel 1998, S. 13), schlicht verdrängt. Aus einer ähnlichen Sichtweise wie Fukuyama, daß nämlich die grundlegenden Entwicklungslinien nun end-gültig geklärt seien, kann Wolfgang Zapf in der Perspektive der Parsonschen Universalien von „unterentwickelte(n) Länder(n)" sprechen,

„die *noch* darum kämpfen, Zivilisationsminima und elementare Grundbedürfnisse ... ihrer Bevölkerungen zu befriedigen" (1994, S. 198; Hv.: R.K.).

Dabei wird zugleich etwas verschämt eingeräumt, daß eine solche „Grundsicherung: ... Ernährung, Gesundheit, Elementarbildung", wohl die „absehbaren Ziele" der „Entwicklungsländer" bleiben müßten (ebd., S. 184), *eben weil* das Modell, daß die „evolutionäre Überlegenheit moderner Gesellschaften" garantiere, nämlich ihre „Lern- und Revisionsfähigkeit" und eine Legitimation, die „auf Individualisierung und Sicherheit, ermöglicht durch Massenkonsum und Wohlfahrtsstaat" in der gegebenen Form *nicht* als verallgemeinerungsfähig im Sinne der „weltweite(n) Überflußgesellschaft" gelten könne (ebd., S. 182).
Mit der Benennung der „Überflußgesellschaft" als des offenbar einzig denkbaren universalisierten Zieles wird zugleich noch einmal die Einlinigkeit und teleologische Fixierung des zugrundeliegenden Evolutionskonzeptes unterstrichen. Doch dann stößt auch Zapf sogleich auf das Dilemma, daß dieses Ziel zwar weitgehend akzeptiert sein dürfte, materiell aber nicht universalisierbar ist. Doch dieses Dilemma wird kaum benannt und in der Argumentation schlicht übergangen, oder aber es wird in stillschweigendem Zynismus umgemünzt in die Bekräftigung von Hierarchie und Herrschaft. Wenn nämlich derselbe Autor an anderer Stelle betont, daß bei

„Transformation und Transition ... das Ziel bekannt ist: die Übernahme, Errichtung, Inkorporation von modernen demokratischen, marktwirtschaftlichen, rechtstaatlichen Institutionen" (ders. 1996, S. 39),

so bezeichnet er wohl zutreffend die Hoffnungen der Mehrheit der Menschen, die in Gesellschaften leben, in denen Transitionsprozesse zu demokratischen Regimes oder grundlegende gesellschaftliche Transformationsprozesse wie im östlichen Europa und im Südlichen Afrika eingeleitet wurden. Die Problematik der Ungleichheit aber wird hier leicht verbrämt mit einem „noch nicht" oder „zunächst" lediglich benannt und als gegeben hingenommen, da „Wachstumsgrenzen" doch nicht abzuleugnen seien (ebd., S. 41). Daraus ergibt sich eine bemerkenswerte Spreizung zwischen den normativen Zielvorgaben der Modernisierungstheorie und ihren strategischen Aussagen. Die Rede von „Entwicklungsländern" ist damit auf den Euphemismus des *Newspeak* zurückgefallen (s. Kap. 2), der noch genau in dem von Orwell bezeichneten Sinne gesteigert wird, wenn „zunächst" gesagt wird und eindeutig das gerade Gegenteil gemeint ist, nämlich „niemals".

Das Prinzip der Weltmarkthierarchie wird demnach ausdrücklich festgeschrieben; zumindest sehr weitgehend gilt dies auch für die Position einzelner Länder und Regionen innerhalb dieser Rangfolge. Unter der Hand erhält damit die Dependenztheorie von einer ausdrücklich über sie triumphierenden Modernisierungstheorie und zudem gerade in den Varianten paradoxerweise überraschend recht, die wie Immanuel Wallerstein oder Andre Gunder Frank die Unentrinnbarkeit des kapitalistischen Weltsystems und seinen geradezu manichäischen Herrschaftscharakter betonen. Dem Insistieren auf der Alternativlosigkeit eines für die Mehrheit der lebenden Menschen dennoch nicht erreichbaren Modells, gekennzeichnet durch Massenkonsum und Wohlfahrtsstaat entspricht geschichtsphilosophisch Fukyuamas hegelianisch motiviertes „Ende der Geschichte", nach dem nichts wirklich Neues mehr kommen kann. Die unverkennbaren politischen Implikationen einer solchen Sichtweise entsprechen der vom damaligen US-Präsidenten George Bush 1991 proklamierten „Neuen Weltordnung", deren Prinzip des globalen militärischen Eingreifens zur Wahrung vitaler Interessen der USA und eventuell ihrer Verbündeten nach wie vor Gültigkeit besitzt (s. dazu Kößler/Melber 1993, Kap 7). Darin käme nicht zuletzt „die Kapitulation der Nord-Süd-Politik vor der Komplexität der Entwicklungszusammenhänge" (Brock/Hessler 1991, S. 88) zum Ausdruck. Auf derartige Komplexität kommt es vielleicht nicht mehr so sehr an, wenn die eigentliche Zielbestimmung nur noch in der Eingrenzung und Abschottung von Konfliktpotentialen liegt, eben in der Wahrnehmung der Sicherheitsinteressen, die sich aus der Hinnahme einer „geschichteten Weltgesellschaft"

(Zapf 1994, S. 185, 198) zwangsläufig ergeben. Das alles entspricht durchaus der oben zitierten Vorstellung von Talcott Parsons vom Konkurrenz- und Überlebenskampf der Einzelgesellschaften. Dabei ist für die Innenperspektive der westlichen Gesellschaften, also der „modernen" im Sinne der Modernisierungstheorie, die optimistische These charakteristisch und bemerkenswert, daß „Wohlfahrtsstaat" und „Massenkonsum" ungeachtet ihrer Erosion in den 1990er Jahren als festgeschrieben behandelt werden, wobei die Massendemokratie und erst recht -partizipation in aufschlußreicher Weise unerwähnt und ausgespart bleiben. Dies unterstreicht noch einmal die Tendenz der Modernisierungstheorie, trotz verbal anderer Einlassungen das Ziel von Entwicklung als bekannt und gegeben, eben als erreichten Zustand in den als am fortgeschrittensten erachteten Gesellschaften zu behandeln. Kritische Analysen können sich mit solch statischen und offenkundig auch unrealistischen Sichtweisen nicht abfinden. Sie sehen demgegenüber gerade in dem mit dem Standortdiskurs motivierten Aufkommen des „nationalen Wettbewerbsstaates" schwere Risiken für demokratische Rechte und Institutionen (Hirsch 1995). Das entspricht nicht zufällig den allzu klarsichtigen Diagnosen, die schon zu Beginn des 20. Jahrhunderts etwa von John A. Hobson, Rudolf Hilferding und Rosa Luxemburg über die innergesellschaftlichen und innenpolitischen Konsequenzen des Imperialismus gestellt wurden. Das Auslassen der demokratischen Dimension gemahnt weiter nachhaltig an die autoritären Rezepte, die aus der älteren Modernisierungstheorie am prominentesten von Samuel Huntington destilliert worden sind.

Wenn nun Zapf ganz in der Parsonschen Tradition von „Konkurrenz und Konflikt" sprechen kann, deren Subjekte offenkundig „Länder", genauer wohl Staaten sind, so bleibt festzuhalten, daß in der weit radikaleren Konzeption der Weltgesellschaft bei Niklas Luhmann Ungleichheit und Herrschaft vollends ganz aus dem begrifflich-theoretischen Rahmen herausfallen. Zwar konstatiert Luhmann, daß „Entwicklung ... eine Form (sei), deren eine Seite ... in der Industrialisierung und deren andere in der Unterentwicklung besteht" (1997, S. 162), doch erweist sich dies als inkompatibel mit seiner theoretischen Basisoption, soziale Systeme und damit auch Gesellschaften ausschließlich auf Kommunikation aufgebaut zu verstehen. Herrschaft und Ungleichheit lassen sich hier nicht eintragen. Das damit verbundene Evolutionsmodell bestätigt einmal mehr das einlinige, auf die Entwicklung des westlichen Europa beschränkte Konzept, das implizit auch die alleinige normative Gültigkeit dieses Weges bekräftigt (s. ausführlicher Kößler 1998b). Bei alledem geht es um mehr als nur um wackelige Theorie-Konstruktionen. Die Risse im theoretischen Gebäude verweisen auf

Ideologie. Wenn wir im Rahmen einer nach der Eliminierung des konkurrierenden Sowjetsystems mit erneuertem Selbstbewußtsein vorgetragenen Modernisierungstheorie auf die Perspektive einer „geschichteten Weltgesellschaft" verwiesen bleiben, so wird nämlich einmal mehr in unzweideutiger Parallele zum Kolonialdiskurs die „Dominanz" des Westens, in anderen Worten der „modernen Gesellschaften" aus der Feststellung abgeleitet, diese Gesellschaften seien auf der Evolutionslinie am weitesten fortgeschritten (Zapf 1994., S. 182); diese Argumentation ist gelegentlich bereits bis zur Rechtfertigung militärischer Intervention im Süden mit der Forderung vorangetrieben worden, strukturell gegebene Dominanz auch zu akzeptieren und entsprechend politisch zu handeln (vgl. Hondrich 1992).

Das Mißverständnis der Modernisierung

Insgesamt können unter modernisierungstheoretischen Prämissen gesellschaftliche Alternativen, d.h. andere Entwicklungslinien als der allenfalls durch äußere, etwa ökologische Zwänge eingeschränkte Nachvollzug der Entwicklung der industriekapitalistischen Gesellschaften nicht konzipiert werden. Allenfalls kann davon die Rede sein, daß kulturelle Eigenarten in das als Zielzustand feststehende sozioökonomische Grundkonzept integriert werden. Immer aber geht es um die Auseinandersetzung moderner, deutlich als erstrebenswert gekennzeichneter Zustände mit traditionellen, deren Verlust in mancher Hinsicht bedauert werden mag, deren Überwindung aber als notwendige Bedingung des Fortschritts erscheint. Ich möchte dies als das *Mißverständnis der Modernisierung* bezeichnen. Dieses Mißverständnis besteht freilich nicht so sehr in der Abwertung von „Traditionen" oder „Wurzeln", wie sie neuere sozialromantische Kritiken am Entwicklungsdiskurs beklagen (vgl. Beiträge in Sachs, Hg. 1992; Verhelst 1989). Das Mißverständnis besteht vielmehr in erster Linie darin, daß gegenüber dem Soll- oder Zielzustand diagnostizierte Defizite einer „Tradition" zugerechnet werden, deren Begründungszusammenhang *außerhalb* der Moderne angesiedelt wird. Das Mißverständnis besteht dann ferner in der aus solchen Annahmen folgenden praxis- sowie politikleitenden Schlußfolgerung, die Besserung des aktuellen, als defizitär diagnostizierten Zustandes sei von der Überwindung eben dieser, wie immer im einzelnen gearteten „traditionalen" Verhältnisse zu erhoffen. Darin eben besteht letztlich „Modernisierung" in diesem Verständnis. Bei alledem ist weniger die Frontstellung gegen Althergebrachtes, als überlebt Abqualifiziertes problematisch. Wesentlicher ist die unzureichende Reflektion darauf, was „Tradition" denn eigentlich sei. Dies verbindet gerade die modernisierungstheoretischen Ansätze mit den sozialromantischen Kritiken an „Entwicklung", wobei lediglich die Bewertung der „Tradition" entgegengesetzt ausfällt. In beiden Fällen wird – mit konträren Konsequenzen – das als „Tradition" etikettiert, was durch diese Operation gegenüber der Moderne externalisiert werden soll. Damit erscheinen Zustände, Praktiken, Institutionen entweder als überlebte, zu überwindende Hindernisse und Rückstände oder als überlebende Anker für die Restitution einer besseren Welt.

Viele, scheinbar höchst ehrwürdige „Traditionen" erweisen sich völlig konträr zu beiden Sichtweisen bei näherer Betrachtung aber als recht rezente Ausgeburten der Auseinandersetzung mit eben jener Moderne, der sie häufig entgegengestellt werden. Das gilt für Schottenröcke und ihre Plaid-Muster ebenso wie für die Rituale staatlicher Selbstdarstellung, so sehr gerade sie auch auf die Dignität altertümlicher Ehrwürdigkeit setzen mögen. Das gilt nicht zuletzt für die folgenreiche Abgrenzung zahlreicher Ethnien voneinander (s. bes. Hobsbawm/Ranger 1983; Vail 1989). Und dies gilt ganz entscheidend für jene Fundamentalismen, die in Verkennung der Zusammenhänge gern als „Aufstand gegen die Moderne" (Meyer 1989) verstanden werden, wo es sich doch in Wirklichkeit um Antworten auf die Moderne handelt, die ihrerseits durchaus Teil dieser Moderne sind, ja die selbst spezifische Modernisierungsschübe inszenieren.

Moderne ist so gesehen eben nicht unmittelbar gleichbedeutend mit der immer stärkeren Differenzierung der Lebenssphären, gar mit personaler Emanzipation – auch wenn letztere als ambivalent gesehen wird, nämlich als Ausgang von alten Abhängigkeiten, der zugleich den Abschied von überkommenen Sicherheiten, oft unwägbare Risiken und strukturelle Abhängigkeiten von impersonalen, anonymen Instanzen unweigerlich nach sich zieht. Vielmehr hat die Dynamik der Moderne sehr unterschiedliche gesellschaftliche Formen und Lebensverhältnisse hervorgebracht. Dabei wurden vorhandene gesellschaftliche Formen nicht einfach vernichtet, sondern nach den Bedürfnissen der Moderne und ihrer dominanten Gesellschaftsform, des industriellen Kapitalismus, zugerichtet. Wenn wir sagen, alle zeitgenössischen Gesellschaften seien im strengen Sinne modern, so unterstellt dies demnach keineswegs ihre Uniformität. Im Gegenteil enthalten sie über ihre unterschiedliche Position auf dem Weltmarkt, die uns gleich näher beschäftigen wird, hinaus auch ein unterschiedliches historisches Erbe. Ferner sind zu den Lebensverhältnissen und ihren Unterschieden auf jeden Fall auch unterschiedliche Formen gesellschaftlicher Herrschaft zu rechnen, und zwar auf *intra*- wie auf *inter*sozietärer Ebene.

Dependenztheorien: Gegenposition im gleichen Bezugsrahmen

Unter diesen Gesichtspunkten soll nun kurz das theoretisch-praktische Paradigma betrachtet werden, das über lange Zeit die wichtigste Gegenposition zu dem Modernisierungstheorien bezeichnet hat. Mit Dependenz oder Abhängigkeit wird hier bereits die grundlegende kausale These benannt, nämlich daß die wahrgenommenen Probleme postkolonialer Gesellschaften nicht in erster Linie durch innergesellschaftliche Barrieren verursacht sind, sondern durch die Art und Weise ihrer Einbeziehung in den Weltmarkt, d.h. durch *externe* Ausbeutungs- und Herrschaftsverhältnisse, die teilweise bereits seit Jahrhunderten bestehen und folgenreiche gesellschaftliche Deformationen bewirkt haben.

Das einflußreichste Werk der Dependenztheorie dürfte *Andre Gunder Franks* „Entwicklung der Unterentwicklung" (1969) sein, dessen Titel die Grundthese zum Ausdruck bringt, daß Unterentwicklung kein Ergebnis von Rückständigkeit und auch nicht innergesellschaftlich verursacht sei; sie sei vielmehr Folge eines Prozesses in der „Peripherie" des durch den Weltmarkt geschaffenen Systems, der die Entwicklung zu den heutigen industriekapitalischen Gesellschaften in den Zentren oder „Metropolen" von Anfang an begleitet habe, ja der zu den notwendigen Voraussetzungen dieser Entwicklung zähle. Nur durch die massiven Werttransfers aus den heute unterentwickelten Regionen der Welt wurde den Dependenztheorien zufolge die industriell-kapitalistische Entwicklung im westlichen Europa möglich. Ferner dauern derartige Transfers bis heute an. Darin sind sich die sonst in vielem stark divergierenden Vertreter dieser Richtung einig, gleichgültig, ob sie wie der spätere A.G. Frank (s. bes. 1990) oder Immanuel Wallerstein (s. bes. 1983) die Dauerhaftigkeit und letztlich die Unentrinnbarkeit eines „Weltsystems" betonen oder wie Samir Amin (s. 1986) an der Perspektive einer Politik der „Abkoppelung" vom Weltmarkt festhalten.

Sehen also die Modernisierungstheorien die Probleme zu allererst in innergesellschaftlichen Blockaden der sogenannten Entwicklungs-Gesellschaften, so machten die Dependenztheorien die Ursachen der Abhängigkeit vor allem fest an außenwirtschaftlichen Ungleichheiten und an den kolonisierten Gesellschaften von außen aufgezwungenen Herrschaftsverhältnissen. Es ist unschwer zu erkennen, daß diese Positionen selbst in der hier bewußt stark überzeichneten Fassung nicht kontradiktorische, sondern vielmehr komplementäre Grundansätze bieten, will man die Verhältnisse in Gesellschaften der Dritten Welt verstehen. Aber es ging nie allein um Analyse. Und daran hat sich bis heute nichts geändert. Die

strategische und damit politische Motivation, aber auch Perspektive des Nachdenkens und Theoretisierens über nachholende Entwicklung dürfte geeignet sein, zumindest teilweise den schroffen Gegensatz dieser Kontroverse zu erklären.
Die Schärfe, mit der Modernisierungs- und Dependenztheorie bzw. ihre Fortentwicklungen angesichts der Schwellenländerproblematik und im Vorfeld des weltgeschichtlichen Umbruches 1989/91 erneut einander entgegengestellt wurden (vgl. etwa Hauck 1988/89; Hurtienne 1988/89; Menzel 1989), wird nur verständlich, wenn wir die entwicklungsstrategischen Folgerungen bedenken, die mit diesen theoretischen Orientierungen verknüpft wurden. War der von den Modernisierungstheorien empfohlene Weg in aller Regel an den erfolgreichen Modellen des Westens orientiert und sollte dementsprechend auch über die enge Assoziation mit dem kapitalistischen Weltmarkt verlaufen, so betonten die Dependenztheorien mit unterschiedlicher Schärfe und mit uneinheitlichen Schlußfolgerungen gerade die wesentliche Rolle, welche die „Peripherie" als Objekt der Ausbeutung für die erfolgreichen Gesellschaften gespielt hatte. Eine aussichtsreiche Entwicklung hatte demnach für die heutigen Entwicklungsländer die Ausschaltung oder doch wenigstens die Zurückdrängung des Weltmarktes zur Voraussetzung, die Abkoppelung oder die (selektive) Dissoziation (s. bes. Senghaas 1980, Kap. V). Zugleich mußten Entwicklungspfade und darauf aufbauende Strategien konzipiert werden, die von den Erfahrungen der westlichen Gesellschaften schon aus dem Grund abweichend waren, weil die für diese Fälle als entscheidend angesehenen externen Transfers für die nun zu inszenierenden Entwicklungsprozesse absehbar nicht zur Verfügung stehen würden. Schon von daher mußte sich die Suche nach anderen Wegen aufdrängen, als sie durch die westeuropäisch-nordamerikanische Erfahrung mit ihrem von der Modernisierungstheorie gestützten Anspruch auf Modellhaftigkeit vorgezeichnet sind.
In allen diesen Auseinandersetzungen wurde freilich die Zielbestimmung erstaunlich wenig hinterfragt. Und es mag gleichfalls erstaunen, daß die Zielbestimmungen der an der Debatte Beteiligten – ungeachtet aller Kontroversen – um den besten Weg dahin in vielen Punkten miteinander übereinstimmten. Das Ziel hieß „Entwicklung", und es war weitgehend unstrittig, was darunter zu verstehen sei: die Angleichung der produktiven Strukturen, der Konsummuster und Lebensformen an die bereits entwickelten Gesellschaften. „Erfolgreiche Entwicklung" erscheint dann als deckungsgleich mit „eine(m) ausgereifte(n) metropolitane(n) Profil", und dieses wiederum ist definiert mit „hohe(n) Produktivitätsstandards in allen Sektoren", nicht nur in einem oder einigen, wie es während der Aufholjagd Leitsektoren durchaus sein können

(Senghaas 1982, S. 191). Damit steht die Diskussion über Entwicklung zugleich in Kontinuität zu den viel weiter zurückreichenden Debatten über „Rückständigkeit" und ihre Überwindung (s. oben, Kap. 2). Auch von daher ist der Rückgriff auf Friedrich List vor allem in der Argumentation von Dieter Senghaas kein Zufall. Ungeachtet der Einbindung der Problematik in den Weltmarktzusammenhang und gerade aufgrund der externen kausalen Zurechnung blieb Unterentwicklung wesentlich bestimmt als Problem der Stagnation (s. bes. Baran 1969) und Deformation, letzteres besonders gründlich ausgearbeitet im Konzept der strukturellen Heterogenität oder „Zerklüftung" (Senghaas 1982, S. 200), das uneinheitliche technologische Entwicklung, Außenorientierung und Fremdbestimmung der peripherisierten Ländern scharf gegen die homogene und integrierte, „vermaschte" wirtschaftliche Struktur abhob, die sich in den Metropolen hergestellt hatte (s. ders. 1980, S. 41-48).

Über dem Streit darüber, ob ein assoziativer oder ein eher dissoziativer Weg aussichtsreicher sei, ob höhere oder geringere Verteilungsgerechtigkeit Entwicklung begünstige oder auch eine größere oder geringere Rolle des Staates usw. wird oft übersehen, daß die mit „Entwicklung" chiffrierte Zielsetzung kaum hinterfragt wurde. Zwar divergierten auch die gesellschaftlichen Zielmodelle, insoweit sich postkoloniale Regimes offiziell an „marktwirtschaftlichen", oder aber an „sozialistischen" Vorstellungen unterschiedlicher Art orientierten. Doch hat spätestens die historische Erfahrung seit Mitte der 1970er Jahre gezeigt, daß auch Versuche zur Überwindung der Abhängigkeit bis hin zur weitgehenden Abschottung vom Weltmarkt nicht verhindern können, daß Probleme auftreten, die nicht mehr einfach auf imperialistische Ausbeutung zurückführbar sind. Damit wurde zunächst die Frage nach dem Sinn von „Entwicklung" und der Realisierbarkeit bestimmter Entwicklungsmodelle aufgeworfen. F. H. Cardoso, ein führender Teilnehmer an der lateinamerikanischen „Dependenz"-Diskussion und heute Präsident Brasiliens, hat das Problem in selbstkritischer Rückschau so formuliert, man habe lediglich „*dieselbe* Entwicklung zum Vorteil von *anderen* Klassen" angestrebt, anstatt nach grundlegenden Alternativen zu fragen (1981, S. 18) – was freilich nicht bedeutet, daß er solche nun als Politiker verfolgt. Unter deutlich gewandelten weltpolitischen Rahmenbedingungen und seitdem ökologische Problemstellungen verstärkt ins Blickfeld getreten sind, stellt sich die Frage einer „anderen" Entwicklung inzwischen in gründlich anderer Weise, als dies um 1980 allgemein angenommen wurde (s. Kap. 5).

Die Anstrengung der nachholenden Entwicklung als „Nachahmung" (Mansilla 1978), die Konzentration auf den nationalen Aufbau legte die Forderung nach einer Bündelung aller Kräfte und Ressourcen nahe. Dies wurde recht unabhängig von der propagierten Strategie zu einem verbreiteten Argument, um die Ausschaltung politischer Opposition und die Marginalisierung von Partizipationsrechten zu legitimieren. „Entwicklung" rechtfertigte demnach im dependenztheoretischen Argumentationsmuster nicht weniger als im modernisierungstheoretischen politisch autoritäre Lösungen. Auf diese Weise wurde den antikolonialen nationalen Bewegungen ihre soziale Spitze, soweit sie vorhanden gewesen war, abgebrochen (vgl. Mamdani 1990, Davidson 1992). Auch in dieser Hinsicht erwiesen sich alternative Entwicklungsstile als illusorisch. So gelang es kaum, den Elan der Mobilisierung der antikolonialen Bewegungen längerfristig zum Aufbau echter Alternativen zu nutzen. Das gilt selbst für die konsequentesten, programmatisch anspruchsvollsten Formen solcher Bewegungen, die unter der Parole des nationalen Befreiungskampfes ausdrücklich nicht nur die Beseitigung der externen, staatlichen Abhängigkeit, sondern auch die Umgestaltung der innergesellschaftlichen Beziehungen verfolgten.

Die postkolonialen Staatsapparate und vor allem ihre Führungsspitzen konnten zunächst über ein Großteil der nationalen Ressourcen, aber auch der äußeren Transfers, vor allem über Renten aus der Förderung und dem Export von Rohstoffen und „Entwicklungshilfe", verfügen und vermochten so ihre gesellschaftliche Stellung zu konsolidieren. Sie profitierten dabei unmittelbar von der Kontinuität mit dem Kolonialstaat, dessen Entwicklungsstrategie nicht selten unter verbal verändertem politischen Anspruch nahtlos fortgesetzt wurde (s. etwa Schiefer 1986, Teil III). Dies war Ausdruck der bereits durch das Kolonialverhältnis konstituierten Außenorientierung postkolonialer Wirtschaften und Gesellschaften, die einhergeht mit ihrer sektoralen Unvollständigkeit, vor allem bedingt durch das weitgehende Fehlen innovativer Produktionsgütersektoren (s. Schiel 1982). Die Brüchigkeit der auf diesen Grundlagen errichteten politischen Herrschaft zeigte sich in der verbreiteten Krise des „Entwicklungsstaates", dessen Legitimationsgrundlage unweigerlich wegbrach, als sich das Versprechen einer forcierten Entwicklung mit breiter Streuung ökonomischer, vor allem konsumptiver Gratifikationen in den meisten Fällen als illusorisch erwies (vgl. etwa Nyong'o 1986; Shivji 1991). Es ist signifikant, daß dies ebenso wie die Reproduktion mehr oder weniger etablierter Formen gesellschaftlicher Herrschaft auch auf Versuche zutraf, durch einen besonders schnellen Aufbau industrieller Produktionsstrukturen die primär als Ausdruck von Rückständigkeit interpretierten Probleme zu überwinden, wie dies sinnbildlich in der später charakteristischerweise als *gigantismo* kritisierten ersten Phase geplanter Wirtschaft in Moçambique während der zweiten Hälfte der 1970er Jahre versucht wurde (s. Kößler 1990, S. 20ff). Hier wie in der Mehrzahl der Fälle glich sich die Strategie einer zur Staatsmacht transformierten nationalen Befreiungsbewegung weitgehend den Imperativen der Modernisierung an und führte letztlich zu soziopolitischen Verhältnissen, die sich nicht mehr entscheidend von denen in den meisten anderen postkolonialen Gesellschaften unterschieden (s. Kößler 1994a, Kap. 11; Kößler/Schiel 1996, Kap. 8).

Etwas Neues im Osten?

Von solchen Erfahrungen scheint die erfolgreiche Modernisierung und Industrialisierung in den ost- und südostasiatischen Schwellenländern abzustechen. Die 1997 ausgebrochene Krise, die nicht zuletzt aufgrund des mittlerweile erreichten wirtschaftlichen Gewichtes der Region, aber auch wegen des hohen Grades der Auslandsverschuldung vieler Länder die Finanzmärkte weltweit erschüttert hat, hat zwar eine Korrektur der Erfolgsbilanz erzwungen: Wie jede kapitalistische Entwicklung verläuft auch diese durch Krisen hindurch und schon deswegen alles andere als geradlinig. Doch entbindet diese Widerlegung allzu optimistischer Prognosen doch nicht von der Notwendigkeit, die Tatsache einer zumindest nach Maßgabe des aktuellen Standes in einigen Ländern *erfolgreichen* nachholenden Entwicklung in der zweiten Hälfte des 20. Jahrhunderts auch theoretisch zu verarbeiten. Hier sollen wenige Hinweise genügen. Dabei ist zunächst davon auszugehen, daß es ungeachtet aktueller Schwankungen zumindest in einigen Ländern, vorab in Südkorea und Taiwan, zu einem Prozeß gekommen ist, der insofern zu Recht als autozentrierte Entwicklung bezeichnet wird, als die sektorale Unvollständigkeit der Wirtschaft und die mangelnde Tiefe der Produktionsstruktur weitgehend überwunden wurde im Sinne einer integrierten Volkswirtschaft (s. etwa Menzel 1985, S. 107-146). Im modernisierungs- wie im dependenztheoretischen Bezugsrahmen kann man daher von erfolgreicher Entwicklung sprechen, auch wenn die Krise Ende 1997 und Anfang 1998 die nach wie vor hohe Auslandsverschuldung Südkoreas sehr nachdrücklich offengelegt hat.

Unter entwicklungstheoretischen Gesichtspunkten fragt sich dabei vor allem, ob hier etwa ein grundlegend neuer Weg eingeschlagen wurde. Dabei ist zu berücksichtigen, daß es eine zentrale Erfolgsbedingung jeder Erfahrung nachholender Entwicklung gewesen ist, den Weg anderer Länder nicht einfach zu kopieren, sondern jeweils spezifische Entwicklungspfade zu finden, die Faktoren wie Ressourcenausstattung, Bevölkerungszahl, geographischer Lage, vor allem aber auch der aktuellen weltwirtschaftlichen und welthistorischen Situation Rechnung trugen (s. etwa Menzel 1988; Senghaas 1982). Wenn daher nach spezifischen Gründen für den Aufstieg der ost- und südostasiatischen *Newly Industrialized Countries* (NIC) gefragt wird, so ist dabei zu unterscheiden, ob es um die Spezifizierung des Entwicklungspfades geht, oder um die weitergehende Behauptung einer grundlegenden Innovation auf der Ebene sozialer Evolution. Letztere wird, häufig unter Bezug auf Max Weber, gern in der „kulturellen Transformation" dieser Länder (Hein 1998, S. 123ff; Machetzki 1991) gesehen, wobei konfuzianische Traditionen und kollektive, familiär vermittelte Loyalitätsbeziehungen wesentlich zur Disziplinierung der Arbeitskraft und generell zu einer Wirtschaftsgesinnung beigetragen habe, die den Anforderungen kapitalistischen Wachstums entspreche (s. Menzel 1998, bes. Kap. 6). Dies reicht weiter bis zur Prognose weltpolitischer Konfrontationen zwischen unterschiedlichen Zivilisationen, wobei der „Zusammenstoß" vor allem zwischen dem Westen und einem von China dominierten Osten erwartet wird (vgl. Huntington 1996, bes. S. 361-386, 514-524). Diese in einem Weltkriegsszenario gipfelnde Prognose ist auf entschiedene Kritik gestoßen (s. Menzel 1998, Kap. 4; Ahlers 1998). Bei näherem Hinsehen erscheinen aber auch kulturalistische, auf das konfuzianische Erbe abhebende Erklärungsstrategien für den Aufstieg der fernöstlichen NICs eher fragwürdig: Weder läßt sich die Protestantismus-These Webers zwanglos auf eine zudem äußerst vielschichtige ostasiatische religiöse Vorstellungswelt übertragen, noch kann etwa an einem Zentrum des ostasiatischen Wachstums wie Singapur von Kollektivismus die Rede sein; die langfristige Unterdrückung oftmals sehr aktiver Gewerkschaftsbewegungen in den südost- und ostasiatischen NICs belegen eher staatliche Repression als Passivität und kulturell eingeübte Loyalität der Arbeiterinnen und Arbeiter (vgl. Lee 1997; Rüland 1997). Innerhalb der neuen, angeblich von konfuzianischer Ethik geprägten Wirtschaftsregion hat sich etwa auch die Übertragung von Managementpraktiken und Modellen von Arbeitsbeziehungen als höchst problematisch erwiesen, eben weil die regionalen und nationalen Unterschiede erheblich größer sind, als dies oft wahrgenommen wird (vgl. W. Smith 1985).

Aus der Sicht solcher regionalanalytischer Befunde erscheint die nicht zuletzt auch zur Propagierung regressiver Reform-Politik in Deutschland erhobene Behauptung der Modellhaftigkeit ost- und südostasiatischer NICs als Ausdruck einer leicht zu entlarvenden ideologischen Sichtweise. Eher als mit verallgemeinerbaren Modellen haben wir es mit Strategien zu tun, die sich begreifen lassen als jeweils zugeschnitten auf einen nationalstaatlichen Rahmen und die ungeachtet neoliberaler Interpretationsversuche, auch durchweg als in hohem Maß staatszentriert nicht nur durch Schutzzölle und andere Importbarrieren, sondern auch durch die gezielte Förderung von Schlüsselindustrien, Technologie und Export. Hinzu kamen zumindest in den wichtigsten und erfolgreichsten Fällen, Südkorea und Taiwan, besondere, durch die Frontstellung dieser Staaten im Kalten Krieg bedingte Verhältnisse, was sich nicht zuletzt in hohen externen Transfers ausgewirkt hat. Diese staatlichen Entwicklungsstrategien stehen insoweit in einer Linie mit den seit Friedrich List propagierten Anstrengungen nachholender Entwicklung, die ja nationale Variationen immer ebenso eingeschlossen haben wie die Übernahme und schließlich auch Innovation der jeweils fortgeschrittensten Technologien. In all dieser Hinsicht ist in Ost- und Südostasien nichts grundlegend Neues geschehen. Durchaus bietet die Region aber etwas Überraschendes für eine Theoriebildung, die mit erfolgreicher nachholender Entwicklung nach zwei besonders für Afrika, sicher aber auch für große Teile Lateinamerikas und für Südasien enttäuschend verlaufenen UN-Entwicklungsdekaden kaum mehr zu rechnen schien und sich Mitte der 1980er Jahre eher mit dem Scheitern der Anstrengungen großer Schwellenländer in der Verschuldungskrise auseinanderzusetzen hatte (s. etwa Altvater u.a. 1988). Der andersartige, gleichfalls durch besondere Konstellationen zu erklärende Verlauf etwa in Südkorea (vgl. Messner 1988, bes. S. 149f, 155ff) belegt zugleich nachhaltig, daß das seit zwei Jahrhunderten gültige Prinzip eines hierarchisch gegliederten Weltmarktes nicht gleichbedeutend ist mit einer unabänderlichen Rangfolge nationalstaatlich abgegrenzter Gesellschaften. Der industrielle Niedergang Großbritanniens, der sich in der zweiten Hälfte des 20. Jahrhunderts verschärft hat, die eher ephemeren Erfolge importsubstituierender Industrialisierung in Argentinien bis kurz nach dem Ende des Zweiten Weltkrieges oder auch die krassen, durch Industrialisierungsanstrengungen in einzelnen Landesteilen noch verschärften regionalen Gegensätze und Ungleichheiten in Brasilien können beispielhaft belegen, daß Positionsverschiebungen innerhalb dieser Hierarchie Zeit ihres Bestehens stattgefunden haben, daß aber dadurch das hierarchische Strukturprinzip in keiner Weise erschüttert wurde. Die Veränderungen innerhalb der Hierarchie zeigen aber zugleich nachdrücklich, daß vom „Erfolg" von Entwicklungsstrategien nicht ein für allemal, sondern nur zum je gegebenen Zeitpunkt gesprochen werden kann. Mit Positionsveränderungen ist auch für die Zukunft zu rechnen; bis zu der regionalen Finanzkrise in Ost- und Südostasien Ende 1997 wurde vielfach eine bruchlose Fortentwicklung dieser Region erwartet, die etwa das westliche Europa endgültig überholen könnte (vgl. Menzel 1998 *passim*). Eine solche Tendenz kann durch die Krise, die freilich strukturelle Probleme wie die nach wie vor sehr hohe und mit dem Industrialisierungsprojekt systematisch verknüpfte Auslandsverschuldung nachdrücklich in Erinnerung gerufen hat (s. hierzu auch Altvater 1992, S. 152f), nicht als widerlegt gelten. Sie könnte aber relativiert werden durch die gleichzeitige Verstärkung von Globalisierungstendenzen, die es manchen fragwürdig erscheinen lassen, ob die auf nationalstaatlich begrenzte Zusammenhänge bezogene Diskussion über Entwicklungsstrategien noch der Wirklichkeit entspricht und die andererseits die Frage der Notwendigkeit globaler Regulation auch gegenüber der Vorherrschaft neoliberaler Vorstellungen neu und dringlich stellt (vgl. Wade/Veneroso 1998).

Ende der Dritten Welt oder hierarchischer und uneinheitlicher Weltzusammenhang?

Doch im Aufstieg der ost- und südostasiatischen Schwellenländer kommt noch etwas anderes zum Ausdruck: die krasse Differenzierung einer Dritten Welt, die vor einem halben Jahrhundert zu Recht oder Unrecht einmal als weitgehend homogen betrachtet worden war. Dem Aufstieg der „Tigerstaaten" steht schroff die Marginalisierung ganzer Regionen vor allem in Afrika oder ihre „Zwangsabkoppelung" vom Weltmarkt gegenüber. Dies hat vor allem Ulrich Menzel Anlaß gegeben, den Begriff „Dritte Welt" vor allem unter Verweis auf die durch die „wachsende Heterogenisierung" geschaffenen „disparaten Interessenlagen" insgesamt zu verabschieden (1992, S. 28, 41). Dies zusammen mit den unklaren Vorstellungen über die Modalitäten von „Entwicklung", die letztlich ungeachtet aller Kontroversen durchweg

„auf Wachstum, Agrarmodernisierung und insbesondere Industrialisierung hinauslaufen ..., wobei unterstellt wird, daß die sozialen und politischen Ziele sich irgendwie einstellen" (ebd., S. 50),

wird zugleich angeführt, um das „Scheitern der großen Theorie" zu begründen, wobei „Theorie" als übergreifende strategische Handlungsanweisung verstanden wird (vgl. ebd., S. 66). Gleichwohl besteht Menzel darauf, die „demokratische Frage" nach der „Zivilisierung des Kapitalismus" über „westliche Industriegesellschaften" hinaus zu stellen (ebd., S. 68) und konsequent die Notwendigkeit einer Verallgemeinerung von „Rechtsstaat und persönlichen Freiheitsrechten auf der Grundlage der „Rekonstruktion der aufklärerischen Tradition des Westens", durchaus in universeller Perspektive einzuklagen (1998, S. 90). Auch nach der Verabschiedung von Theorie als universeller Handlungsanweisung ist demnach anscheinend eine theoretische Perspektive ebenso gefragt, wie das Zerbrechen der wirklichen oder vermeintlichen Einheit der „Dritten Welt" oder auch die Diffusion von damit assoziierten gesellschaftlichen Verhältnissen wie Marginalität, informellen Erwerbsformen oder auch mafioser Organisationsmuster nach New York, Paris oder Berlin nicht davon entbinden, über die dahinter stehenden strukturell-genetischen Zusammenhänge nachzudenken. Auch wenn Menzels Diagnose über die Konvergenz der praktischen Perspektiven von scheinbar schroff einander widerstreitenden Entwicklungstheorien durchaus zutrifft, so hat doch die These von der „Entwicklung der Unterentwicklung" gerade in diesem Zusammenhang nach wie vor ihre Berechtigung.

In dem nämlich, was als ihr eigentlicher rationaler *theoretischer* und *nicht* strategischer Kern verstanden werden kann, unterscheiden sich die Dependenztheorien in der Tat grundlegend von den Modernisierungstheorien. Sie tun dies in einem streng verstanden *entwicklungs*theoretischen Sinn. Es geht um die zentrale These, daß die gesellschaftlichen Phänomene, die mit „Unterentwicklung" oder ähnlichen Begriffen bezeichnet werden, nicht oder doch bei weitem nicht ausschließlich binnengesellschaftlichen Entwicklungs-Blockaden angelastet werden können. Diese Erscheinungen sind vielmehr wesentlich auf die Tatsache zurückzuführen, daß heute „unterentwickelte" Gesellschaften auf bestimmte Weise in den kapitalistischen Weltmarkt integriert worden sind. Im 150. Jahr nach seiner Veröffentlichung wird die berühmte These des *Kommunistischen Manifestes*, wieder häufiger und zustimmend zitiert, nach der

„die Bourgeoisie ... auch die barbarischsten Nationen in die Zivilisation (reißt). [...] Mit einem Wort, sie schafft sich eine Welt nach ihrem Bilde" (Marx/Engels 1969a, S. 466).

Solch emphatische Erwartungen universeller Modernisierung im Sinne der Nivellierung von Unterschieden hin zum „Bild" der Bourgeoisie haben sich als verfehlt erwiesen. Diese Fehleinschätzung ist aufschlußreich weil die an gleicher Stelle beschriebene weltweite Organisation von Arbeitsteilung, Ressourcenbeschaffung und Konsumtion, die Konvergenz der Kulturen, die „aus den vielen nationalen und lokalen Literaturen ... eine Weltliteratur" (ebd.) entstehen lasse, hier wie auch in späteren Modernisierungsansätzen verstanden wird als Index der Vereinheitlichung, bei Marx und Engels freilich *ebenso* wie als Ausdruck der Unterwerfung und Indienstnahme. Die durch die Dependenztheorien informierte Sicht unterscheidet sich grundlegend von der Annahme nivellierender und vereinheitlichender Modernisierung dadurch, daß gerade die Schaffung und Verschärfung struktureller Differenz als Ausdruck und unausweichliche Konsequenz des Weltmarktzusammenhanges begriffen wird. Indem in diesem Sinne Unterentwicklung strikt als komplementär zur industriellen Entwicklung verstanden wird, läßt sich zwar ein gesellschaftlicher Zusammenhang auf Weltebene erkennen, doch ist dieser wesentlich durch Ungleichheit gekennzeichnet. Die komplementäre Entwicklung schafft uneinheitliche, nicht nur nach sozialen Klassen und Schichten, sondern auch nach Regionen einander entgegengesetzte Verhältnisse. „Uneinheitlich" oder auch „ungleich" sind freilich nicht gleichbedeutend mit „ungleichzeitig".

Die These von der Ungleichzeitigkeit von Entwicklungen in verschiedenen Wirtschaftsbereichen, etwa extraktiven Industrien und Subsistenzlandwirtschaft oder auch zwischen „Ökonomie" und „Kultur" (vgl. jetzt Hein 1998, S. 245ff) projiziert wahrgenommene strukturelle Inkongruenzen, wie sie von Senghaas mit struktureller Heterogenität bezeichnet worden waren, auf den Zeitablauf. Die Rede von der „Ungleichzeitigkeit der Modernisierungsprozesse" bezieht sich gleichfalls ausdrücklich auf die „phasenverschobene Kompetenz- und Machtentfaltung einzelner Länder" (Menzel 1998, S. 226). Es geht demnach um uneinheitlich schnelles und erfolgreiches, zu unterschiedlichen Zeitpunkten einsetzendes Fortschreiten auf das positiv besetzte Ziel der Modernisierung, wobei die durch den Weltmarkt vorgegebene systemische Dimension erst zu einem Zeitpunkt in Rechnung gestellt wird, wo der „Verdrängungsdruck" der Nachzügler auf „unterlegene Gesellschaften" (ebd.) wirksam wird. Die Metapher der Ungleichzeitigkeit besagt also, daß die Entwicklung aus anzugebenden Gründen im einen Bereich schneller, im anderen langsamer verlaufen sei oder daß sie zu unterschiedlichen Zeitpunkten eingesetzt habe. Kriterium kann nur das weitere oder geringere Fortgeschrittensein der betrachteten Verhältnisse auf einer implizit unterstellten, einheitlichen Evolutionslinie sein. Andernfalls müßten wir beispielsweise von unterschiedlichen Ausformungen der Weltmarktdominanz oder unterschiedlichen Strategien der Auseinandersetzung mit ihr sprechen, womit der systemische Bezug für den gesamten Entwicklungsprozeß berücksichtigt wäre. Es geht hier also um eine Grundfrage für jedes Konzept der Entwicklung sowohl in theoretischer als in strategischer Hinsicht.

Konzepte der Ungleichzeitigkeit spielen vor allem in der marxistischen Tradition eine große Rolle und sind von dort aus wohl auch in den entwicklungstheoretischen Diskurs übernommen worden. Diese Denktradition hatte sich seit dem Scheitern der demokratischen Revolution in Deutschland 1848 mit der Dynamik von Gesellschaften auseinanderzusetzen, die gegenüber den industriellen und politischen Zentren des 19. Jahrhunderts, England und Frankreich als rückständig erscheinen mußten. Die Marxsche Theorie der Rückständigkeit ist daher vor allem Revolutionstheorie und betrifft den Zusammenhang von „bürgerlicher" und „proletarischer" Revolution in Gesellschaften, die durch das Zusammentreffen von Elementen vorbürgerlicher und bürgerlicher Gesellschaften geprägt sind (vgl. z.B. Marx/Engels 1969b). Einschließlich der Forderung nach „permanenter", d.h. beide Stufen verbindender Revolution hat Lev Trockij (1967) diese Problematik in seiner Analyse der spezifischen „Ungleichzeitigkeit" Rußlands zu Beginn des 20. Jahrhunderts aufgegriffen und daraus die Strategie entwickelt, die 1917 die Bolschewiki an die Macht gebracht hat (vgl. Deutscher 1954). Gerade Rußland wies vor 1914 sehr unterschiedliche und widersprüchliche soziale Verhältnisse auf: Kommunaler Landbesitz stand modernsten Stahlwerken gegenüber, diese wiederum der Hausindustrie oder der einst unter Leibeigenenbedingungen hochgezogenen und von ihr noch geprägten Eisenerzeugung im Uralgebirge. Projizierte man dies auf die zu Anfang des 20. Jahrhunderts geläufige Evolutionslinie, so ließ sich leicht die Frage beantworten, welche Erscheinungen denn als fortgeschrittener und welche als rückständiger oder gar als urtümlich gelten konnten. Erst die spätere Forschung zeigte (s. Goehrke 1964), daß die Dorfgemeinde (*obš ina/mir*) als Subjekt des kommunalen Landbesitzes kaum älter war als die unter merkantilistischen Bedingungen in Gang gesetzte Eisenindustrie im Ural, daß daher sämtliche dieser Erscheinungen Ausdruck der Auseinandersetzung mit ziemlich modernen Weltmarktprozessen und weit weniger traditionell waren, als dies den Anschein hatte. Als „ungleichzeitig" konnten sie nur unter der Voraussetzung weitgehend unbewußter, scheinbar evidenter und ganz unhinterfragt selbstverständlich gewordener Annahmen über historische Prozesse erscheinen: Diese besagten beispielsweise, daß kommunale Besitzformen „älter" seien als individuelle, was eben für die russischen Dorfgemeinschaften in Wirklichkeit nicht zutraf. Ein ähnliches Mißverständnis liegt vor, wenn heute familiale, erst recht subsistenzorientierte Produktionszusammenhänge und Überlebensstrategien oder einfach kleinbetriebliche Strukturen (so etwa Lutz 1989) immer noch gern als „traditionell" verstanden werden, während sie doch oft genug kreative und innovative Formen der Auseinandersetzungen mit aktuellsten Entwicklungen bedeuten, etwa mit Marginalisierungsprozessen, die sich aus Deregulierung und Strukturanpassungsprogrammen ergeben (vgl. Kößler/Schiel 1996, Kap. 4). Insofern verschiebt die Metapher „Ungleichzeitigkeit" die Verhältnisse: Mit ihr werden Dinge und Zustände bezeichnet, die in Wirklichkeit gar nicht gleichsam unterschiedlichen

Zeitaltern angehören. Ihr Zusammentreffen läuft einfach „unserem" jeweiligen Bild von Gegenwart und Fortschritt zuwider. So aber verlieren wir im Grunde eine sinnvolle Vorstellung von der Vergangenheit, aber auch von der Zukunft und bleiben mit und auf der Gegenwart sitzen. Denn auch die Zukunft kann dann letztlich nicht viel anders gedacht werden, denn als Projektion aus der Gegenwart.

Als lehrreicher, zumindest partieller Kontrast läßt sich dem Ernst Blochs (1977) Untersuchung des Unabgegoltenen entgegenstellen, das für ihn eben deshalb „ungleichzeitig" ist, weil Aspekte und Elemente der Vergangenheit in unterschiedlicher Form in Gegenwart und Zukunft hineinragen, ohne daß die ihnen inhärenten Konflikte und Möglichkeiten bereits vollständig ausgetragen und damit erschöpft wären. Nicht in der „Überwindung" der Ungleichzeitigkeit durch Auslöschen des als nicht zeitgemäß Betrachteten liegt dann die Chance einer Lösung, sondern in dem Bemühen um einen verantwortungsvollen Umgang mit dem kulturellen, geistesgeschichtlichen, gesellschaftlichen „Erbe", das uns aufgegeben ist und das wir nicht ausschlagen können. In neuerer Terminologie ließe sich Ungleichzeitigkeit in diesem Verständnis als Aspekt des „kulturellen Gedächtnisses" (Assmann 1992) auffassen, das einen wesentlichen Teil der kulturellen Selbst-Reproduktion von Gesellschaften bildet. Die Gefahren eines nur negatorischen Umgangs mit Ungleichzeitigkeit in diesem Sinne hat Bloch mit besonderem Nachdruck in seiner Auseinandersetzung mit dem Versagen der deutschen Linken gegenüber der Gefahr des Nationalsozialismus herausgestellt. Das Beharren auf den Problemen der Ungleichzeitigkeit als der Präsenz des Unabgegoltenen steht daher in krassem Gegensatz zu ihrer fortschrittsgläubigen Projektion aus gesellschaftlichen Entwicklungsstadien und führte gerade Bloch entsprechend zu ganz anderen, dissidenten politischen Schlußfolgerungen. Vergangenheit wird hier nicht negiert, sondern kritisch angenommen; Gegenwart steht immer in der Perspektive einer Zukunft, die Unabgegoltenes endlich einlösen soll.

Dagegen handelt es sich bei strukturellen Inkongruenzen nicht um Verhältnisse, die unterschiedlichen Entwicklungsepochen zuzuordnen sind, die aber dennoch aufeinandertreffen. Vielmehr haben Prozesse wie regional konzentrierte industrielle Entwicklung, agrarische Umgestaltung, Kapitalkonzentration usw. in einzelnen Weltteilen, aber auch in und für unterschiedliche gesellschaftliche Zusammenhänge auch höchst unterschiedliche, ja divergierende und widersprüchliche Auswirkungen. Anders kann es bei einem komplexen Zusammenhang kaum sein, und dies gilt erst recht für den modernen gesellschaftlichen Weltzusammenhang. Alle lebenden Menschen sind zwar faktisch in diesen Zusammenhang eingebunden, doch sind sie es auf sehr unterschiedliche Weise und mit ganz unterschiedlichen Auswirkungen, gerade auch für ihre persönlichen und kollektiven Schicksale. Ein naheliegender Beleg ist die extrem ungleiche und uneinheitliche Verteilung der Verfügungs- und Zugangsmöglichkeiten zu einer strategischen Ressource wie die moderne Nachrichtentechnologie, deren tatsächliche Nutzung aber unabhängig von solchen Partizipationschancen jeden und jede betrifft: Es bestehen gravierende Unterschiede unter den lebenden Menschen in der Form, wie sich die Explosion der Kommunikationsmöglichkeiten jeweils auf ihr konkretes Alltagsleben auswirkt, in dem Maß, wie sie in der Lage sind Chancen zu nutzen oder sich früherer Aktionsmöglichkeiten beraubt sehen. Das ändert nichts an dem Zusammenhang als solchem, der jedoch erneut Ungleichheit in einer Intensität enthält, die sogar Anlaß gegeben hat, von einer neuen Form der Klassendifferenzierung je nach Verfügungsmöglichkeiten über elektronische Kommunikationsmittel zu sprechen (vgl. Lash 1996, S. 221-233). Wird das alles der Diagnose der „Ungleichzeitigkeit" subsumiert, so werden einmal mehr die gesellschaftlichen Widersprüche und Konflikte von Moderne und Modernisierung verdrängt, indem sie aus diesem, meist positiv besetzten Kontext externalisiert und in einen methodisch meist als Restkategorie behandelten Bereich der Tradition abgeschoben werden. So läßt sich zwar ein geschöntes, sicher aber kein realistisches Bild von der „Moderne" oder auch von dem ihr dann oft gleichgesetzten „Westen" gewinnen (s. ausführlicher Kößler 1993).

Dependenztheoretische Ansätze konzipierten moderne Gesellschaften nun insofern realistisch, als sie zumindest die Möglichkeit enthielten, ihnen ebenso vielfältige wie vielfältig miteinander vermittelte und damit auch im Widerspruch zueinander stehende Strukturen zuzuordnen. Sie machten damit den Weg frei für die Vorstellung grundlegend *unterschiedlicher* moderner Gesellschaften. Dennoch hielten sie an einem unilinearen Entwicklungsmodell zumindest in den Spielarten fest, die wie oben zitiert, nicht eine andere, sondern auf der Ebene politischer Strategie dieselbe Entwicklung für andere Klassen und Schichten verfolgten. In diesem Bezugsrahmen identifizierte Blockaden einer solchen Entwicklung wurden entsprechend der Bedeutung des kapitalistischen Weltzusammenhanges auf *inter*societäre Beziehungen und deren Einwirkungen auf die Einzelgesellschaften, auf deren „Abhängigkeit" zurückgeführt. Diese zunächst einmal sehr schlichte Grundthese ist inzwischen mannigfach variiert, vor allem aber kritisiert worden: Die Kritik richtete sich gegen die allzu einfache Gleichsetzung der durch die Kolonialherrschaft geschaffenen Verhältnisse mit „kapitalistischen", wo es sich in einer Reihe von Fällen doch viel eher um den Export „feudaler" Institutionen aus dem spätmittelalterlichen Westeuropa zu handeln scheint, zumal angesichts der zeitlichen Kontinuität zwischen der *Reconquista* auf der Iberischen Halbinsel und der *Conquista* in der Neuen Welt. Neben der Forderung nach stärkerer Berücksichtigung der im einzelnen doch sehr unterschiedlichen Binnenverhältnisse „unterentwickelter" Gesellschaften (s. bes. Laclau 1977, Kap. 1) steht seit einiger Zeit der Verweis auf die deutliche Differenzierung, die zwischen einzelnen „unterentwickelten" Gesellschaften eingetreten ist und vor allem in der Debatte um die „Schwellenländer" thematisiert wurde. Dies hat erneut die Frage nach den unterschiedlichen „internen" Bedingungen für Erfolg und Scheitern von Strategien nachholender Entwicklung einsichtig werden lassen. In dieser Fragestellung liegt zugleich der rationelle Kern der älteren Modernisierungstheorien – freilich nur, solange sie nicht auf Kosten der unerläßlichen Berücksichtigung der Weltmarkt-Situation verabsolutiert wird.

Fünfeck und Hexagon

Damit liegt die Forderung einer „theoretische(n) Synthese" zweifellos nahe (Nohlen/Nuscheler 1993, S. 62). Doch zeigt sich auch da, daß sich die Teleologie eines weitgehenden feststehenden Zieles nicht so leicht überwinden läßt. Ein „empirischer Entwicklungsbegriff" etwa, der von konkreten Entwicklungsplanungen von Regierungen unterentwickelter Länder aufbaut, sitzt nicht nur der naheliegenden Taktik der „regierenden Eliten" auf, hinter „Vorzeigestücken" „für das Schaufenster ... ihre handfesten Eigeninteressen zu verbergen" (ebd., S. 63). Ein solches Verfahren wird auch unwillkürlich die Bezugnahme auf den hegemonialen Kontext und die damit transportierten Zielbestimmungen reproduzieren. Eine solche Teleologie läßt sich selbst in dem Bemühen nur schwer vermeiden, die wechselseitige Bedingtheit unterschiedlicher Faktoren oder Dimensionen von Entwicklungskonzepten herauszuarbeiten. Solche Konzepte werden mit guten Gründen in Vielecken visualisiert, bei denen jede der Ecken zu jeder anderen beliebig in Beziehung gesetzt werden kann. Sie unterstreichen so den systemischen Charakter der mit „Entwicklung" chiffrierten Umwälzungen, der ausgehend von der Analyse des Übergangs zur Moderne in England sich bei jeder Untersuchung der Dynamik moderner Gesellschaften als zentrale Bedingung und Herausforderung erwiesen hat.

Dies gilt etwa für das von Dieter Nohlen und Franz Nuscheler entworfene „magische Fünfeck von Entwicklung" (1993a, S. 64; s. auch Hein 1998, S. 153). Dieses Konzept steht in ausdrücklichem

Gegensatz zu einer Bescheidung mit der bloßen Befriedigung von Grundbedürfnissen, etwa auf der Grundlage des Exports fossiler Rohstoffe oder auch einer Art Welt-Sozialpolitik. Es setzt eher quantitative Zielsetzungen wie Wachstum in Beziehung zu gesellschaftspolitischen wie Gleichheit und Gerechtigkeit sowie Partizipation, die den normativen Gehalt des vorgeschlagenen Entwicklungsbegriffs besonders akzentuieren; das Plädoyer für einen „arbeitsorientierten Entwicklungsweg" (ebd., S. 69) im Gegensatz zu einer Bevorzugung kapitalintensiver Produktionsstrategien beruht auf der Argumentation der Internationalen Arbeitsorganisation (ILO) und der Einsicht in die persönlichkeitsbildenden und sozialintegrativen Dimensionen von – wie zu ergänzen wäre – *gesellschaftlicher* Arbeit. Die fünfte Ecke des „magischen Fünfecks" ist besetzt durch das Postulat der Unabhängigkeit und Eigenständigkeit, bezogen auf staatliche Souveränitätsrechte und eingelöst als „Recht auf eine eigenständige Entwicklung" (ebd., S. 73). Dieses Konzept sehen die Autoren selbst „an einzelnen Ekken und in der Summe" auf dem „Höhenflug einer kaum noch konkreten Utopie" (ebd., S. 66). Gerade deshalb ist es freilich in der Lage, die gegenseitige Bedingtheit seiner Dimensionen zu verdeutlichen.

Dieter Senghaas stellt sein „zivilisatorisches Hexagon" in den noch weiteren Kontext eines „Zivilisierungsprojektes Frieden". Hier soll der konfigurative Zusammenhang zwischen Rechtsstaatlichkeit, staatlichem Gewaltmonopol, personalen Interdependenzen und Affektkontrolle, sozialer Gerechtigkeit, Konfliktkultur und demokratischer Partizipation verdeutlich werden. Das Konzept ist, wie Senghaas erläutert, orientiert an den „sozialen Innovationen", die sich „in den westlichen Industriegesellschaften (OECD) erst nach 1950" durchgesetzt haben (1994, S. 26). Es wird als offen verstanden für „weitere Progression bzw. politische Evolution ebenso wie für die Gefahr einer Regression", exemplifiziert in dem als „Libanisierung" exemplifizierten Verfall staatlicher Einheit und Integration (ebd., S. 28). Während Nohlen und Nuscheler Entwicklung im einzelstaatlichen Rahmen diskutieren und dies mit der Betonung der darauf bezogenen Eigenständigkeit noch pointieren – was vor dem Hintergrund der Debatte über nachholende Entwicklung sehr verständlich ist – projiziert Senghaas sein Modell auf die internationale Ebene mit vier Imperativen: Schutz vor Gewalt, Schutz der Freiheit, Schutz vor Not und Schutz vor Chauvinismus (vgl. ebd., S. 37-43), wobei die Schwierigkeiten berücksichtigt werden, die sich einerseits aus der Ungleichheit und Zerklüftung des Weltzusammenhangs, andererseits aus den mit Anstrengungen zu nachholender Entwicklung einhergehenden Abgrenzungsbedürfnissen ergeben.

Konfrontieren wir solche Überlegungen mit tatsächlichen Formen aktueller staatlicher Politik, so lassen sich in diesen Konzepten durchaus avancierte Positionen erkennen. Das ändert freilich nichts an der in ihren theoretischen, aber auch in ihren möglichen praktisch-politischen Konsequenzen kaum reflektierten teleologischen Ausrichtung, die ungeachtet dieser auf praktische Politik bezogen durchaus kritischen und auch weiterführenden Position sich doch nicht grundsätzlich von einer Perspektive verabschiedet hat, die Arthur Lewis bereits in der Aufbruchsphase der Modernisierungstheorie formuliert hat, daß nämlich

„in Ländern, die Pionierarbeit leisten ... niemand weiß, was die Struktur der Wirtschaft in fünfzig Jahren sein wird oder sein soll ... Die Lage ist ganz anders, wenn ein rückständiges Land lediglich dem Weg der Pioniere folgt." (1955, S. 83)

Diese Perspektive des Nachvollzuges wird nicht grundsätzlich überwunden durch die Berücksichtigung politischer und kultureller Dimensionen, und sie läßt sich nur in freilich im einzelnen aufschlußreicher Weise differenzieren durch das Studium einzelner Entwicklungspfade. Was sie nicht einholen kann, ist zunächst die Dynamik der internationalen Situation, der sich gerade nationalstaatlich verstandene Entwicklungsstrategien gegenübersehen. Gleiches gilt aber auch für die Herausforderungen an das Denken und Handeln in Entwicklungszusammenhängen auf der Ebene weltgesellschaftlicher Strukturen. Das ändert nichts an den Einsichten, die die kurz referierten Schemata im vorgegebenen Rahmen liefern können, der ja ausdrücklich darauf zugeschnitten ist, Politik im Hinblick auf ein in Grundzügen bekanntes und hier deutlich normativ bestimmtes Entwicklungsziel zu definieren.

Die Zusammenhänge, in denen solche Operationen sich bewegen, lassen sich jedoch eher auf einer anderen Ebene diskutieren, wo freilich noch weniger mit unmittelbaren Handlungsanweisungen zu rechnen ist. Doch verweisen die aufgezeigten Schwierigkeiten des Modernisierungsparadigmas einschließlich der Dependenzdiskussion auf die Notwendigkeit, Entwicklungsdenken grundsätzlicher anzugehen. Ein Schritt in diese Richtung kann eine genauere Betrachtung dessen sein, was ich als die *Ko-Evolution unterschiedlicher Gesellschaftsformen* bezeichnen möchte. Im folgenden Kapitel soll daher ein Konzept skizziert werden, das die Aussicht bietet, die Unterschiedlichkeit moderner Gesellschaften und ihrer Entwicklung zu erfassen, ohne die historisch-genetischen und aktuell-strukturellen Zusammenhänge zu zerreißen.

Kapitel 4
Ko-Evolution, Gesellschaftsformation der Moderne und Entwicklungsoption

Unsere Betrachtungen zu der Kontroverse um Modernisierungs- und Dependenztheorie sollten nicht zuletzt zweierlei verdeutlichen: die Schwierigkeiten, ein befriedigendes theoretisches Konzept zu entwerfen, das die gleichzeitige Existenz mehrerer, offensichtlich eng und kontinuierlich aufeinander bezogener Gesellschaftsformen auf der Erde und ihre miteinander verschlungene Dynamik berücksichtigt, zugleich aber auch die Bedeutung eines solchen Unternehmens angesichts eines immer intensiver werdenden Weltzusammenhanges. Eben aufgrund der langfristigen und kontinuierlichen gegenseitigen Bedingtheit dieser Verhältnisse scheiden Konzepte aus, die den Bruch der Moderne zwischen die verschiedenartigen zeitgenössischen Gesellschaften verlagern. „Entwicklung" und „Unterentwicklung" gehören gleichermaßen der gesellschaftlichen Moderne an. Es handelt sich um unterschiedliche Aspekte eines einzigen, übergreifenden Prozesses. Die gesellschaftliche Moderne ist gekennzeichnet durch die historisch einzigartige Verknüpfung aller gesellschaftlichen Verhältnisse auf der Welt und durch ihre Dynamisierung, und diese wiederum ist wie gezeigt aufs Engste mit der Entstehung von Entwicklungskonzepten, ja mit der schnellen Ausbreitung des Terminus selbst verknüpft (s. Kap 1).

Die konventionelle Einengung des Begriffs der gesellschaftlichen Moderne auf industriekapitalistisch entwickelte Gesellschaften verfehlt diese materielle Synthese und negiert Verhältnisse von Herrschaft und Ungleichheit *innerhalb* der gesellschaftlichen Moderne: Entweder werden wie bei Luhmann Unterschiede eingeebnet und sind angesichts der Prämisse einer bereits hergestellten, alle territorialen Abgrenzungen ausschließenden Weltgesellschaft begrifflich überhaupt nicht mehr zu fassen, oder sie werden abgeschoben in einen als vor-modern verstandenen Bereich der Tradition. Unbeschadet divergierender Ansätze im Einzelnen werden dadurch ferner „traditional" verstandene Gesellschaften zu Objekten einer Modernisierung, deren Ziel mit der möglichst weitgehenden Angleichung an die dem Anschein nach fortgeschrittensten Gesellschaften immer schon feststeht. Wenn diese Zielvorstellung einer universellen Ausbreitung des industriellen Kapitalismus zusehends als unrealistisch erscheint, gibt es zwei grundlegende Alternativen: Entweder wird das herrschende Entwicklungs-Paradigma aufgeweicht bis zu dem Punkt, wo es, wie am Beispiel neuerer Arbeiten von Wolfgang Zapf demonstriert, zur inhaltsleeren ideologischen Hülse wird – oder aber es beginnt die Suche nach einem neuen Paradigma. Letztere Variante dürfte die kurzfristig weit schwerer realisierbare, längerfristig aber die einzig zukunftsträchtige sein und soll noch genauer erkundet werden (vgl. Kap. 5). Zunächst geht es darum, den strukturellen und prozeßhaften Kontext solcher Überlegungen genauer zu umreißen. Dazu möchte ich zum einen das Konzept der Ko-Evolution unterschiedlicher Gesellschaftsformen in der „Gesellschaftsformation" der Moderne genauer darstellen, um dann die Struktur von Veränderungsprozessen anhand des Konzeptes der *Entwicklungsoption* zu erläutern. Zunächst aber einige Bemerkungen zu Grundtendenzen und -strukturen der modernen Gesellschaften, die mit solchen Konzepten untersucht und verständlicher gemacht werden sollen und zugleich Anlaß für ihre Erarbeitung sind.

Zum Konzept der gesellschaftlichen Moderne

Im Rahmen der Debatte über gesellschaftliche Entwicklung spielen, wie wir bereits gesehen haben, vor allem verschiedene, meist wenig geklärte Vorstellungen von „Tradition" eine wesentliche Rolle. Seit dem Streit zwischen den *anciens* und den *modernes* im 18. Jahrhundert wird das Alte, Überkommene oder die „Tradition" der Moderne und in der Folge auch der Modernisierung entgegengestellt. Die beständige Umwälzung und Innovation aller Lebenssphären, die das Signum der Moderne ausmacht (vgl. Berman 1987), führt natürlich dazu, daß auch Modernes nach einiger Zeit als neuerdings zu überwindende Tradition erscheint. Das ändert nichts daran, daß solche „Traditionen" ihrerseits die Produkte moderner gesellschaftlicher, intellektueller oder künstlerischer Prozesse sind. Dann ist es aber kaum berechtigt, so entstandene Verhältnisse in einerseits moderne und andererseits traditionale einzuteilen, wie dies nicht nur die Modernisierungstheorien, sondern implizit auch die Dependenztheorien getan haben. Wenn diese nämlich etwa von struktureller Heterogenität als Merkmal gesellschaftlicher Unterentwicklung sprechen, so scheint dies zu implizieren, daß die entwickelten, metropolitanen Gesellschaften eher durch Homogenität gekennzeichnet seien. Dies verstellt jedoch den Blick auf Bereiche, die ihrerseits gern als eher traditional oder doch als Kern der von dem kalten, mediatisierten System (noch) nicht erfaßten, allerdings bedrohten „Lebenswelt" verstanden werden: Haushalt, Familie, Reproduktionsbereich (vgl. bes. Habermas 1981, bes. II, Kap. VI.2, VIII.2). Ungeachtet der beständigen Umwälzung und damit einhergehend der erheblichen Technisierung der modernen Hausarbeit (s. Strasser 1982) wird gerade aufgrund der eng mit dieser verknüpften Momente der persönlichen Zuwendung und affektiven Besetzung sowie ihrer damit zusammenhängenden vorherrschenden Gebrauchsorientierung ein nicht-moderner, traditioneller Charakter unterstellt, der sie vom Marktgeschehen absetzt, dem in einem solch engen Verständnis allein die Bezeichnung „modern" zukommen soll. Weil hier Arbeit meist unbezahlt verrichtet wird und insofern nicht vom Marktzusammenhang erfaßt wird, fallen auch die großen Bereiche, in denen nicht nur, aber nach wie vor schwerpunktmäßig in der Dritten Welt informelle, teilweise nicht-warenförmige Produktionsarbeit geleistet wird, ebenfalls und aufgrund ähnlicher Vorurteile in eine solche Zone unterstellten Traditionalismus, zumal sie von der klassischen Ökonomie wie auch von deren Kritik bis vor kurzer Zeit weitgehend ignoriert worden sind. (vgl. Werlhof 1978, Lenz 1984, Mertens 1998). Dabei wird übersehen, daß nicht allein alle diese Bereiche über den gesamten Zeitraum der industriellen Revolutionen und des Bestehens eines kapitalistischen Weltmarktes hinweg nur deshalb überlebensfähig gewesen sind, weil in ihnen Handlungsstrategien praktiziert, aber auch Produkte geschaffen wurden und werden, die sich genau auf die Provokationen und Veränderungen der Moderne intensiv bezogen und dies nach wie vor tun. Zudem sind wenigstens in vielen postkolonialen Gesellschaften Subsistenzbereich und informeller Sektor die eigentlich innovativen Sphären (vgl. Schiel/Stauth 1981, S. 134ff). Obwohl hier keine Großproduktion stattfindet, ungeachtet der teilweise elenden Lebensbedingungen, die in diesen sozioökonomischen Sektoren herrschen oder gerade ihretwegen, wäre es verfehlt, sie nicht als Komponenten moderner Gesellschaften zu verstehen (s. auch Kößler/Schiel 1996, Kap. 4).

Gerade die moderne Umformung von Haushalten und Reproduktionsverhältnissen verweisen auf ein Prinzip der gesellschaftlichen Moderne, an ihrem Beginn die „Ausbettung" der Wirtschaft aus den sozialen Beziehungen und ihrer Konstituierung als einer autonomen und dominierenden Sphäre als des zentralen Aspektes der „großen Umwälzung" (Polanyi 1977, bes. S. 80ff). Dennoch bestimmt dieses eben nicht nur die dominierende, sondern wesentlich auch alle Ausformungen der gesellschaftlichen Moderne: Der universalisierend-expansiven wie letztlich auch der innovativen Grundtendenz der Moderne liegt eine ganze Serie fundamentaler Trennungsprozesse zugrunde (s. dazu allgemein Negt/ Kluge 1981, Kap. 1 und *passim*). Das bezieht sich auf das räumliche Auseinandertreten produktiver und konsumtiver Zusammenhänge, wie es in dieser Kontinuität und Konsequenz erst mit dem Anbruch der Moderne realisiert wurde, die systematische Trennung von Heim und Betrieb. Sie war gleichbedeutend mit einer grundsätzlichen Neu-Konfiguration von Verfügungschancen und Zwängen des alltäglichen Lebens; unter deren vielfältigen Konsequenzen ist vor allem das Auseinanderreißen einer nunmehr absolut fremdbestimmten Produktionssphäre und einer privaten, von Öffentlichkeit ebenso wie vom Betrieb abgegrenzten Häuslichkeit zu nennen (s. Kößler 1993, S. 75ff; Kößler/Schiel 1996, S. 47f). Damit sind neue Chancen ebenso verbunden wie neue Risiken: Individuelle Aktionsradien haben sich erweitert, gerade weil die Haushalte depossediert, ihrer früheren produktiven, unternehmerischen Funktion entkleidet wurden. Andererseits entfallen beispielsweise frühere reziproke, kommunale Schutzmechanismen zur Bewältigung von Krisenlagen und werden im besten Fall ersetzt durch gesellschaftliche, staatlich administrierte und in jedem Fall anonyme Solidarfonds. Wenn in der Perspektive sehr langfristiger Entwicklung mit eben dieser Trennung, die auf Dauer auch die Enteignung der großen Mehrheit vom eigenständigen Zugang zu Produktionsmitteln, d.h. zu Erwerbsarbeit einschließt, gesagt werden kann, daß der historische Prozeß der Individuation zum Abschluß kommt und radikalisiert wird (s. Marx 1953, S. 363-413), so ist damit ebenfalls die Ambivalenz des Prozesses, die Einheit von Emanzipation, Trennung und Verlust formuliert.

Ein weiterer entscheidender Trennungsprozeß am Beginn der Moderne betrifft die „Expropriation" des Staates, der durch den Verlust eigenwirtschaftlicher Ressourcen abhängig von Steuern und damit von den „Besitzenden" wird (Goldscheid 1976, S. 262ff). Doch auch hier sind dem Verlust neue Chancen entgegenzuhalten, etwa die Möglichkeit eines gewissen Maßes der Kontrolle durch die steuerzahlenden Staatsbürgerinnen und Staatsbürger und die eigentliche Verstaatlichung der Verwaltung, ermöglicht durch die auch in dieser Dimension vollzogene Trennung von Politik und Ökonomie, die eine Verselbständigung beider Sphären ermöglichte (vgl. Kößler/Schiel 1996, S. 138-145) — mit all den bekannten prekären Konsequenzen, die aber eben auch Chancen der Selbstbestimmung und Freiheit enthalten, wie marginal diese auch sein mögen und wie schwierig sich ihre beständige Verteidigung gestaltet. Gegenwärtig ist freilich die Beitragszahlung der „Besitzenden" ebenso fragwürdig geworden, wie die Kontrolle durch die Zahlenden immer schon bestenfalls in ständigen Konflikten durchsetzbar war — gerade wenn die Zahlenden entsprechend der aktuellen Tendenz gerade eher unter den Nicht-Besitzenden zu suchen sind.

Als weiterer, beständig vorangetriebener Trennungsprozeß der Moderne ist die beständige Umwälzung der Arbeitsprozesse in kapitalistischen Betrieben zu nennen. Das gilt zumindest insoweit, als damit Zeit, Funktionen und Verrichtungen immer neu und immer weiter aufgespalten, aber auch neu kombiniert werden. Grundlage ist auch hier die auf der Trennung der Arbeitsmittel von den Arbeitenden beruhende letztlich absolute private Verfügungsgewalt über die sachlichen Komponenten der Arbeitsprozesse durch die Kapitalinstanzen (s. Kößler 1993, Kap. 4-5).

Diese Trennungsprozesse, die hier sehr skizzenhaft und unvollständig unter Bezugnahme auf die metropolitanen Gesellschaften umrissen wurden, finden sich in oft mannigfacher Abwandlung auch in anderen Ausformungen der gesellschaftlichen Moderne. Hier geht es vor allem darum, die Notwendigkeit zu begründen, das gängige Bild der gesellschaftlichen Ausformungen von Kapitalismus und Moderne in einem entscheidenden Punkt zu revidieren. Kapitalistische Gesellschaften sind durch weit größere Komplexität, durch weit vielfältigere Formen sozialer Grundbeziehungen gekennzeichnet, als oft angenommen wird. Das gilt erst recht für den sich intensivierenden weltgesellschaftlichen Zusammenhang der gesellschaftlichen Moderne. Auch in industriekapitalistischen Gesellschaften, in denen bis zum Ende des 20. Jahrhunderts der Anteil der Lohnabhängigen auf weit über 80% der Gesamtbevölkerung gestiegen war, bestehen subordinierte Formen der Abhängigkeit als Regelfall weiter, vor allem innerhalb des Haushaltes (vgl. Kößler 1990, S. 73ff). Neue Formen der Selbständigkeit und erst recht der Schein-Selbständigkeit verweisen darauf, daß wir in Zukunft mit noch vielfältigeren Lebenslagen auch in den westlichen Gesellschaften werden rechnen müssen. Dies unterstreicht noch einmal, daß Vielgestaltigkeit der Lebenslagen, die sich oft in einer Person überschneiden können, keineswegs ein Hinweis auf traditionale Überstände ist, sondern ein Teilaspekt der Verwerfungen der Moderne, der damit verbundenen Verhaltensprovokationen und der auf diese ausgerichteten Handlungsstrategien. Dabei ist nicht zu erwarten, daß die Rationalität, die solche Handlungsstrategien bestimmt, der dominanten Maxime der Profit- und Erwerbsmaximierung in jedem Fall entspricht, vielmehr geht es häufig um Optimierungsstrategien im Rahmen von Lebensplanung und Überlebenssicherung, die Postulaten der Profitmaximierung deutlich zuwiderlaufen (s. ebd., S. 77-87; vgl. bes. ajanov 1923). Postkoloniale Gesellschaften sind im Gegensatz zu industriekapitalistischen wesentlich durch das Zurücktreten der Lohnabhängigkeit gegenüber anderen Formen sozioökonomischer Abhängigkeit bestimmt. Historische Studien (vgl. Wolf 1986; Beinart/Bundy 1987) wie auch aktualitätsbezogene Forschungen (vgl. Blum 1989; Lachenmann 1990; Sottas 1991) haben immer wieder die Eigenständigkeit und Kreativität der Handlungsstrategien nachgewiesen, mit denen Menschen in solchen kolonialen und postkolonialen Situationen ihr Leben organisieren und entgegen übermächtig erscheinenden Widrigkeiten Überleben sichern. Wenn dabei Solidarität und Reziprozität in größeren und vor allem in kleineren Gruppen eine entscheidende Rolle spielen (s. Kuper 1995), so verweist auch dies weniger auf traditionale Restbestände, als vielmehr auf notwendige Bedingungen menschlichen Zusammenlebens.

Die genannten Trennungsprozesse ließen zugleich den Markt zur alltäglichen und unverzichtbaren Vermittlungsinstanz für alle Strategien des Erwerbens werden, vor allem aber des Überlebens. Auch dies gilt mit Abstufungen für alle modernen Gesellschaften, wobei freilich in Gesellschaften sowjetischen Typs der zentrale Plan als Koordinationsinstanz an die Stelle des Marktes gesetzt wurde. Die ist zweifellos einer der problematischsten Aspekte des bolschewistischen Experiments, doch verweist er in unserem Zusammenhang nur auf die Notwendigkeit einer kontinuierlichen gesellschaftlichen Koordination zwischen den durch die Trennungsprozesse der Moderne auseinandergetretenen oder auch -gerissenen Sphären und produktiven Zusammenhängen. Als Regelfall der Moderne kann hierfür der Koordinierungsaspekt des Marktes stehen. Alle Einzelhaushalte sind nun ihrer früheren produktiven Funktionen und Potentiale entkleidet und hängen daher davon ab, den größten Teil ihres täglichen Bedarfs außerhalb ihres unmittelbaren Bereichs, in der Regel eben auf dem Markt zu decken; die Chancen der Bedürfnisbefriedigung sind daher entscheidend bedingt durch den effektiven Marktzugang, also die Chance zur Monetarisierung eigener Ressourcen mit dem Ziel, auf dem Markt als Waren verfügbare, für den eigenen Konsum benötigte Gebrauchswerte zu beschaffen (unter Umständen auch, die eigenen monetären Ressourcen zu mehren). Die Verhältnisse, unter denen nun die überwiegende Mehrheit der lebenden Menschen ihr Überleben zu sichern strebt, wirken auf die zunehmende Kommodifizierung aller Bedingungen des Lebens und des Überlebens, d.h. auf die zunehmende Dominanz des Warenaustauschs zur Befriedigung alltäglicher Bedürfnisse. Insbesondere werden so Arbeitskraft und Boden systematisch zu marktgängigen Waren verwandelt.

Dieser Prozeß umfassender Kommodifizierung erfaßt von Anfang an nicht nur die einzelgesellschaftliche Ebene, sondern hat sogleich auch eine globale Dimension; der Weltmarkt als Ausbreitung des westeuropäischen *économie-monde* auf den größten Teil der übrigen Welt bestand bereits als einer der wesentlichen Voraussetzungen für die Entwicklung des industriellen Kapitalismus. Doch entfaltete die Etablierung von Weltmarktbeziehungen ihre volle Tragweite erst zu dem Zeitpunkt, als kapitalistische Formen auch in der Produktion etabliert waren, d.h. mit der Entstehung der großen Industrie. Erst jetzt war das technologische Potential für beständige Innovationsprozesse auf der Ebene der Arbeit (Prozeßinnovation), aber auch der erzeugten Gegenstände (Produktinnovation) geschaffen, und zugleich waren die gesellschaftlichen Formen etabliert worden, die diese Innovationsdynamik zu ihrer vollen Entfaltung brauchte: eine disponible, unter der Kontrolle der Kapitalinstanz einsetzbare Arbeiterschaft.

Nicht die Etablierung von prinzipiell weltweiten Marktbeziehungen allein erfüllte daher die Bedingungen für die Entstehung der Dynamik der Moderne, sondern erst die Verbindung zwischen der Tendenz nach universellen Marktbeziehungen und einer bisher nie gekannten, gleichfalls tendenziell schrankenlosen Dynamik technologischer Innovation; dieser liegen ihrerseits die Zwänge der Kapitalverwertung zugrunde, die fortgesetzte Innovation an Produkten und Prozessen zur Existenzbedingung der einzelnen Betriebe und Unternehmen, damit aber auch der nationalstaatlich umgrenzten Einzelgesellschaften machen.

Gesellschaftsformation und Ko-Evolution

Die Prägung postkolonialer Gesellschaften durch die Moderne bedeutet freilich alles andere als identische Grundstrukturen moderner Gesellschaften. Sie verweist vielmehr auf die überaus komplexe Struktur des weltgesellschaftlichen Zusammenhanges, der sich durch Weltmarktbeziehungen ebenso wie durch universalisierte Kommunikation zusehends intensiviert. Um diesem Zusammenhang vielfältiger Gesellschaftssysteme und ihrer im vorigen Kapitel verschiedentlich angesprochenen unauflösbar aufeinander bezogenen Entwicklung Rechnung zu tragen, erscheint es sinnvoll, von einer übergreifenden *Gesellschaftsformation der Moderne* zu sprechen (s. ausführlich Kößler/Schiel 1996, S. 29-39). Der Terminus Gesellschaftsformation blickt auf eine lange und problembeladene Karriere vor allem in der marxistischen Gesellschaftstheorie zurück. Aus den eher verschütteten Strängen dieser Denktradition geht unter anderem das Moment des Prozeßhaften hervor, das den gängigen oder ehemals orthodoxen Konzepten, die weit eher von feststehenden Beziehungen zwischen gesellschaftlichen Instanzen ausgehen, entgegenzustellen ist. Das Konzept der Gesellschaftsformation im hier benutzten Verständnis umgreift mehrere aufeinander bezogene Gesellschaftstypen, die jedoch nicht in einer zeitlichen oder gar genetischen Abfolge zueinander stehen, sondern ko-evolutiv entstanden sind und sich weitergebildet: Die Entwicklung des einen wäre ohne die des anderen nicht denkbar. Bei der Gesellschaftsformation der Moderne lassen sich dominante, subordinierte und konkurrierende Ausformungen unterscheiden. Mit der Berücksichtigung der Dominanz der industriekapitalistischen Gesellschaften innerhalb der gesamten Gesellschaftsformation ist zugleich ein Kausalverhältnis bezeichnet insoweit, als die dominanten Gesellschaften in der Lage sind, die Existenzbedingungen aller anderen in wesentlichen Zügen vorzugeben. Die subordinierten ehemals kolonialen und heute postkolonialen Gesellschaften haben zwar die unterschiedlichsten Reaktionen auf diese Dominanzbeziehung hervorgebracht, doch wurde der vorgegebene Rahmen nie effektiv durchbrochen, was sinnbildlich an der funktionalen und institutionellen Kontinuität einer so zentralen Institution wie des kolonialen und postkolonialen Staates abzulesen ist. Die konkurrierende Ausformung der gesellschaftlichen Moderne in Gestalt des Sowjetsystems ging zurück auf die Herausforderung einer nichtkapitalistischen Industrialisierung, die sich aus dem Projekt der Oktoberrevolution 1917 ergeben hatte. In der Rückschau nach der Implosion des Sowjetsystems ist festzuhalten, daß dieses sich zu keinem Zeitpunkt von der Dominanz der industriekapitalistischen Gesellschaften wirklich emanzipieren konnte, deren Effizienz- und Konsumkriterien die entscheidenden Maßstäbe waren und blieben für das proklamierte Einholen und Überholen. Wie sich gleichfalls in der Rückschau deutlich abzeichnet, war die Systemkonkurrenz dennoch ein wesentliches Moment etwa für die Strategien zur Stillstellung sozialer Konflikte im Rahmen der „Institutionalisierung des Klassenantagonismus" (Geiger 1949, S. 182/184) in den industriekapitalistischen Gesellschaften, dessen institutionelle Festlegungen in den 1990er Jahren zunehmend erschüttert werden. Dabei ist der Druck, der durch die krassen Unterschiede im Lohnniveau und auch in den Sozial- und Umweltstandards zwischen den EU-Staaten und den osteuropäischen Transformationsgesellschaften hervorgerufen wird, mit Händen zu greifen und findet handfesten politischen Ausdruck im Standortdiskurs ebenso wie in der Debatte um aktuelle Migrationsprozesse. Alle diese Erscheinungen können verstanden werden als Ausdruck der Ko-Evolution unterschiedlicher Gesellschaftsformen innerhalb der Moderne.

Mit Ko-Evolution soll hier demnach nicht allein die harmonische oder kooperative Entwicklung verschiedener Bereiche (s. Altvater 1987, S. 301, 311) verstanden werden. Hier geht es um zumeist konfliktive, aber unauflöslich aufeinander bezogene Entwicklungen, die einander notwendig bedingen. Ko-Evolution in diesem

Sinne meint somit in erster Linie komplementäre Prozesse und schafft komplementäre Verhältnisse insoweit, als die einen ohne die anderen nicht zustandegekommen wären. Bezogen auf das Konzept der Orthogenese bedeutet dies, daß die Ausgangsbedingungen für jeglichen weiteren Entwicklungsschritt entscheidend durch dieses gesellschaftliche Umfeld geprägt sind. In der Sprache der Systemtheorie hieße dies, daß eine gesellschaftliche Umwelt, wie sie vor allem von Luhmann vehement geleugnet wird, die Entwicklungsdynamik der Einzelgesellschaften entscheidend mitbestimmt, wobei realisierte Entwicklungen selbstverständlich ihrerseits auf den weltgesellschaftlichen Zusammenhang zurückwirken. Dies soll anhand der Kategorie der Entwicklungsoption noch weiter ausgeführt werden.

In dem bezeichneten Zusammenhang spielen die von der Dependenztheorie stark in den Vordergrund gestellten und dementsprechend lange Zeit umstrittenen materiellen Transfers eine wesentliche, aber nicht die entscheidende Rolle. Das gilt vor allem für die schwierige Frage, ob solche Transfers heute noch den Nord-Süd-Konflikt bestimmen. Immerhin wird der Netto-Kapitalabfluß aus Afrika für 1976-1987 auf mehr als US$ 40 Mrd beziffert (vgl. Hansohm/Kappel 1992, S. 10). Zugleich spricht beispielsweise die Entwicklung des Welthandels dafür, daß der Süden an Gewicht verloren hat, weil sich der Welthandel ganz überwiegend auf die Triade-Regionen Nordamerika, Westeuropa und Japan konzentriert. Dann könnten solche Transfers *für den Norden* als (nahezu) irrelevant gelten. Diese Argumentation übersieht aber die *strukturellen* und *langfristigen* Auswirkungen der subordinierten Einbeziehung in den Weltmarktzusammenhang zumindest *für den Süden*, wie sie in der direkten Kolonialherrschaft ihren sinnbildlichen Höhepunkt gefunden hatten. Es genügt nicht, aus der Sicht der Triade-Regionen die Relevanz von Süd-Nord-Transfers abzustreiten oder selbst zu widerlegen. Für die *welt*gesellschaftliche Bedeutung komplementärer Entwicklungen sind solche Aussagen nahezu irrelevant. Nicht die Frage ist demnach entscheidend, ob der „Norden" auf Kosten des „Südens" lebt oder diesen ausbeutet. Die Dominanzbeziehung kommt vielmehr jenseits dieses schwer zu operationalisierenden Parameters darin zum Ausdruck, daß die Existenzbedingungen der meisten Gesellschaften des „Südens", der postkolonialen Gesellschaften also, durch die Funktionsweise der internationalen Handels- und Finanzregimes sowie der angegliederten Regulationsformen determiniert werden. Bezogen auf den Ausgangspunkt der „Entwicklung der Unterentwicklung" hat Robert Brenner in seiner richtungsweisenden Kritik an den früheren Dependenzansätzen einen solchen Strukturzusammenhang benannt mit

„einer scharfen Disjunktion zwischen den Erfordernissen für die Entwicklung der Produktivkräfte (Arbeitsproduktivität) und der Profitabilitätsstruktur der Ökonomie insgesamt" (1977, S. 85).

Mit anderen Worten setzte Unterentwicklung in einer Situation ein, wo regional oder auch lokal unter Profitabilitätskriterien nicht produktive Investitionen, sondern andere Formen der „Inwertsetzung" (Altvater 1987 *passim*) am ehesten erfolg-, d.h. profitversprechend schienen. Die seit Mitte der 1980er Jahre besonders für Afrika diskutierte „Zwangsabkoppelung" (s. Hansohm/ Kappel 1993, S. 100ff) entspräche dann dem Wegfall jeglicher Profitchancen, verbunden mit dem geostrategischen Bedeutungsverlust des Kontinentes nach dem Ende des Ost-West-Konfliktes. Diesem Bild entspricht der Verweis auf die Wirksamkeit einer Mehrzahl von externen wie internen Bedingungsfaktoren für „Unterentwicklung", etwa auf die Kombination von Kapitaltransfer und ungleichem Tausch ebenso wie auf die Trennungsprozesse der sogenannten ursprünglichen Akkumulation und auf die Frage der Rechtssicherheit, wo ältere Ansätze in der Regel nur einen dieser Faktoren privilegiert hatten (vgl. Hauck 1996, S. 160-168).

Soweit die von komplementären Entwicklungen erfaßten Menschengruppen sich irgendwie abgrenzen und organisieren lassen, können diese Prozesse der Unterordnung durchaus in gegensätzliche Strategien übersetzt werden. Es ist naheliegend, solche Grenzen vor allem territorial zu verstehen, und sie werden dann in der Regel mit der Abgrenzung des modernen Staates durch eine trennscharf bestimmte Grenz-Linie sowie den damit einhergehenden Souveränitätsanspruch in Zusammenhang gebracht (vgl. zu letzterem Giddens 1987, S. 49f). Doch müssen die komplementären Entwicklungen nicht notwendig regional getrennt verlaufen; dafür ist nicht nur der durch Migration und Globalisierung verstärkte Prozeß ein Beispiel, den man als die Diffusion der Dritten Welt in die Metropolen bezeichnen kann, sondern es ist auch an Prozesse der Klassendifferenzierung zu denken, die durch Migration neuerdings weiter verkompliziert werden. Hier kommt es darauf an, daß der Begriff der komplementären Entwicklung es erlaubt, die Verschiedenartigkeit und die wechselseitige Bedingtheit gleichzeitig existierender Gesellschaften, aber auch die zwischen ihnen bestehenden hierarchischen Beziehungen und Herrschaftsverhältnisse zusammen zu denken. Damit werden die bestehenden struktiven Unterschiede nicht eingeebnet und auch nicht auf die Ebene einer mehr oder weniger diffusen, implizit jedenfalls einlinigen Evolutionsmodellen verpflichteten „Ungleichzeitigkeit" abgeschoben. Zugleich aber bleibt der Blick auf die Vielfalt der Prozesse und Strukturen, auf ihre unterschiedlichen Verlaufsformen und je konkret aufzuweisenden Bedingtheiten (s. hierzu etwa

Senghaas 1982; Menzel 1988) offen, und vor allem wirkt die Einsicht in diese mannigfachen Veränderungsprozesse nicht auf Kosten der Berücksichtigung des übergreifenden Zusammenhangs einer ebenso unverkennbar ungleichen wie unentrinnbar globalen Struktur.

Modelle der Ko-Evolution

Ko-Evolution kann unabhängig von der theoretischen Option für ein- oder aber für mehrlinige Evolutionsschemata gedacht werden. Sie ist auch nicht auf die Moderne beschränkt und enthält auch nicht notwendig ein deutliches Verhältnis der Ungleichheit, wie es mit Unterentwicklung oder Abhängigkeit chiffriert ist; zu erinnern ist vor allem an die engen, über Jahrtausende währenden Beziehungen der großen Agrargesellschaften (Wittfogel 1931) des Vorderen und Mittleren Orients wie des Fernen Ostens zu den Nomadengesellschaften der angrenzenden Steppenzonen. Hier ist der folgenreiche Unterschied zu konstatieren, daß in den Randzonen Chinas ein langfristig zyklischer Prozeß von Invasion und Absorption zwischen Gesellschaften etabliert wurde, die dennoch nicht miteinander verschmolzen (vgl. Lattimore 1967, bes. S. 540-552), während im Vorderen Orient, im Mittelmeerraum und Westeuropa soziokulturelle Innovation durch Brüche und hybridisierende Neubildungen jeweils an den Rändern der alten kulturellen Zentren erfolgte (vgl. etwa Borkenau 1991).

Mit der industriellen Revolution und der Etablierung eines zunächst vom ersten, dann auch von den nachfolgenden industriekapitalistischen Zentren dominierten Weltmarktzusammenhanges entstand aber eine neue Situation, die freilich im Verlauf der Etablierung des bereits von europäischen, zunächst iberischen Mächten beherrschten Weltmarktes seit den großen „Entdeckungen" um 1500 vorbereitet war. Bereits hier läßt sich von Ko-Evolution in einer Beziehung der Ungleichheit und Unterordnung sprechen, die zunächst die amerikanischen Kolonien und den afrikanischen Kontinent als Ursprungsregion versklavter Arbeitskräfte betrifft, mit denen der – teilweise schon durch die Kolonialherrschaft verursachte – Arbeitskräftemangel in Amerika ausgeglichen wurde (vgl. Braudel 1986b, S. 63ff, 482ff). Es geht zunächst vor allem um die Modalitäten des Austausches zwischen den außereuropäischen Gebieten, die seit der Überquerung des Atlantik und der Umschiffung Afrikas nach und nach dem Handel europäischer Mächte erschlossen und von diesen dann auch militärisch-politisch unterworfen wurden, und den aufsteigenden europäischen Handels- und Kolonial-, später auch Industriemetropolen. Die Problematik ist komplex; sie betrifft etwa die Rolle des Zustroms an amerikanischem Edelmetall bei der in Westeuropa nach dem 15. Jahrhundert einsetzenden Preisrevolution, die wohl unstreitig eine wesentliche Rolle für die Entwicklung der kapitalistischen Wirtschaftsweise gespielt hat. Doch die Silber-Galeonen kamen in Cadíz an, und das Silber gelangte nach Sevilla und folgte von dort oft genug der jahrtausendealten Tendenz zum Edelmetall-Abfluß von Europa nach Indien als Teilaspekt einer „sehr alte(n) und auf allen Ebenen schöpferische(n) Partnerschaft Europa/Indien" (ebd., S. 586), deren Auswirkungen nicht nur rein wirtschaftlicher Natur waren, sondern bekanntlich auch die Diffusion so wesentlicher Errungenschaften wie des dezimalen Zahlensystems mit der Null von Osten nach Westen umfaßten. Diese Beziehungen hatten wohl nicht die Intensität und Kontinuität, die zur Annahme von regelrechter Ko-Evolution berechtigen würde; angesichts der Bedeutung, die der Fernhandel wenigstens in der frühen Neuzeit erreicht hatte dürfte es aber berechtigt erscheinen, von ko-evolutiven Beziehungen zu sprechen.

Die Ko-Evolution unterschiedlicher Gesellschaftsformen in der Moderne beruht auf der Kontinuität und Intensität des Kontaktes, ja der gegenseitigen Verzahnung. Neben den dominanten, industriekapitalistisch entwickelten Gesellschaften lassen sich auf dem gegenwärtigen Stand vor allem zwei deutlich voneinander unterschiedene, aber in wenn auch verschiedener Weise subordinierte Formen ausmachen. Ich möchte sie zunächst einerseits als komplementäre und andererseits als konkurrierende Ausformungen der gesellschaftlichen Moderne bezeichnen. Das Prinzip der Ko-Evolution trifft auf beide zu, freilich ebenfalls in jeweils unterschiedlicher Weise. Einige kursorische Betrachtungen zu jeder dieser beiden Formen sind daher zugleich geeignet, zu einer genaueren Vorstellung von Ko-Evolution beizutragen.

Die Herausbildung der *komplementären* Form ist eng mit der Herstellung eines universalisierten Weltmarktes verknüpft. Dies bedeutete eine neue Stufe der Intensität, insbesondere aber der kontinuierlichen und einseitig von der Kolonialmetropole determinierten Einwirkung und damit auch eine grundsätzlich neue Qualität in den Beziehungen des westlichen Europa vor allem zum Mittleren und Fernen Osten. Es kam zugleich zu einer tiefgreifenden Umstrukturierung dieser ebenso strategisch wichtigen wie exemplarischen Beziehung: Dieser Weltmarkt war von Beginn an Aktionsfeld der kapitalistischen Industrie und wurde bereits durch den ersten Schritt der Industrialisierung, die Mechanisierung der Baumwollspinnerei während des letzten Drittels des 17. Jahrhunderts, entscheidend umstrukturiert (s. Kap. 2): Für knapp die nächsten 200 Jahre wurde nun eine Arbeitsteilung etabliert, in der die kolonialen Randzonen der in den Zentren ansässigen Industrie Rohstoffe lieferten und in beschränktem Umfang industrielle Massenwaren komsumierten. Im Fall Indiens war dies typischerweise Baumwollgarn, eben das Produkt das vor der Mechanisierung seiner Herstellung nahezu ein Monopol des Subkontinents dargestellt hatte und für englische Stoffe eine unüberwindliche Konkurrenz auf dem heimischen Markt ebenso wie etwa an der westafrikanischen Küste gewesen war (s. Kößler 1990, S. 99ff). Ein weiteres halbes Jahrhundert später gelang es durch die „Öffnung" Chinas für den freien Absatz indischen Opiums endlich, dem säkularen Edelmetallabfluß von West nach Ost ein Ende zu setzen. Damit begann auch für China wie schon achtzig Jahre zuvor für Indien die Periode direkter, meist mit Gewalt und militärischer Machtentfaltung verbundener Einwirkung des industriekapitalistisch entwickelten Westens, in der hier benutzten Terminologie der Beginn gesellschaftlicher Ko-Evolution.

Faßt man die verschiedenen, mit der Entdeckung Amerikas und der Umrundung des Kaps der Guten Hoffnung einsetzenden Wellen westeuropäischer Kolonialexpansion in ihren direkten und langfristigen Auswirkungen für die Kolonisierten ins Auge, so sind auch im Hinblick auf die Formen der Ko-Evolution Unterschiede festzuhalten. Der schlagartige Zusammenbruch der präkolumbianischen Hochkulturen machte in Süd- und Mittelamerika den Weg frei für rund drei Jahrhunderte direkter kolonialer Herrschaft, und auch die danach etablierten unabhängigen Staaten müssen eher als Gründungen der europäischen Siedler denn als Ausdruck autochthoner Bestrebungen gelten. Die Auswirkungen der kolonialen Intervention reichten bis zur Ausrottung der Urbevölkerung etwa auf den Antillen und führten im gesamten Andenraum zu einer demographischen Katastrophe (s. Denevan 1976, S. 290ff). Die einsetzende „Unterentwicklung" betraf daher mindestens ebenso sehr die entstehende Siedlergesellschaft wie die Reste der autochthonen Gesellschaften. Doch es handelte sich gerade hier nicht um eine einfache Übertragung der Verhältnisse aus den „Mutterländern". Die entstehenden Weltmarktbeziehungen waren geprägt durch Spätformen des feudalen Expansionismus, dessen Bereicherungsimpulse in den Kolonien spezifische, von den Zentralgesellschaften abweichende Strukturen bildete (s. Kößler/ Schiel 1996, Kap. 6). Hinzu kam die Wiederaufnahme und Umformung vorkolonialer Ausbeutungsformen, etwa in der Form der Langzeitfron *mita,* die in Hochperu das Leben ganzer Regionen prägte (vgl. Lohmann Villena 1957, S. 218ff). Eine weitere Dimension dieser Prozesse sind die synkretistischen Schöpfungen auf kulturellem und religiösem Gebiet, die vor allem im Zuge der Assimilation des gewaltsam verbreiteten Katholizismus als Bestandteil

„kollektiver Überlebensstrategien" und zugleich als erzwungener Umbau kollektiver Lebensentwürfe verstanden werden können (Rohr 1991, bes. S. 45ff). Es ist offenkundig wiederum dieses Material, eindeutig also ein Ergebnis einer fundamentalen Auseinandersetzung mit dem spezifischen Einbruch westeuropäischer Herrschaft noch im Vorfeld des eigentlichen Umbruchs zur Moderne und der weiteren Entwicklung während der ersten Periode bereits erreichter Eigenstaatlichkeit im 19. Jahrhundert, das seit Beginn des 20. Jahrhunderts Anlaß gab zu „indigenistischen" Politik-Entwürfen und entsprechenden Forderungen nach einer „autochthonen" Strategie sozioökonomischer Entwicklung (s. z.B. Maihold 1988). Diese Verlaufsform ist durch die anfängliche Wehrlosigkeit, den katastrophenhaften Zusammenbruch der autochthonen, kolonisierten Gesellschaften gekennzeichnet, zu dem es in anderen Teilen der Erde in dieser Form nicht gekommen ist. Hier haben wir es vielmehr mit längeren Phasen im einzelnen sehr unterschiedlicher Dauer der Auseinandersetzung mit der kolonialen Herausforderung Westeuropas zu tun, was die erwähnten Versuche einschloß, moderne Technologie vor allem im Bereich des Militärwesens zu adaptieren.

Vergegenwärtigen wir uns demnach ähnlich schlaglichtartig den Verlauf europäischer Expansion und schließlich auch der Kolonisierung in weiten Teilen Asiens, so wird sogleich deutlich, daß wir es hier mit ungleich längerfristigen Prozessen soziokulturellen Kontaktes einschließlich der Diffusion vielfältiger Techniken, Institutionen und ideologischer Muster zu tun haben. Wenn wir annehmen, daß mit der Etablierung der Weltwirtschaft wesentliche Voraussetzungen für ein Verhältnis ungleicher Ko-Evolution geschaffen wurden und diese dann mit der industriellen Revolution in Westeuropa intensiv einsetzte, so bedeutet dies auch, daß diese gleichsam für das Kolonialverhältnis vorbereitende Phase verstärkter westeuropäischer Expansion wesentlich länger dauerte als in der westlichen Hemisphäre. Wir sind auf Aspekte dieser Prozesse bereits bei der Betrachtung der Herausbildung von Konzepten nachholender Entwicklung gestoßen (s. Kap. 2). Die Auseinandersetzung mit der Provokation, die die westeuropäische Expansion zweifellos darstellte, nahm in Asien, aber auch in Afrika andere Formen an als in Amerika. Sie bestanden beispielsweise in der jahrhundertelangen strikten Reglementierung des Außenhandels und sogar aller Außenkontakte im Japan der Tokugawa-Zeit, aber auch in China bis zur „Öffnung" 1840. Die „Schließung" ganzer Großregionen ging zweifellos auch auf innergesellschaftliche Motive zurück, muß aber zugleich als Strategie gegenüber den neuen, aggressiven Formen des Fernhandels verstanden werden, die mit dem Auftauchen der portugiesischen

Kriegs- und Handelsschiffe und der Etablierung von Stützpunkten mit dem Zentrum Goa zu Beginn des 16. Jahrhunderts im Indischen Ozean und in Ostasien einsetzten (s. Spear 1973, S. 19f). Hier, wie übrigens auch in Nordamerika und in großen Teilen Afrikas war der Prozeß der Einbeziehung in den auf Westeuropa zentrierten Weltmarkt begleitet von aktiven Strategien autochthoner Gruppen und Institutionen, deren Form selbst zu gestalten und eventuell auch daraus handfesten, wenn auch kurzfristigen Nutzen zu ziehen durch die Belieferung von Märkten mit Pelzen, Agrarprodukten oder auch Sklaven (s. bes. Wolf 1986).
All dies bedeutet nicht, daß die direkte koloniale Unterwerfung nicht einen tiefen Bruch bedeutet hätte, der eine neue Qualität des Unterordnungsverhältnisses bezeichnete, das die Ko-Evolution zwischen den Zentren und den Rändern des Weltmarktes zunehmend prägte. Auch die koloniale Herrschaft in ihren unterschiedlichen Formen von *indirect rule* bis zum offenen Landraub und zur systematischen Überausbeutung der authochthonen Arbeitskräfte hatte freilich immer mit den eigenständigen Zielen und ihrer strategischen Verfolgung seitens der Kolonisierten zu rechnen, auch wenn diese zunächst einmal einem schieren Überlebenskalkül entsprangen. Wenn daher von der Ko-Evolution kolonialer und später postkolonialer Verhältnisse als komplementärer, aber auch als subordinierter Gesellschaftsform der Moderne die Rede ist, so darf die Feststellung von Hierarchien und Herrschaftsbeziehungen nicht dazu verleiten, die Kolonisierten allein als Objekte zu verstehen, sie nur in einer Opfer-Perspektive zu betrachten. Ganz im Gegensatz zu einem solchen „Paradigma des Jochs" (Bayart 1989) müssen wir vielmehr mit weit komplexeren Auseinandersetzungen rechnen, als diese vordergründig durchaus menschenfreundliche Sicht vielleicht vermuten läßt. Es geht vor allem um Zusammenstöße zwischen unterschiedlichen Handlungslogiken, die freilich auch mit extrem unterschiedlichen Durchsetzungschancen ausgestattet waren und sind; dementsprechend extrem ungleich ist auch die Definitionsmacht bei der Beschreibung kolonialer und postkolonialer Konflikte und Prozesse.
Wenn daher etwa die Nutzung von Marktchancen durch authochthone Bauern, wie sie besonders eindrücklich für Xhosa-Gruppen in der Ciskei und der Transkei in Südafrika in der Zeit des einsetzenden Bergbaubooms ab 1870 erforscht wurde, ein ganzes Spektrum von Prozessen in Gang setzte, die vom Schul- und Straßenbau über die Verbreitung europäischer Kleidung bis hin zur Einführung landwirtschaftlicher Geräte und Techniken und zur Privatisierung des Grundbesitzes durchaus dem landläufigen Bild einer lokalen modernisierenden Entwicklung entsprechen dürfte (s. Bundy 1979, Kap 3), so ergibt sich daraus zweierlei: Zunächst

ist dies ein besonders eindrucksvoller Beleg nicht nur gegen kolonialistische Vorurteile über Faulheit und Trägheit der „Eingeborenen", sondern auch für konkrete Formen, in denen der Einbruch der Warenwirtschaft auf breiter Front nicht nur als Bedrohung, sondern als Chance erkannt und in kreativer Weise genutzt wurde. Daneben zu halten bleibt aber die Tatsache, daß in diesem wie in einer Reihe von anderen Fällen gerade im Südlichen Afrika der Kolonialstaat schließlich Mittel und Wege fand, die autochthonen bäuerlichen Produktionszusammenhänge in dem Augenblick zu eliminieren, wo sie der ihnen zunächst unterlegenen Landwirtschaft der weißen Siedler ernstlich im Wege standen. All ihre Kreativität und Überlegenheit als landwirtschaftliche Produzenten hatte die Xhosa-Bauern nicht wirklich aus ihrer durch staatliche Instanzen von der Lokalverwaltung bis zum Militär abgesicherten Subalternität, aus ihrer Lage als Kolonisierte befreien können. Vor allem aber zeigt sich an diesem regional relativ begrenzten, angesichts des weiteren Gangs der südafrikanischen Geschichte letztlich auch ephemeren Beispiel dennoch eine wichtige Dimension gesellschaftlicher Ko-Evolution: Auch im Kontext der Unterentwicklung lassen sich immer wieder subalterne, aber desto erfindungsreichere Strategien auffinden, mit denen momentan sich bietende Möglichkeiten in Lebenschancen umgesetzt wurden.

Die zur industriekapitalistischen Entwicklung komplementäre Herausbildung kolonialer und postkolonialer Gesellschaften hat daher nichts mit Passivität zu tun, sondern ist in ihrer konkreten Ausformung jeweils das Ergebnis von gesellschaftlichen Auseinandersetzungen auf unterschiedlichsten Ebenen.

Über postkoloniale Gesellschaften als komplementärer und subordinierter Form moderner Gesellschaften ist damit unter dem Gesichtswinkel ihrer Genese schon einiges ausgesagt. Die wesentlichen Charakteristika der Offenheit und Außenorientierung sind bereits anläßlich der Auseinandersetzung mit den Modernisierungstheorien zur Sprache gekommen. Sie werden verständlicher in der Kontinuität der massiven und nachhaltigen externen Intervention, die, bis zur förmlichen Unterwerfung gesteigert, eine langfristige Hypothek dieser Gesellschaften bildet und *ihrerseits* Handlungsrationalitäten informiert, nicht zuletzt auf Seiten derer, die über die Möglichkeit verfügen, Kontrolle über externe Ressourcenströme in Appropriationschancen umzumünzen. In der Rolle solcher *gatekeeper*, die lange Zeit vorwiegend in Staatsapparaten zu finden waren, neuerdings aber durchaus auch in Nicht-Regierungsorganisationen anzutreffen sind, wird an einer für Veränderungen aller Art strategisch wichtigen Stelle die anhaltende Bedeutung der Außenorientierung deutlich. Gleiches gilt ebenfalls sehr handfest für die Problematik der Auslandsschulden, wie sich neuerdings gerade auch an der Finanz- und Schuldenkrise in den relativ erfolgreich industrialisierenden ost- und südostasiatischen „Tigerstaaten" erster und vor allem zweiter Generation gezeigt hat. Das bedeutet, daß die gesellschaftlichen Zentralinstanzen, die Staatsapparate, immer nur über eine begrenzte, zuweilen bis auf die leere Hülse ausgehöhlte Verfügungs- und Steuerungsmöglichkeit verfügten. Nur in Ausnahmefällen gelang es, dieses Defizit zumindest auf längere Zeit zu konterkarieren. Den von den internationalen Finanzinstitutionen weltweit propagierten und bei sich bietender Gelegenheit durchgesetzten Prinzipien der Öffnung ist nach Ausbruch der Krise in Ost- und Südostasien auch dort nachhaltig Geltung verschafft worden, und Öffnung bedeutet die Übertragung der Macht an diejenigen, die am Markt die Stärksten sind. Insofern können diese Krise und ihre bis zum Frühjahr 1998 vorliegenden Ergebnisse als neue Form einer neuerlichen Bekräftigung und Ausweitung von „Dritte Welt"-Verhältnissen verstanden werden. Sie stehen freilich vor dem Hintergrund der allgemeinen Erosion nationalstaatlicher Kompetenz durch die Globalisierung und Informatisierung der Finanz- und Kapitalmärkte (s. dazu Menzel 1998, Kap. 3, 7; Neyer 1995). Doch der aktuelle Globalisierungsschub ist zwar sicherlich eine höchst folgenreiche Tendenz, aber keine alles andere überwältigende, absolute Gesetzmäßigkeit. Diese Tendenz ist aber zugleich weit davon entfernt, etwa alle Beschränkungen des Kapital- oder gar des Güterverkehrs aufzuheben, und erst recht wird sie nicht alle nationalstaatlichen Unterschiede einebnen, vielmehr trägt sie wesentlich zur Verschärfung der Konkurrenz unter den „Standorten" wesentlich bei (s. Kappel 1995). Deshalb ist es berechtigt, von einem „Prozeß der Gesellschaftsspaltung, der Inklusion und Exklusion zugleich" (Altvater/Mahnkopf 1996, S. 13) zu sprechen, der regionale Unterschiede und Gegensätze im gemeinsamen Bezugsrahmen eines weltumspannenden ökonomischen und gesellschaftlichen Zusammenhangs gerade verschärft. Auch so gesehen kann von einem Ende der Dritten Welt keine Rede sein: Zwar diffundieren die Grenzen dieses Gesellschaftstyps stärker und offenkundiger als dies in der Vergangenheit erkennbar war. Sie sind also räumlich und territorial nicht mehr so leicht greifbar wie vor dem aktuellen Globalisierungsschub, bleiben als soziale Tatsachen jedoch erhalten oder werden sogar pointiert. Gerade dies rückt aber den spezifischen Charakter der Ko-Evolution der dominanten und der subordinierten Ausformungen der gesellschaftlichen Moderne in den Blickpunkt. Diese Ko-Evolution unterschiedlicher gesellschaftlicher Verhältnisse ist bisher regional organisiert gewesen, aber diese räumliche Struktur betrifft bei aller ihrer Bedeutung nicht den Kern des Problems der systematischen Akzentuierung von

Ungleichheit als Grundbedingung der Fortentwicklung moderner Gesellschaften.

Ein Blick auf die konkurrierende Ausformung moderner Gesellschaften bietet einen lehrreichen Kontrast und kann das Konzept der Ko-Evolution weiter verdeutlichen. Anders als im Fall der postkolonialen Gesellschaften geht es dabei nicht um das Ergebnis einer den industriekapitalistischen Gesellschaften komplementären, offenbar nicht-intendierten Entwicklung. Gleichwohl läßt sich auch hier von Ko-Evolution sprechen. Im 20. Jahrhundert kam es mit dem bolschewistischen Experiment zu dem ausdrücklichen und bewußten Versuch, innerhalb des durch die Moderne, insbesondere durch ihre industriellen Produktivkräfte und die darauf beruhenden Arbeits- und Lebensformen definierten grundlegenden Bezugsrahmens ein Gegenmodell gesellschaftlicher Beziehungen zu realisieren. Die ältere sozialistische Programmatik hatte darauf gesetzt, den industriellen Kapitalismus gerade im Hinblick auf die unter seiner Ägide ins Werk gesetzte Produktivkraftentwicklung beerben zu können. Das allein erklärt die optimistische Bewertung wesentlicher Aspekte der bürgerlichen Epoche, wie sie im *Kommunistischen Manifest* zum Ausdruck kommt, aber auch in der ambivalenten Einschätzung der in der kapitalistischen Fabrik angewandten Maschinerie (s. dazu Kößler 1990, S. 43-49). Im Kontext des Entwicklungsdenkens wurde der Kapitalismus nicht nur als System der Ausbeutung der großen Mehrheit der ihm unterworfenen Menschen, der Verdinglichung und Verkehrung ihrer Beziehungen verstanden, sondern eben *zugleich* auch als notwendige Stufe auf dem Weg zum erhofften sozialistisch/kommunistischen Endziel. Bei dieser Bewertung spielten die enorme Entwicklung der Produktivkräfte, die gewaltigen Innovationsschübe eine zentrale Rolle, wobei unterstellt wurde, Herrschaft sei dieser Maschinerie nur äußerlich und lasse sich, wenn diese Produktivkräfte einmal der Kontrolle einer kleinen Minderheit entrissen und in gesellschaftliche Regie übernommen seien, leicht von ihnen ablösen. Die Oktoberrevolution leitete hier eine – freilich nicht-intendierte, für die Handelnden erst recht nicht vorhersehbare – Wendung ein (vgl. ders. 1994b). Mit der Isolation Sowjetrußlands bzw. der UdSSR und dem programmatischen Übergang zum „Aufbau des Sozialismus in einem Land" begann sich der Sozialismus bw. Kommunismus zusehends zu einer Ideologie der nachholenden Industrialisierung zu wandeln. Diese epochale Verschiebung wurde nie in voller Konsequenz explizit gemacht, und Restbestände der älteren, auf die Überwindung des Kapitalismus auf der Grundlage bereits vollzogener Industrialisierung gerichteten Perspektive haben sich bis zum endgültigen und offenkundigen Scheitern des bolschewistischen Experimentes zumindest auf der Ebene der

Rhetorik erhalten. Das sowjetische Modell übte lange Zeit eine bemerkenswerte Ausstrahlungskraft gerade auf Regionen aus, wo nachholende Entwicklung auf der Tagesordnung zu stehen schien. Diese Ausstrahlungskraft ebenso wie die Bedeutung des Modells für jegliche Konzeption sozialer Evolution ergab sich aus der Tatsache, daß es sich hier um eine in bestimmtem Rahmen erfolgreiche nachholende Industrialisierung unter nicht-kapitalistischen Vorzeichen handelte. Auch wenn die zahlenmäßigen Erfolge der sowjetischen Industrialisierung weit übertrieben worden sind (s. Šiškov 1989), stand das bolschewistische Modell doch in deutlicher Konkurrenz zum dominanten Gesellschafts- und Entwicklungsmodell der Moderne ebenso wie zu den modernisierungstheoretisch begründeten Konzepten einer nachholenden Entwicklung. Die im vorigen Kapitel angesprochenen Berührungspunkte zwischen beiden Paradigmen unterstreichen gerade, daß es sich jeweils um Projekte der Modernisierung handelte. Ungeachtet dieser konkurrierenden Position im Gesamtkontext der Moderne waren die Gesellschaften sowjetischen Typs den dominanten Gesellschaften der Moderne immer subordiniert, und darin liegt das Moment der Ko-Evolution auch des konkurrierenden Typs moderner Gesellschaften. Das Sowjetsystem konnte sich niemals vollständig aus dem von den industriekapitalistischen Ländern beherrschten Weltmarktzusammenhängen lösen, und die Modellhaftigkeit dieser Gesellschaften wurde nie ernstlich in Frage gestellt, was Produktionsstruktur und materielle Leistungsfähigkeit, vor allem aber auch den mit dem Massenkonsum propagierten normativen Lebensstil angeht; der Anspruch bestand ja gerade darin, dies unter grundlegend anderen sozialstrukturellen Bedingungen auf gerechtere und aufgrund zentraler Planung vor allem auf effizientere Weise tun zu können. Die Existenzbedingungen des Sowjetsystems wurden letztlich in allen Phasen entscheidend mit geprägt durch einen Weltmarkt, über den es keine Kontrolle besaß. Das zeigt sich nicht zuletzt bei genauerer Betrachtung der Triumphe der schockartigen Industrialisierungsstrategie während der 1930er Jahre, die nicht denkbar gewesen wäre ohne massiven Technologietransfer vor allem aus den USA (vgl. Kirstein 1984). Die Orientierung an der durch die industriekapitalistische Entwicklung vorgezeichneten technologischen Entwicklungslinie setzte enge Grenzen für ein System, das vor allem auf eine extensive Nutzung massenhafter menschlicher Arbeitskraft aufbaute. Nicht allein war der Versuch, zu intensiver Industrialisierung überzugehen ein Fehlschlag, sondern der jahrzehntelang nicht aufgegebene Versuch dazu bildete das auslösende Moment ebenso wie den Inhalt der finalen Krise des Systems (vgl. Nuti 1979; Kurz 1991, S. 146ff). Die dem zugrundeliegenden Zwänge lassen sich festmachen an der für die Systemkonkurrenz konstitutiven Konkurrenz auf dem Bereich der Militärtechnologie und auf dem ebenfalls zentralen Gebiet der Lebensstile. In beiden Bereichen wurden die kurz- wie die langfristigen Entwicklungsziele durch die jeweils neuesten Innovationen des Westens vorgegeben. Wurden diese Zwänge vorübergehend negiert, etwa im Fall der Mikroelektronik, so führte dies zu einschneidenden Folgen, nämlich zu noch schwieriger wettzumachenden Rückständen. Im militärischen Bereich schlug sich dieser beständige Zwang zum Aufholen nieder in dem vermeintlichen oder realen Zwang, der jeweils neuesten Waffengeneration etwas Gleichwertiges oder gar Überlegenes entgegenzustellen; unter enormen Opfern ist dies sogar gelungen, einschließlich vorübergehender oder länger andauernder Vorsprünge in solchen Bereichen wie Luftfahrt- und Weltraumtechnologie. Die Bindung unverhältnismäßig vieler Ressourcen in diesen Bereichen dürfte aber andererseits zum Desaster das Gesamtsystems das ihre beigetragen haben. Der tatsächliche Lebensstil war bestimmt durch die anscheinend unüberwindbare Schwierigkeit, die Privilegierung des schwerindustriellen Sektors zugunsten stärkerer Förderung der Leichtindustrie abzubauen. Die konstante Knappheit an Waren, der typische Warenhunger, waren damit dauerhaft vorprogrammiert. Zugleich verstärkte die propagandistische Kraft der fordistischen Lebensweise den Legitimationsdruck, der die Regimes sowjetischen Typs immer wieder zu dem Versuch zwang, den eigenen Anspruch auf Überlegenheit auf dem Feld der Moderne selbst, vor allem in der Realisierung industrieller Massenproduktion, einzulösen. Gelegentlich – etwa in Polen während der 1970er Jahre, ansatzweise später auch in der DDR – geschah dies durch massiven Waren- und Kapitalimport aus dem Westen, bis hin zu Käufen größerer Posten von VW Golf, die in den 1980er Jahren von der DDR zur Verteilung an zahlungskräftige und politisch zuverlässige Interessenten beschafft wurden. In solchen Episoden symbolisierte sich nicht nur die ökonomische und technologische Überlegenheit der westlichen Industrie, sondern auch die kulturelle Hegemonie, die das Bild vom guten Leben und erstrebenswerten Gütern vorgab. Der Import nicht nur von Fertigwagen, sondern ganzer, meist am Ursprungsort obsolet gewordener Anlagen der Automobilindustrie aus dem Westen verallgemeinerte sich geradezu, und auch hier wurde das Verhältnis sinnfällig zum Ausdruck gebracht in der Benennung der am Produktionsstandort des sowjetischen Lada, einer vergröberten Version eines ausgelaufenen Fiat-Modells, entstandenen Stadt an der Kama nach dem langjährigen Führer der italienischen KP Palmiro Togliatti. All dies unterstrich das endgültige Scheitern aller Ansätze zur Entwicklung eines neuen Zivilisationstypus, der eventuell über die Moderne hinausgewiesen hätte. Solche während der 1920er Jahre in der UdSSR auf Gebieten von der Kindererziehung bis zur Stadtentwicklung diskutierten und teilweise experimentell erprobten Projekte waren auf praktischer Ebene bereits der programmatischen Wende zur forcierten nachholenden Industrialisierung ab 1928 zum Opfer gefallen (s. schon Trockij 1968). Die Reformen, die sich seit Mitte der 1980er Jahre vor allem mit dem Namen Michail Gorba evs verbanden, konnten unter solchen Voraussetzungen kaum mehr sein als eine Strategie zur Überwindung der am Bild des Westens definierten Mängel des Systems. Unabhängig von ihrer durch innergesellschaftliche Strukturen bedingten Widersprüchlichkeit (s. etwa Conert 1990, S. 210ff)

Die konstante Schwäche im Bereich systematischer Innovationen in der Industrie bedeutete, daß den Gesellschaften sowjetischen Typs ein wesentliches Moment der modernen Dynamik abging, das ihnen in Gestalt von Rückständen und entsprechenden Zwängen zu beständigem Nachholen oder kostspieligem Technologie-Import drastisch entgegentrat. Darin drückte sich nicht zuletzt die Dominanz des fordistischen Entwicklungsmodells aus, die als kulturelle Hegemonie und überlegene materielle Konkurrenz zugleich zum Ausdruck kam. Die Subordination manifestierte sich auch in der internationalen Verschuldung, die spätestens während der 1980er Jahre wesentlich zur ökonomischen Krisensituation in den RGW-Ländern beigetragen hat.

Es ist deutlich geworden, daß in der Tat die zentralen *industriekapitalistischen Gesellschaften* in der Lage sind, allen anderen nicht das Bild ihrer künftigen Entwicklung vorzugeben, sehr wohl aber die Bedingungen ihrer Existenz zu definieren und dementsprechend auch die Voraussetzungen zu bestimmen, unter denen eine Positionsverbesserung möglich ist. Diese Hegemonie verliert nichts von ihrer Gültigkeit dadurch, daß auch in Nordamerika, Westeuropa und Japan staatliche Ressourcen der Erosion der bisherigen Steuerbasis als Effekt der Globalisierung der Finanzmärkte ausgesetzt sind oder daß multinationale Konzerne in der Lage sind, große Teile ihres Geschäfts *off-shore* abzuwickeln und Produktionsstätten in gewissem Umfang nach Art der *shifting cultivation* an wechselnden Standorten je nach augenblicklicher Einschätzung der Profitchancen zu installieren (s. dazu Fröbel 1980). Dieser Umstand ist allerdings ein deutlicher Hinweis auf die Ungenauigkeit, mit der von der Hegemonie oder Dominanz von Gesellschaften oder Ländern gesprochen wird. Oben wurde bereits auf die Analogie hingewiesen, die sich zwischen der ungleichen Ko-Evolution auf *inter*sozietärer Ebene und der Entwicklung von Ungleichheitsstrukturen auf *intra*sozietärer Ebene ziehen läßt.

Auch und gerade in industriekapitalistisch entwickelten Gesellschaften sind Lebenschancen ungleich verteilt und dies macht sich besonders deutlich bemerkbar an ungleichen *Verfügungs*chancen und ihren Folgen. Die aktuelle Standortdebatte bietet dafür reiches Anschauungsmaterial, wenn regressive Reformen mit der offenen Drohung des weiteren Verlustes von Arbeitsplätzen durchgesetzt werden sollen, in Deutschland trotz der nach dem Rückgang im Zusammenhang mit der Vereinigung neuerlich erreichten Exportrekorde. Aber gerade diese Auseinandersetzungen sind Ausdruck für fundamentale Tendenzen des industriellen oder, mit Max Weber zu sprechen, des betriebsmäßigen Kapitalismus: Der durch Wachstums- und Akkumulationsimperative angetriebene Zwang zu technologischer Innovation bedeutet eine ständige Umwälzung der Produktions- und Arbeitsprozesse, aber auch der Konsummuster. Arbeitsvermögen werden ebenso entwertet wie nicht aktualisierte Investitionen. Bedürfnisstrukturen unterliegen einer Dynamik, ohne die der Absatz industrieller Massenkonsumgüter undenkbar wäre. In diesem Sinne ist das *beständige* Verdampfen der Verhältnisse und Routinen, ihre beständige Neuformierung und Umorganisation ebenso Signum der Moderne, wie übrigens die aus unterschiedlichen Perspektiven vorgetragene Kritik, die alle diese Umwälzungen von Anfang an begleitet hat. Auch bewußte und kontinuierliche Reflexivität ist nicht das Signum einer „zweiten" Moderne (vgl. Beck z.B. 1996), sondern der kapitalistisch bestimmten Moderne von Anfang an. Die damit umrissenen Prozesse konstituieren Interessen, deren effektive Durchsetzung für allen anderen Gesellschaften den Spielraum gesellschaftlicher Optionen definiert. Dies soll nun als entwicklungstheoretisches Kernproblem genauer erläutert werden.

Der Begriff der Entwicklungsoption

Wie wir gesehen haben, bezeichnet „Unterentwicklung" das klare Gegenteil von dem, was oft mit diesem Wort assoziiert wird. Es geht nicht um „rückständige" Verhältnisse, sondern um Zustände, deren Entstehung untrennbar verknüpft ist mit den erfolgreichen Prozessen industriekapitalistischer Entwicklung zunächst im Nordwesten Europas, später auch in Nordamerika und Japan. Es handelt sich um einen Prozeß der Ko-Evolution. „Entwicklung" und „Unterentwicklung" verhalten sich komplementär zueinander. Aber damit ist noch nicht geklärt, was beides auf der Ebene der Einzelgesellschaften einerseits und jener der Weltgesellschaft andererseits eigentlich bedeuten soll: Aus der engen gegenseitigen Verklammerung beider Prozesse, ihrem zueinander komplementären

Verhältnis, ergibt sich zunächst jedenfalls auf der Ebene der Weltgesellschaft, daß es sich in letzter Instanz um einen einheitlichen Prozeß handeln muß, von dem „Entwicklung" und „Unterentwicklung" allenfalls Aspekte sind, die wir zum Zweck der Analyse gedanklich voneinander trennen können. Wie aber die vielfältigen Erscheinungen von „Ungleichzeitigkeit" oder regionaler Disparität sowohl in industriekapitalistischen wie in postkolonialen Gesellschaften unterstreichen, ist auch für Einzelgesellschaften eine solche Trennung bestenfalls prekär.

Dennoch sind Unterschiede zwischen einzelnen Gesellschaften ebenso unverkennbar wie die Dynamik der Weltgesellschaft, für die „Entwicklung" nach wie vor eine der einleuchtendsten Bezeichnungen sein dürfte – dann aber schon nicht mehr im Sinne der teleologischen Konzepte der Modernisierungs- oder der Dependenztheorie. Im folgenden möchte ich versuchen, diesen Prozeß genauer zu umreißen. Danach wird es möglich sein, ihn in einer Reihe von Einzelaspekten zu konkretisieren, insbesondere im Hinblick auf das Paradigma der Entwicklung und seinen Zusammenhang mit Problemen der Ökologie.

Unsere Ausgangsüberlegung[1] bezieht sich auf den Begründungszusammenhang der Unterentwicklung: Aus der Sicht der Kolonisierten ist an diesem Vorgang entscheidend ihre Unterwerfung unter von außen gesetzte, ihnen objektiv vorgegebene Bedingungen. Diese Bedingungen sind „objektiv", eben weil sie durch externe Mächte definiert und der Verfügungsgewalt sämtlicher Instanzen der Einzelgesellschaft entzogen sind. Diesen vorgegebenen Bedingungen gegenüber sind sehr wohl unterschiedliche gesellschaftliche und individuelle Reaktionsweisen oder auch zielgerichtete Strategien möglich gewesen, und diese differentiellen Chancen haben sich mit der Zeit immer wieder geändert. Zur Einflußnahme auf die objektiven Vorgaben selbst und damit auch auf die Parameter der vorhandenen, eben nur differentiellen Chancen besaßen die Kolonisierten und besitzen nach wie vor auch die postkolonialen Gesellschaften sowie endlich auch die Staaten, die diese Gesellschaften auf internationaler Ebene repräsentieren, keine oder nur äußerst geringfügige Mittel. Diese in letzter Instanz, häufig aber auch sehr unmittelbar bestimmenden Rahmenbedingungen lassen sich zusammenfassen in den Einwirkungen des kapitalistischen Weltmarktes und seiner Bewegung auf die unterschiedlichen, nationalstaatlich verfaßten Einzelgesellschaften.

---

[1] Die folgenden Überlegungen gehen zurück auf gemeinsame Arbeiten mit Christian Sigrist, der den Begriff der Entwicklungsoption zuerst geprägt hat; vgl. auch Kößler 1988.

Für ein klares Verständnis der Problematik der *Unter*entwicklung, also der komplementären Entwicklung subordinierter Formen moderner Gesellschaften, ist eine begriffliche Abgrenzung erforderlich, die zugleich die Grenze zwischen modernen und vormodernen Gesellschaften weiter verdeutlichen kann. Es geht hier um die klare Unterscheidung zwischen Lagen der *Unter*entwicklung einerseits und andererseits „*un*entwickelten" Situationen. Diese Unterscheidung wird gerade dann verfehlt, wenn Entwicklung weitgehend gleichgesetzt wird mit dem Erreichen der Zielvorgabe der „entwickelten", industriekapitalistischen Gesellschaften.
Gesellschaften vor dem „Erstkontakt" mit der modernen Entwicklungsdynamik und den durch sie geprägten Gesellschaften befanden sich offensichtlich nicht in dem bezeichneten komplementären Prozeß der Ko-Evolution von „Entwicklung" und „Unterentwicklung", und vor allem verfügen sie ihrerseits durchaus über latente Entwicklungsmöglichkeiten, die durch irgendwelche kontingenten Ereignisse hätten aktiviert werden können – und dabei ist es eher unwahrscheinlich, daß diese Entwicklung in die gleiche Richtung gewiesen hätte, wie sie durch die dominant gewordene Evolutionslinie hin zum industriellen Kapitalismus vorgezeichnet ist. Auch die Kontaktaufnahme mit der durch den kapitalistischen Weltmarkt determinierten Sphäre ist auf der Ebene der „unentwickelten" Gesellschaft zunächst einmal als kontingentes Ereignis zu werten. Die Überfahrt des Kolumbus stand in keinerlei Kausalzusammenhang zu irgendwelchen inneren Prozessen oder Strukturen der präkolumbianischen Gesellschaften, die in der Folge physisch ausgerottet oder unterworfen wurden. Auch die Errichtung der britischen Herrschaft in Indien oder die Kolonisierung Indochinas durch Frankreich sind nicht durch interne Dynamiken dieser Regionen zu erklären. Ebensowenig wurde das *Scramble for Africa* Ende des 19. Jahrhunderts von Afrikanern ausgelöst, sondern entsprang aus den komplizierten Konkurrenzverhältnissen der europäischen Mächte. Dagegen sind wir berechtigt, auf der Seite des westlichen Europa diese Vorgänge auf Kausalitätsketten zurückzuführen, die wenigstens in den jüngeren Fällen der expansiven Dynamik des industriellen Kapitalismus zuzurechnen sind.
War der Kontakt in Form eines kontinuierlichen Zusammenhangs erst einmal etabliert, so wurden die genannten Gesellschaften auf die Bahn der komplementären Ko-Evolution, der weltgesellschaftlichen Unterordnung oder aber der Vernichtung gedrängt. Vorhandene Möglichkeiten eigenständiger Weiterentwicklung, vielleicht auf ganz anderen Wegen als die unter modernen Bedingungen realisierten, wurden so in aller Regel zerstört. Sie standen im Weg der meist sehr unmittelbaren und kurzfristigen Interessen der Kolonisatoren auf Aneignung und Extraktion. Noch heute läßt sich

dies beobachten beim Vorstoß von Kapitalgruppen oder auch von individuellen Siedlern in Gebiete wie etwa die tropischen Regenwälder, wo sie durch ihre Intervention aus letzten noch wirklich „unentwickelten" Situationen meist extrem „unterentwickelte" Lagen machen. Diese Differenzierung führt uns nun zur Begriffsbestimmung der Entwicklungsoption.

Als „*Entwicklungsoption*" bezeichnen wir die je bestimmten gesellschaftlichen Verhältnissen und einer je bestimmten historischen Situation immanente realistische Möglichkeit konkreter Schritte weiterer Entwicklung. Damit ist zugleich das Vorhandensein mehrerer Optionen zu einem bestimmten Zeitpunkt unterstellt. Optionen ergeben sich aus dem Zusammentreffen der Naturausstattung einer Gesellschaft mit ihren inneren und äußeren Verhältnissen. Bei diesen handelt es sich um innere Strukturen, insbesondere Herrschaftsverhältnisse, Arbeits- und Reproduktionsbeziehungen, aber auch vorhandene Kompetenzen im Umgang mit den vorhandenen produktiven Kräften, zu denen selbstverständlich wiederum das Können der Menschen selbst zu zählen ist; hinzu kommen gesellschaftliche Außenbeziehungen wie kriegerische Verwicklungen oder auch dauerhafte Austausch- und Komplementärbeziehungen, wie sie beispielhaft mit dem Verhältnis der großen Agrarkulturen zu nomadisierenden Gruppen benannt wurden. Es geht also in erster Linie um die Konfiguration zwischen der Gesellschaft und ihrer Umwelt – wobei zur „Umwelt" ganz im Sinne der Systemtheorie sehr verschiedenartige Zusammenhänge gehören können, insbesondere aber sowohl natürliche, als auch fremdgesellschaftliche.

Wird nun eine Entwicklungsoption realisiert, so ist dieser Schritt in aller Regel unumkehrbar, denn historisch kontingente Situationen, in denen unterschiedliche Entwicklungswege grundsätzlich offen stehen, sind singulär. Auch die Entscheidung für eine solche strukturell gegebene Möglichkeit oder Option hat ein hohes Maß an Kontingenz, und solche Entscheidungen sind bisher in der Regel eher nicht als bewußte gesellschaftliche Wahl oder Präferenz getroffen worden, und sicher nicht in voller Kenntnis aller ihrer Konsequenzen. In sie gehen situationsbezogene Wahrnehmungen und strategische Erwartungen und Interessen ebenso ein wie die Resultate von gesellschaftlichen Auseinandersetzungen zumal dann, wenn die Richtungsentscheidung bewußt als solche erlebt wird.

Die Realisierung *einer* Option ist, ganz entsprechend dem Konzept der Orthogenese als irreversibler Schritt zu verstehen. Diese Entscheidung ist auch aufgrund ihrer Unumkehrbarkeit gleichbedeutend mit dem Ausschluß anderer zum gegebenen Zeitpunkt vorhandener Optionen, die alternativen Entwicklungswegen entsprechen würden; jedenfalls gilt dies für ihre jeweils aktuelle Form und auf absehbare Zeit. Auch dies bekräftigt die Gerichtetheit einer so vorangetriebenen Entwicklung, ohne daß sich dafür, unabhängig von *subjektiven* Zielsetzungen ein *objektiv* feststehendes oder auch nur im Vorhinein definierbares Ziel angeben ließe. Die Verwirklichung einer bestimmten Option eröffnet den Weg zur Entfaltung weiterer Optionen, die auf der eingeleiteten Entwicklung aufbauen und sich schrittweise eröffnen können, oder aber sie kann auch Möglichkeit einschränken, daß sich solche Optionen neu generieren.

Das Vorhandensein konkreter Optionen ist zumal in der Rückschau, vom Standpunkt der real eingetretenen Entwicklung aus objektiv konstatierbar. Das bedeutet noch nicht, daß die mit aktuell bestehenden Optionen gegebenen Verzweigungsmöglichkeiten gesellschaftlicher Entwicklungen den Zeitgenossen bewußt sein müssen. Die Realisierung bestimmter Optionen beruht so auf einer Wahlentscheidung, die nicht allein mehr oder weniger bewußt fallen kann, sondern auch auf mehr oder weniger zutreffenden – oder eben auch falschen – Annahmen über die sich dadurch eröffnenden Entwicklungsperspektiven. Dabei sollte nicht übersehen werden, daß Verzweigungssituationen ebenso wie die Wahl eines bestimmten Weges in einer solchen Situation auch von außen gewaltsam hergestellt oder durch objektive, d.h. nicht von konkreten Personen ausgehende Zwänge, durch „strukturelle Gewalt" (Galtung 1977, bes. S. 62-67), aufgezwungen sein können.

Verzweigungssituationen können als solche erkennbar sein. Ein überaus wichtiges Beispiel für den durchaus reflektierten Mitvollzug und teilweise die interessengeleitete Inszenierung eines fundamentalen Umbruchs durch die Zeitgenossen ist die industrielle Revolution in England. Hier wurden Potentiale, insbesondere die Steigerung der gesellschaftlichen Produktivität, ebenso gesehen und diskutiert wie die Risiken, die vor allem in den sozialen Verwerfungen, frühzeitig aber auch in ökologischer Zerstörung etwa durch die chemische Verschmutzung von Bächen durch die expandierende Färberei gesehen wurden. Gerade diese Thematik war später für lange Zeit aus dem gesellschaftlichen Bewußtsein verschwunden. Schwerlich legte man sich zum Zeitpunkt der industriellen Revolution aber Rechenschaft ab über die langfristigen internationalen oder „weltgesellschaftlichen" Auswirkungen eines Umbruchsprozesses, der sich zunächst auf England konzentrierte, auch wenn die Baumwoll-Industriellen gewiß erfreut nicht nur eine enorme Steigerung der Produktivität des Spinnprozesses registrierten, sondern auch den Nebeneffekt, endlich die indische Konkurrenz abgeschüttelt zu haben. Hier zeigt sich, daß mit der Wahrnehmung der Entscheidungssituation und der mehr oder weniger bewußten Durchsetzung einer Optionswahl durchaus noch nicht Klarheit über alle Implikationen der favorisierten Option verbunden sein muß, im Gegenteil.

In den Bereich einer in diesem Sinne bewußten Wahl gehört auch die *Vermeidung* evolutionärer Schritte, wie sie für gesellschaftliche Vorkehrungen gegen die Herausbildung von Herrschaft bereits betrachtet wurde (s. Kap. 1). Eine ganz anders geartete, aber ebenfalls mit einer folgenreichen Optionsentscheidung verbundene ausdrückliche Vermeidungsstrategie können wir in der Apartheidspolitik der 1948-1994 in Südafrika regierenden Nationalen Partei sehen. Hier erwies sich eine äußerst knapp ausgegangene Parlamentswahl als historisch folgenreiche Entscheidung, die objektiv vorhandene Möglichkeit der baldigen Herausbildung einer multiethnischen, formal gleichberechtigten städtischen Arbeiterklasse zugunsten der rigorosen Festlegung rassistischer Abgrenzungen zumindest auf vier Jahrzehnte zu umgehen und so die spezifischen Züge des südafrikanischen Kapitalismus zu bewahren und weiter zu pointieren (vgl. Decke 1972; Möllers 1986). Doch ungeachtet solcher Fälle muß die Wahl einer Option nicht in jedem Fall ein bewußter Akt sein. Ferner wird sich immer wieder argumentieren lassen, daß objektiv vorhandene Optionen nicht erkannt oder aus irgendwelchen, jeweils zu erforschenden Gründen eher nicht genutzt als bewußt und ausdrücklich vermieden wurden. Endlich wurde schon darauf hingewiesen, daß es höchst unwahrscheinlich ist, daß auch bei einer bewußten, ausdrücklichen Wahlentscheidung sämtliche Folgen dieser Weichenstellung bekannt sein können oder gar ins Kalkül eingehen. Vielmehr spielen auch hier kontingente Ereignisse und Konstellationen eine wesentliche Rolle. Ein signifikantes Beispiel sind die von den zentralen Akteuren völlig unvorhergesehenen mittel- und vor allem langfristigen Folgen des Oktoberumsturzes von 1917 in Rußland (vgl. Hildermeier 1989, bes. S. 229-258). Unternommen als Versuch, eine proletarische Revolution in Europa zu initiieren, erwies sich die Oktoberrevolution als Auftakt zu einer Anstrengung nachholender Industrialisierung, die ganz entgegen ihrem ursprünglichen Programm nicht nur staatszentriert, sondern auf ein einzelnes, relativ isoliertes Land beschränkt war.

Gerade bewußte Optionsentscheidungen sind strategisch-politische Akte und als solche unweigerlich mit dem Risiko behaftet, das jeglichem historischen Handeln innewohnt. Schließlich ist aufgrund unserer Überlegungen zu Verlaufsformen evolutionärer Prozesse zu schlußfolgern, daß Optionen, d.h. Chancen zu Weichenstellungen mit langfristigen strukturellen Folgen, nicht zu jeder Zeit in gleicher Dichte auftreten. Entscheidungssituationen sind historische Momente.

Die Kategorien der Entwicklungsoption und Optionsentscheidung lassen sich anschließen an die Begrifflichkeit der neueren Evolutionstheorie. Hier bietet sich insbesondere die Beobachtung von

Bifurkationen an, womit zugleich an das Moment des Zufalls oder Kontingenz beim Zustandekommen tatsächlicher Geschehensverläufe erinnert wird (s. Kap.1; Prigogine/Stengers 1984, S. 176; Laszlo 1987, S. 61ff). Zugleich entspricht dieses Konzept weitgehend der Kategorie der objektiven oder realen Möglichkeit (vgl. z. B. Marcuse 1972, S. 137ff), wie sie unter Bezug auf Hegel im dissidenten westlichen Marxismus diskutiert wurde. Andererseits ist unverkennbar gegenüber allzu objektivistischen Schlüssen aus solchen Zusammenhängen und Struktur-Isomorphien von Prozessen auf die Momente der bewußten Wahrnehmung, der effektiven Kontingenz und der Reflexivität hinzuweisen, wie wir sie als spezfisch für soziale Evolution bestimmt hatten. Dies verweist zugleich auf die unhintergehbare Komponente der Unsicherheit, des Risikos, der Gefahr in historisch-gesellschaftlichen Prozessen, erst recht in Verzweigungssituationen und bei den damit verbundenen Entscheidungen. Diese Unsicherheit kann aus dem Verlauf gesellschaftlicher Prozesse und damit aus politischem und historischem Handeln schlechterdings nicht eliminiert werden. Die zentrale Rolle der Kontingenz steht daher Erfolgsgarantien ebenso im Wege, wie sie auf die entscheidende Rolle von häufig punktuellen Chancen und vorübergehenden Konstellationen verweist, die von den Handelnden genutzt oder liegengelassen werden können – wiederum ohne eine Garantie des Gelingens (vgl. auch Koselleck 1992, S. 154ff).

Die Realisierung einer bestimmten Option bedeutet zunächst einmal die Reduzierung des „*Optionspotentials*" der jeweiligen Gesellschaft. Denn wie wir gesehen haben, schließt dieser Prozeß die aktuell vorhandenen Alternativen aus, und diese Entscheidung ist in aller Regel unwiderruflich. Für die weitere Entwicklung ist es dann entscheidend, ob diese objektiv eingetretene Entscheidung den Weg eröffnet zu neuen Optionen gesellschaftlicher Entwicklung, d.h. zu realistischen Möglichkeiten der Wahl zwischen neuerlich unterschiedlichen Entwicklungswegen. Dann würde das gesellschaftliche Optionspotential regeneriert und erweitert, die Entscheidungschancen der Gesellschaft über ihren weiteren Entwicklungsweg blieben erhalten oder würden sogar verbessert und vervielfältigt.

Eine solche Erneuerung und Bereicherung des gesellschaftlichen Optionspotentials läßt sich im Kontext des modernen Weltzusammenhanges etwa daran konkretisieren, daß es einer in diesem Sinn erfolgreichen Gesellschaft gelingt, eine schwer revidierbare Spezialisierung zu vermeiden, durch die sie in eine Nische des Weltmarkts abgedrängt werden könnte. Konkret geschah dies beispielsweise in der Form der „holländischen Krankheit", wo sich auch bei über längere Zeiträume hinweg sehr guten Erlösen die Fixierung auf Rohstoffexporte, insbesondere von Energieträgern als folgenreiche Falle erwies (vgl. Altvater/Mahnkopf 1996, S. 207-211).

Die langfristige Bereicherung des Optionspotentials entspricht recht genau dem, was gemeinhin mit „Entwicklung" vor allem in volkswirtschaftlicher Hinsicht bezeichnet wird, freilich ohne Berücksichtigung der komplementären Prozesse auf der Ebene der Weltgesellschaft. Auf der Ebene einzelner, nationalstaatlich verfaßter Gesellschaften läßt sich sagen, daß Gesellschaften mit hohem, immer wieder erneuertem Optionspotential größere Chancen haben, auf unvorhergesehene und neuartige Herausforderungen flexibel zu reagieren. Diese Gesellschaften sind daher am ehesten in der Lage, autochthone Entscheidungskompetenzen zu wahren; die Art und Weise, wie solche Kompetenzen genutzt werden, insbesondere zu wessen Gunsten, hängt dann ab von den inneren Aushandlungsprozessen und Herrschaftsverhältnissen der jeweiligen Einzelgesellschaft; dies bedeutet freilich zugleich, daß auch die Entscheidungen über den weiteren Entwicklungsgang entsprechend wahrgenommener Interessen und ihrer innergesellschaftlichen Durchsetzungschancen erfolgen. Optionsentscheidungen sind daher immer vorrangig Ausdruck innergesellschaftlicher Machtverhältnisse. Damit ist allerdings weder etwas über die Richtigkeit der zugrundegelegten Interessendefinition ausgesagt, noch sind die Freiheitsgrade negiert, denen sich jede strategische Wahlentscheidung unweigerlich stellen muß.

Unter den Bedingungen des Weltmarkts sind erfolgreiche Einzelgesellschaften darüberhinaus in der Lage, ihre gesellschaftliche und natürliche Umwelt in für sie günstiger Weise zu beeinflussen oder auch in ihrem Eigeninteresse zu funktionalisieren. Auch dies läßt sich als Teilaspekt ihres Optionspotentials verstehen. Die Verarmung des Optionspotentials unterentwickelter Gesellschaften zeigt sich dagegen in ihrer von außen verursachten Festlegung auf die Position als spezialisierte Rohstofflieferanten, als Anbieter billiger Arbeitskraft oder neuerdings als Zielgebiete für den Abraum industrieller Produktion und fordistischer Konsumstile im Rahmen unterschiedlicher Spielarten des Mülltourismus (s. etwa Bernstorff 1991). All dies geht einher mit verschärfter Krisenanfälligkeit: In der Situation der Unterentwicklung sind Existenz- und Entscheidungsbedingungen weitgehend von außen vorgegeben; Entscheidungen fallen daher vorwiegend *heteronom*, wie dies gegenwärtig versinnbildlicht wird durch internationale Instanzen wie den Internationalen Währungsfonds (IWF) oder den Pariser und den Londoner Club, die Vereinigungen der staatlichen bzw. privaten Großgläubiger. Diese durch die industriekapitalistischen Kernstaaten oder private Gläubiger beherrschten Gremien geben im Rahmen von Umschuldungsverhandlungen den jeweiligen Regierungen Zieldaten und politische Verhaltensmaßregeln mit dem Ziel der Strukturanpassung (*structural adjustment programs*, SAP) vor, die diese dann mit unter-

schiedlichem Erfolg gegenüber der eigenen Bevölkerung zu exekutieren versuchen (vgl. z.B. Hansohm/Kappel 1993, S. 75-97).
„Entwicklung der Unterentwicklung" als Chiffre für ein mannigfaches Spektrum historisch realisierter Entwicklungsformen läßt sich in dieser Terminologie verstehen als der Prozeß einer langfristigen *Reduzierung* des gesellschaftlichen Optionspotentials. Dies erfolgte durch die ganz oder weitgehend von außen durch direkte Machtausübung oder durch strukturelle Zwänge verursachte Realisierung bestimmter Optionen unter den Bedingungen hierarchischer internationaler Arbeitsteilung und Austauschbedingungen. Die koloniale Ausbreitung der Herrschaftsbereiche westeuropäischer Gesellschaften hat in ihren unterschiedlichen Phasen sehr konkret die Entwicklungswege der diesem Prozeß unterworfenen Gesellschaften bestimmt. In grober chronologischer Reihenfolge kam es zur gewaltsamen Erringung der Kontrolle über wesentliche Abschnitte des Welthandels vor allem im Becken des Indischen Ozeans, zur Etablierung des transatlantischen Handelns, zur Festlegung ganzer Großregionen, zunächst vor allem in der Neuen Welt und in der Insulinde, auf die Produktion bestimmter Bergbau- und Plantagenprodukte wie Zucker, Gewürze und Edelmetalle für den westeuropäischen Markt und schließlich zur massenhaften, weltumspannenden Beschaffung der für die sukzessiven kolonialen Projekte benötigten Arbeitskräfte, zunächst vor allem entlang der afrikanischen Atlantikküste. Mit all dem waren aus der Sicht der außereuropäischen Gesellschaften extern verursachte Optionsentscheidungen verbunden. Diese Feststellung sollte nicht die wichtige Einsicht verstellen, daß die Vermittlungsformen solcher Weichenstellungen sehr unterschiedlich gewesen sind: Sie reichten von der unmittelbaren militärischen Invasion und der direkten kolonialen Unterwerfung bis hin zur Etablierung von Handelsbeziehungen, was nicht zuletzt auf den transatlantischen Sklavenhandel zutraf; damit konnte das, was für die Großregion eine säkulare Katastrophe darstellte, wie bereits erwähnt für einzelne Gesellschaften auf mittlere Sicht durchaus als Chance erscheinen, die auch genutzt wurde (vgl. Wolf 1986, bes. Kap. 7; Rodney 1980, bes. S. 100ff). Doch unabhängig von ihrer Erscheinungsform waren diese Optionsentscheidungen nicht umkehrbar, und sie haben ebenso langfristige wie vielgestaltige Folgen gezeigt. Diese Folgen umfassen einseitige Spezialisierungen auf wenige Exportprodukte ebenso wie ökologische Zerstörungen durch Monokultur und Bodenknappheit, aber auch die Erschöpfung fossiler, besonders mineralischer Ressourcen (vgl. Mezger 1984, S. 75) oder die Umgestaltung und Ergänzung von Flora und Fauna, die in vielen Fällen aber einer Expansion europäischer Nutzpflanzen und Haustiere, aber auch von Krankheitserregern gleichkam

und mit dem Verlust einheimischer Arten und letztlich mit ökologischer Verarmung einherging (vgl. Crosby 1986).
Optionsentscheidungen sind unabhängig vom subjektiven Bewußtsein der Akteure über die Tragweite ihres Tuns interessenbezogen. Dies entspricht zunächst ihrem Charakter als Wahl zwischen objektiv gegebenen, einander in historisch kontingenten Situationen ausschließenden Möglichkeiten. Die Art und Weise und erst recht die Richtung der Einlösung eines aktuell gegebenen gesellschaftlichen Optionspotentials hängt entscheidend ab von den Durchsetzungschancen der in der jeweiligen Situation aktualisierten gesellschaftlichen Interessen. Koloniale Situationen sind wesentlich gekennzeichnet durch die Übermacht externer Interessen, die für ganze Regionen Optionsentscheidungen fällen und durchsetzen. Das gilt auch für die postkoloniale Situation: Sie ist wesentlich bestimmt durch unvollständige Produktions- und Konsumtionskreisläufe, wodurch die strukturelle Außenabhängigkeit und prinzipielle Offenheit postkolonialer Gesellschaften begründet wird (vgl. Schiel 1982). Wenn also anzunehmen ist, daß Macht- und insbesondere Klassenverhältnisse generell wesentlich die in Frage stehenden Weichenstellungen determinieren, so wird die Entscheidung über Realisierung oder Eliminierung bestimmter Optionen in der kolonialen Situation in erster Linie durch Einwirkung von außen, d.h. durch das Vorherrschen intersozietärer Machtverhältnisse über die intrasozietären, bestimmt.
Zwar bestanden solche intersozietären Beziehungen mit mehr oder weniger großer Regelmäßigkeit schon in vormoderner Zeit und haben hier zu wesentlichen Veränderungen in den regionalen oder auch in den lokalen Optionspotentialen geführt, jedoch mit entscheidenden Unterschieden. Vormoderne Austausch- oder auch direkte Ausbeutungsbeziehungen etwa durch Tributzahlungen sowie dadurch vermittelten Diffusionsbeziehungen besaßen ebenso wie zumeist auch regionale Märkte in aller Regel den Charakter von Ausnahmeereignissen (vgl. Kößler/Schiel 1996, S. 49ff), d.h. sie spielten keine beherrschende Rolle im Prozeß gesellschaftlicher Reproduktion, sondern wirkten lediglich an ihrem Rand. Das galt auch dann, wenn diese Ereignisse als „Jahrmärkte" oder „Messen" periodisch stattfanden, und es gilt für innergesellschaftliche Handelsbeziehungen ebenso wie für den Fernhandel, der nicht zufällig fließende Übergänge zur Kriegsführung aufwies (vgl. Braudel 1985, S. 548ff; 1986a, bes. S. 19ff; 148ff, 645ff; 1986b, S. 434ff). Es lohnt festzuhalten, daß die marktförmige Vermittlung solcher Beziehungen interregionaler Arbeitsteilung historisch nicht alternativlos dasteht; in den vorkolumbianischen Andenkulturen wurden ähnliche Effekte der Produktdiversifikation über weite Distanzen durch die räumliche Differenzierung von Dorfgemeinden vor allem in der Form

von Koloniebildung in verschiedenen Höhenlagen erreicht (s. Alberti/Mayer 1974; auch Golte 1982); in China war die Versorgung der Hauptstadt Beijing mit Reis aus den Yangtze-Provinzen über den im 7. Jahrhundert eigens dafür gebauten Kaiserkanal über die staatlich eingehobene Steuer geregelt (vgl. Elvin 1973, S. 54f; Wittfogel 1931, S. 425ff). Die geographische Ausweitung von gesellschaftlichen Optionspotentialen ist demnach nicht an kontinuierliche oder diskontinuierliche Marktbeziehungen gebunden, sondern kann, wie im andinen Beispiel auch durch kommunale Kooperation oder wie im chinesischen durch politische Kontrolle und zentrale Koordination begründet sein.

Die Realisierung bestimmter Entwicklungsoptionen und die damit einhergehende Eliminierung anderer sind also Ausdruck intra- wie intersozietärer Macht- und Herrschaftsverhältnisse und aktueller Interessendefinitionen. Freilich war diese „Wahl" bisher kaum je ein bewußter Akt, schon gar nicht in Kenntnis aller ihrer Folgewirkungen. Auch die Realität der Unterentwicklung als einer spezifischen Möglichkeit sozioökonomischer Entwicklung oder genauer, Ko-Evolution im Rahmen des kapitalistischen Weltmarkts wurde erst Jahrhunderte nach dem Einsetzen des zu ihr führenden Prozesses in den Konsequenzen erkannt, wie sie uns heute vor Augen stehen. Weiter enthielt die Einsicht in diese Realität, wie sie bis zu den 1960er Jahren formuliert wurde, noch wenig Hinweise auf die inzwischen eingetretene Differenzierung unterentwickelter Gesellschaften, also auf die Herausbildung von „Schwellenländern", auf die wechselvollen Schicksale von Rohstofflieferanten oder auf die sich immer deutlicher abzeichnende Tendenz, daß große Teile vor allem Afrikas in Gefahr sind, gänzlich an den Rand des Weltgeschehens gedrängt zu werden.

Entwicklungsoption und soziale Evolution

Die bisherige Entfaltung der eng aufeinander bezogenen Begriffe von Entwicklung und Option hat das Bestehen einer hierarchischen internationalen Arbeitsteilung sowie ungleicher Austauschbedingungen auf einem kapitalistischen Weltmarkt weitgehend als Bezugsrahmen unterstellt. Gefragt wurde nach den Chancen auf Entwicklung und Selbstbestimmung bestimmter Gesellschaften. Damit blieb aber die Frage unberührt, welche Konsequenzen die konstatierte globale Differenzierung nationalstaatlich verfaßter Einzelgesellschaften für Entwicklung in gattungsgeschichtlicher Hinsicht hat; ob also Optionspotentiale als eine Art Nullsummenspiel zu betrachten sind, oder ob das gesamte Potential gesellschaftlicher Optionen auf der Ebene der Weltgesellschaft prinzipiell als erweiterbar gedacht werden kann. Gerade unter längerfristigen, durchaus aber auf denkbare politische Praxis orientierten Gesichtspunkten ist diese Frage wesentlich, wenn nämlich nach Wegen gesucht werden soll, die bestehende Weltmarkthierarchie zu überwinden und die aktuelle Tendenz umzukehren, in der Entwicklungs*politik* kaum mehr anders betrieben wird denn als eine Art internationaler Sozialhilfe und eventuell als Migrationsverhinderungsstrategie. Auch aus diesem Grund ist es sinnvoll, die Begriffe „Entwicklung" und „soziale Evolution" voneinander zu unterscheiden, obwohl sie auch in soziologischen Diskursen häufig synonym benutzt werden.

Anders als die gängigen Modelle von „Entwicklung" und die daran anschließenden Strategien beziehen sich Konzepte der sozialen Evolution ausdrücklich auch auf die Dynamik vormoderner oder vorkapitalistischer Gesellschaften. Sie erreichen damit eine wesentlich größere zeitliche Tiefe und berücksichtigen vielfältigere gesellschaftliche Grundstrukturen. Aktuelle Prozesse werden damit im übergeordneten Zusammenhang der Entstehung und Dynamik unterschiedlicher Gesellschaftsformen auch in ihren weiterreichenden Implikationen verständlich. Anders als bei vielen Entwicklungsmodellen und -theorien sind Konzepte sozialer Evolution freilich kaum auf unmittelbar handlungsstrategische Schlußfolgerungen hin ausgelegt. Sehr wohl aber enthalten auch sie normative Elemente. Ich möchte diese Dimension im gegebenen Zusammenhang kurz vergegenwärtigen, um den weiteren theoretischen Rahmen zu vervollständigen, in den die Kategorie der Entwicklungsoption einzufügen ist. Das läßt sich verdeutlichen anhand der Veränderungen in der Form des Naturbezuges menschlicher Gesellschaften.

Optionen und Verzweigungssituationen finden sich auf der Ebene sozialer Evolution ebenso wie auf jener einzelgesellschaftlicher Entwicklung. Hier können wir an die großen Umbrüche in der gesellschaftlichen Organisation menschlicher Arbeit und deren Beziehung zur Natur erinnern, vor allem an die neolithische und an die industrielle Revolution. Es handelte sich dabei um Umbrüche, durch die nicht allein die Beziehungen der Menschen untereinander, sondern auch die Beziehungen der menschlichen Gesellschaften zur Natur grundlegend verändert wurden, die sie umgibt und die ihnen die Bedingungen ihrer Existenz zunächst setzt. Die neolithische Revolution war vor allem gleichbedeutend mit der Entwicklung des Ackerbaus und der Viehzucht; dies bedeutete die systematische Kontrolle und in engen Grenzen auch die Modifikation natürlicher Prozesse durch das Roden, das Bestellen und die Pflege von Feldern, die Auswahl des Saatgutes oder die Züchtung von Haustieren nach bestimmten Kriterien wie Arbeitsfähigkeit oder Milchleistung. Dieser Schritt ging weit über die Entnahme von Pflanzen und Tieren aus der natürlichen Umwelt hinaus, wie sie von Wildbeutergesellschaften praktiziert wird. Agrargesellschaften wirken weit stärker auf die umgebende Natur ein, sie modifizieren sie zuweilen auf einschneidende Weise bis hin zur Zerstörung, etwa durch Entwaldung und Verkarstung. Sie können sich aber von ihren natürlichen Voraussetzungen nicht emanzipieren, sondern bleiben vielmehr gebunden an lokale Bedingungen und mehr noch an die großen periodischen natürlichen Prozesse und Kreisläufe, insbesondere die Jahreszeiten, die Arbeitsrhythmen vorgeben und nachhaltig kulturelle Muster prägen. Die industrielle Revolution markiert eine weitgehende Emanzipation menschlicher Produktion von solchen natürlichen Vorgaben. Natur wird nicht mehr modifiziert, sondern eingreifend verändert durch die Isolation einzelner, industriell genutzter Prozesse, die Zurückdrängung der menschlichen Arbeit und vor allem durch die Erweiterung der energetischen Basis weit über die durch Sonneneinstrahlung gegebenen Möglichkeiten hinaus. Dies geschieht durch die Erschließung von zunächst unerschöpflich erscheinenden, in Jahrmillionen angehäuften fossilen Energiequellen (vgl. Sieferle 1982, Teil I; Debeir u.a., Kap. 6). Weiter kam es in der industriellen Revolution zur Einebnung jahreszeitlicher Rhythmen der Arbeitsintensität und der Arbeitsinhalte; freilich blieb ungeachtet dieser weitgehenden Emanzipation von Naturabläufen die Rückbindung an zahlreiche biologische und chemische Prozesse wie etwa Gärung und Fermentierung, in gewissem Umfang auch Pflanzenwachstum bestehen (vgl. Kößler 1990a, S. 32-42; 170-208). Gegenwärtig scheint mit der Ausbreitung neuer Technologien, der Nukleartechnik, der Mikroelektronik sowie der Bio- und Gentechnologie ein weiterer derartiger Umbruchsprozeß im Gange zu sein. Er bedeutet einen weiteren Schritt zur Emanzipation menschlicher Produktion und Arbeit von natürlich gesetzten Bedingungen, da nun Naturprozesse nicht nur adaptiert und isoliert, sondern auf der Ebene ihrer kleinsten Bausteine (Gene, Moleküle, Atome) verändert werden. Zugleich bedeutet der Einsatz der Mikroelektronik einen weiteren Schritt der Abstraktion menschlicher Arbeit von ihrem Gegenstand.

Alle die genannten Umwälzungen haben zwar zutiefst das verändert, was Menschen möglich war, sie wurden und werden aber nicht von der Menschheit als Ganzer vollzogen. Auch wenn der Zugang zu Technologien und die Verfügung über sie sehr ungleich verteilt sind, heißt das freilich gerade in der Gegenwart nicht, daß nicht wiederum alle Menschen mit den Folgen technologischer Möglichkeiten oder auch Katastrophen zumindest der Möglichkeit nach konfrontiert sind.

Die aktuelle Debatte über die „neuen Technologien" steht zugleich für die von den Zeitgenossen wahrgenommene tatsächliche Möglichkeit einer bewußten Weichenstellung durch Verwirklichung oder Verzicht auf prinzipiell verfügbare Potentiale. Die bisherigen großen Innovationen hatten ihre Ausgangspunkte durchweg in einzelnen Gesellschaften. Auch hier kann man in gewissen Grenzen durchaus von „Wahlentscheidungen", d.h. von der bewußten Verwirklichung zumindest partiell erkennbarer Alternativen sprechen. Andere Gesellschaften mußten auf solche Innovationen reagieren, d.h. die Freiheitsgrade ihrer Entwicklung wurden durch die Entwicklungsschritte der anderen Gesellschaften mitbestimmt und häufig eingeschränkt. Anders gesagt, die Entwicklungsschritte der nunmehr produktiveren Gesellschaften bestimmten in wesentlichen Punkten das neue Optionspotential auch derjenigen Gesellschaften, die zwar mit den Agrargesellschaften in Kontakt standen, die Innovationen aber nicht übernehmen konnten oder wollten.

Im Fall der neolithischen Revolution können wir ein ganzes Spektrum von Strategien beobachten, von der Übernahme des Ackerbaus bis zur Entwicklung spezifischer Formen der Arbeitsteilung mit den Agrargesellschaften, wie sie zwischen diesen und Nomadengesellschaften bestand. Eine weitere Wahlmöglichkeit bestand in einem – meist auch räumlich vollzogenen – Rückzug. Diese Möglichkeit scheinen vor allem Wildbeutergruppen realisiert zu haben. Die industrielle Revolution ließ schon nach sehr kurzer Zeit keinen Raum mehr für solche differenzierten Entscheidungs- und Reaktionsmöglichkeiten. Die sozioökonomischen Verhältnisse, unter denen sie sich entfaltete, der moderne Kapitalismus, verschärfte und verfestigte zugleich bestehende Machtstrukturen zwischen Gesellschaften und schuf neue. Kapitalismus als gesellschaftliche Tiefenstruktur ist nicht ablösbar von einer expansiven Grundtendenz, die auf die globale Ausbreitung des eigenen Aktionsfeldes hinstrebt. Diese Tendenz zur Expansion wird bedingt und zugleich verstärkt durch eine gleichfalls steigende technologische Kompetenz und hohes Innovationspotential, die sich ihrerseits beide übersetzen in jene militärische Überlegenheit und Machtentfaltung, die am Ende des 19. Jahrhunderts wesentlich dazu beitrug, daß die globale Expansion Westeuropas in Form der kolonialen Aufteilung vollendet werden konnte.

Der so entstehende hierarchische kapitalistische Weltmarkt war ein erster grober Ansatz von „Weltgesellschaft". Er prägte zugleich als wesentlicher Bestandteil der „Umwelt" der nun miteinander in kontinuierliche Beziehung tretenden Einzelgesellschaften deren Chancen auf „Entwicklung", d.h. er bestimmte wesentlich ihre Entwicklungsoptionen und ihr jeweiliges Optionspotential. Diese Formulierung entspricht der Einsicht in die Einheit von „Entwicklung" am einen und „Unterentwicklung" am anderen Pol des Weltmarkts. Unter diesen Bedingungen schien das „Einholen" des Vorsprungs, den die bereits industrialisierten Länder erreicht hatten, für die kolonisierten Gesellschaften zur Überlebensnotwendigkeit zu werden. Diese Tatsache ist eine der Erklärungen für die ebenso einseitige wie letztlich illusionäre Fixierung des gängigen Entwicklungsbegriffs an dem durch die industriell-kapitalistische Entwicklung vorgezeichneten Weg (vgl. auch Altvater 1987, Kap. 1). Optionen und Optionspotentiale sind demnach bestimmt durch drei miteinander in Zusammenhang stehende Dimensionen: Dies sind zunächst die objektiven Möglichkeiten, welche sich aus der Entwicklung konkreter Einzelgesellschaften ergeben, ihren Arbeits- und Produktionsweisen, ihren kulturellen Formen und damit auch der je spezifischen Form ihrer Beziehung zur Natur. Hinzu treten zwei Dimensionen, die über die Einzelgesellschaft hinausweisen. Die jeweilige gattungsgeschichtliche Situation bestimmte das Umfeld, oder die gesellschaftliche Umwelt der meisten historisch faßbaren Gesellschaften auf direkte oder indirekte Weise; heute gilt dies für alle uns bekannten Gesellschaften. Auch die ganz überwiegende Anzahl heute noch lebender Wildbeuter-Gesellschaften sind mit den Folgen industrieller Produktion und kapitalistischen Wirtschaftens unmittelbar konfrontiert durch Einschränkungen ihres Lebensraums, Verlust des benötigten Bodens oder auch durch konservatorische Maßnahmen, die ein Überleben in Reservaten sichern sollen. Das bedeutet nicht selten die buchstäbliche Eingliederung in konservatorisch-museal betriebene Naturparks oder die anderweitige Indienstnahme für romantische Bedürfnisse der „fortgeschrittenen" Menschheit, wie sie in Filmen von der Art des beliebten *Die Götter müssen verrückt sein* zum Ausdruck kommen, wo San („Buschleute") aus der Kalahari als eine Art weise Narren vorgeführt werden. Im Zeitalter eines prinzipiell globalen Weltmarkts ist damit drittens zugleich die Einbeziehung in einen hierarchischen, durch die Einzelgesellschaft nicht kontrollierbaren Zusammenhang impliziert. Die Struktur des Weltmarktes determiniert auch systematisch das interne Optionspotential. Fälle solcher Außenbestimmung hat es historisch immer wieder gegeben, vor allem in der Form von „Eroberungen". Historisch neu ist der systematische und nachhaltige Charakter des Eingriffs. Diese evolutionäre Neuheit in den Entscheidungskompetenzen von Einzelgesellschaften und den Bedingungen, unter denen sie ausgeübt werden, ist eng verknüpft ist mit den Grundproblemen der gesellschaftlichen Moderne. Dieser Frage soll nun etwas weiter nachgegangen werden, auch mit dem Ziel zu klären, warum „Entwicklung" und zumal „nachholende Entwicklung" für moderne Gesellschaften eine so überragende Bedeutung gewonnen hat.

Entwicklungsoptionen und Weltgesellschaft

Wie wir sahen, spielen für die Bestimmung von gesellschaftlichen Entwicklungsoptionen die Beziehungen zu anderen Gesellschaften eine zentrale Rolle. Das Konzept der zunächst einmal auf Einzelgesellschaften bezogenen Entwicklungsoption erlaubt es somit, wesentliche intersozietäre Beziehungen innerhalb der modernen Weltgesellschaft in ihrer Tragweite für regionale und nationale Zusammenhänge und Entwicklungsdynamiken zu erfassen. Diese intersozietären Beziehungen erscheinen aus heutiger Sicht als marktvermittelt und stetig, doch ist dies nicht so selbstverständlich, wie der Anschein intersozietärer Arbeitsteilung, die über den Weltmarkt vermittelt wird, mag glauben lassen. Hier handelt es sich vielmehr um ein spezifisches Signum der Moderne. Zwar dürften Beziehungen zwischen Gesellschaften kaum je gänzlich gefehlt haben, doch kommt ihnen nach Ort und Zeit ein sehr unterschiedliches Gewicht zu, wie sich nicht nur an den Folgen der Verstetigung und Intensivierung intersozietärer Beziehungen während der Moderne ablesen läßt. Derartige intersozietäre Kontakte können die vorhandenen Optionen auf mannigfaltige Weise variieren, z.B. durch die Ergänzung der Naturausstattung durch Pflanzen- und Tierarten aus anderen Weltregionen, weiter durch die Diffusion von Techniken und Formen gesellschaftlicher und staatlicher Organisation, aber auch durch gewaltsame und kontinuierliche Einwirkung von außen. Diese Beziehungen erhalten durch den kapitalistischen Weltmarkt die Form des Warentauschs, und sie werden in zuvor nicht gekannter Weise verstetigt. Dieser Prozeß ist zugleich nicht ablösbar von der Etablierung eines Gefälles von Macht und Herrschaft zwischen den untereinander in Beziehung stehenden Einzelgesellschaften. In der hier entwickelten Terminologie ist das Bestehen am Weltmarkt daher davon abhängig, daß nationalstaatliche Optionspotentiale expansiv genutzt und dementsprechend regeneriert werden. Dieser Prozeß ist nicht auf technische und organisatorische Veränderungen beschränkt. Er betrifft zugleich die Struktur der gesellschaftlichen Beziehungen und die Lebensweise. Die Umwälzungen der gesellschaftlichen Moderne lassen sich daher zwar zurückführen auf ökonomische Zwänge und Logiken technischer Entwicklung; sie betreffen aber die gesamte kulturelle Sphäre und sind nur als tiefgreifende kulturelle Veränderungsprozesse adäquat zu verstehen. Alles andere wäre eine technizistische oder ökonomistische Engführung. Die der Moderne eingeschriebene Dynamik, die ungeheure Beschleunigung der Innovationsprozesse hat nun höchst unterschiedliche Auswirkungen für die verschiedenen Ausformungen moderner Gesellschaften. Auch dies läßt sich verstehen als restriktive oder expansive Tendenz, die auf das jeweilige gesellschaftliche Optionspotential einwirkt.

In der Moderne ist es der kapitalistische Weltmarkt, der die Bedingungen, unter denen einzelgesellschaftliche Entwicklungsoptionen sich konstituieren und realisiert werden können, in konzentrierter und verstetigter, veralltäglichter Weise vermittelt. Aus der Sicht kolonialer und postkolonialer Gesellschaften ist dabei der Aspekt äußerer, asymmetrischer Einwirkung beherrschend. Auch die Einführung neuer natürlicher und technischer Produktivkräfte – zunächst etwa europäischer Haustiere wie Rind, Pferd oder Schaf oder auch des Rades nach Amerika – erfolgte so im Rahmen der gewaltsamen Expansion westeuropäischer Gesellschaften und der Durchsetzung von in ihnen verankerten Interessen. Mit der Beschleunigung, die systematisch mit der industriellen Revolution einsetzte, intensivierte sich auch die Durchsetzung wechselnder externer Interessen, etwa durch die Abfolge favorisierter Plantagenprodukte (Zucker, Kaffee, Kakao, Sisal, Kautschuk, Palmöl), aber auch durch Mechanisierungsschritte bei der Bodenbearbeitung, bei der Extraktion mineralischer Rohstoffe und bei den an Ort und Stelle plazierten Stufen der Weiterverarbeitung.

Ein zusätzliches Moment ist die kulturelle Dominanz der industriekapitalistischen Kerngesellschaften. Wenn auch die Annahme, die entwickeltere Gesellschaft zeige der weniger entwickelten das Bild der eigenen Zukunft aus der Sicht des ausgehenden 20. Jahrhunderts kaum noch realistisch erscheint, so ist umso mehr davon auszugehen, daß die Wahrnehmung westlich-kapitalistischer Lebensformen und Konsumstile wesentlich die Wunschbilder der meisten heute lebenden Menschen bestimmt. Unabhängig von ihren tatsächlichen Realisierungschancen ist nachholende Entwicklung daher nach wie vor eine dominierende Perspektive gerade auch in postkolonialen Gesellschaften. Die Einlösung des Versprechens auf „Entwicklung" oder die offenkundige Verfehlung dieses Zieles sind selbst wesentliche Momente für die Legitimationsstrategien, aber auch für die Legitimationskrise postkolonialer Regimes.

Welche Schlußfolgerungen lassen sich aus alldem nun für die Problematik der nachholenden Entwicklung ziehen? Wie bereits angedeutet, hat die Realisierung von Entwicklungsoptionen und erst recht deren Vermeidung immer schon ein strategisches Moment und Elemente bewußter Wahlentscheidung enthalten. Bewußte Versuche zur Herstellung oder auch zur Vermeidung von Situationen, die durch die Erfahrungen anderer Gesellschaften bereits bekannt waren, sagen freilich noch nichts aus über die Realisierungschancen solcher Strategien und erst recht ist dadurch noch nicht die Unsicherheit eliminiert, die strategischem

Handeln und den damit verbundenen Entscheidungen innewohnt. Mit dem Anbruch der gesellschaftlichen Moderne erhalten strategische Anstrengungen zum forcierten Nachvollzug eines bestimmten Aspektes moderner Entwicklung, vor allem der Industrialisierung oder auch zu deren zielstrebigen Modifikation, seltener zur Verhinderung von nachholender Entwicklung eine neue Bedeutung durch den systematischen Einbezug aller Gesellschaften in einen übergreifenden, ökonomisch, aber auch macht- und militärpolitisch konstituierten Zusammenhang. Für die betroffenen Einzelgesellschaften läßt sich dies so ausdrücken, daß der Druck zu gerichteter, strategisch gezielter Veränderung zunimmt, das Spektrum von Optionen aber geringer wird, nicht nur was das Ziel des „Aufholens" angeht, sondern auch, was die Wahl der Entwicklungspfade betrifft, die sich offenbar auf die Suche nach der einen momentan erfolgversprechenden Strategie oder „Nische" reduziert. Immer wieder hat sich gezeigt, wie schwer es ist, aus diesem Zusammenhang auszubrechen. Das Scheitern unterschiedlicher Versuche zur „Abkoppelung" vom Weltmarkt während der Periode nach dem Zweiten Weltkrieg belegt dies deutlich: Zumindest der Nachvollzug industrieller Produktivkraftentwicklung scheint in der Gegenwart allenfalls durch die strategisch bewußte Ausnutzung von Weltmarktchancen unter außergewöhnlich günstigen Rahmenbedingungen eine reale Option zu sein, wie sie durch die „vier kleinen Tiger" eingelöst wurde. Doch tut dies der Dominanz des durch Produktivkraftstruktur und zunehmend auch durch eine bestimmte Lebensweise geprägten fordistischen Entwicklungsmodells keinen Abbruch. Dessen Vorherrschaft ist vielmehr durch den Wegfall von Modellen noch gestärkt worden, die ausdrücklich konkurrierende Zielvorstellungen verfolgt hatten.

Die Konkurrenzlosigkeit des westlichen Entwicklungsmodells, wenn nicht als realistische, im nationalstaatlichen Rahmen realisierbare Option, so doch als normative Vorgabe, zwingt dazu, die Frage der weltgesellschaftlichen Entwicklung radikaler zu stellen. Dies gilt erst recht, weil das dominante und inzwischen monopolistische Modell selbst in einer Krise steckt, die auch durch kurzfristige Wachstumserfolge nicht überdeckt werden kann. Es handelt sich zum einen um eine Transformationskrise, die Herausbildung eines neuen Typs gesellschaftlicher Regulation, nachdem die fordistische Verbindung von Massenproduktion, Massenkonsum und Massenpartizipation ihre Spannkraft verloren hat. Neue Formen der Regulation werden, soweit sie sich abzeichnen, gesellschaftliche Ungleichheit und Spannungen im nationalen wie globalen Rahmen eher verstärken (vgl. Gill 1995; Hein 1995), kommen also kaum ernsthaft als Perspektiven einer wirklichen „Lösung" der Krise in Betracht. Hinzu kommen aber Problembereiche, die eng mit den Grundgegebenheiten der gesellschaftlichen Moderne verknüpft sind, über lange Zeit hinweg aber verdrängt wurden: In den vieldiskutierten Weltkrisen, die während der 1990er Jahre in der einen oder anderen Form jeweils zum Gegenstand von vielbeachteten UN-Konferenzen gemacht wurden, zeichnen sich Krisen der Grundstrukturen der Moderne ab: Es geht vor allem um gesellschaftliche Naturbezüge sowie um die Formen und Bedingungen der Reproduktion menschlichen Lebens und die davon nicht abzulösenden Geschlechterverhältnisse, was im gegebenen Kontext gewöhnlich mit Bevölkerungskrise oder gar „-bombe" chiffriert und zugleich naturalisiert wird. Weit entfernt daher davon, die „Feminismus-, Ökologie- oder gar Fordismusdiskussion" als eine gleichsam sachfremde Invasion in den Bereich einer dann auf Politik und Ökonomie in einem sehr engen Verständnis reduzierten Entwicklungstheorie zu begreifen (Menzel 1992, S. 26), scheinen mir dies Hinweise zu sein auf die Überfälligkeit eines grundlegenden Paradigmenwechsels auf der Ebene globaler Entwicklung. Dieser Paradigmenwechsel müßte vor allem darin bestehen, den sozioökonomischen und soziopolitischen Entwicklungsbegriff aus seiner Verklammerung mit Perspektive und Projekt des nationalstaatlich begrenzten Nachholens zu lösen und den Blick auf Fragen einer tatsächlich weltgesellschaftlichen Entwicklung zu richten. Dazu sind vor allem aus ökologischer und feministischer Sicht in den letzten Jahrzehnten Ansätze erarbeitet worden, von denen ich abschließend einige Aspekte unter dem Gesichtspunkt eines solchen übergreifenden Paradigmenwechsels diskutieren möchte.

Eine wesentliche Implikation solcher Überlegungen ist die Verklammerung zwischen einzelgesellschaftlichen und weltgesellschaftlichen, anders gesagt gattungsgeschichtlichen Optionspotentialen. Es sind speziell die Debatte um nachhaltige Entwicklung und die damit verknüpfte Diskussion um Umwelt und Entwicklung, die zeigen, daß beide Ebenen zusammengehalten werden müssen, um zu mittel- oder gar langfristig realistischen Aussagen zu kommen. Das übersetzt sich in die Frage nicht nur nach der Belastbarkeit der natürlichen Umwelt, sondern auch nach Gerechtigkeit zwischen den Menschen, die daher im folgenden sowohl unter dem historisch übergreifenden Aspekt der Geschlechterverhältnisse als auch unter der durch Weltgesellschaft und Globalisierung immer dringender gemachten Perspektive des Menschenrechtes auf Entwicklung und seiner möglichen Inhalte betrachtet wird.

Kapitel 5
Krisen der Gegenwart und Umrisse eines zukünftigen Paradigmas gesellschaftlicher Entwicklung

Dem evolutionistischen Paradigma war auch der etablierte Entwicklungsdiskurs lange Zeit verpflichtet und ist es zu großen Teilen nach wie vor. Dieses Paradigma begünstigte auf der Grundlage meist impliziter, oft vermutlich kaum reflektierter Prämissen der Wissenschaften des 19. Jahrhunderts, vor allem der Naturwissenschaften, ein optimistisches Bild von der Entwicklung und sukzessiven Perfektionierung menschlicher Gesellschaften. Doch dieses Bild war und ist in Wirklichkeit geschichtslos. Das muß bei einer klassisch szientistischen Wissenschaftskonzeption nicht weiter stören, die ja gerade auf Wiederholbarkeit und Zeitlosigkeit ausdrücklich aufbaut. Doch auch neuere Einsichten der Naturwissenschaften haben nachdrücklich auf die zeitliche Einfärbung selbst der Prozesse der nichtbelebten Natur hingewiesen (s. Kap. 1). Dies unterstreicht, daß geschichtslose und unhistorische Ansätze unweigerlich nicht nur blinde Flecken aufweisen, sondern schlicht nicht wirklichkeitsadäquat sind. Geschichtslos sind nun speziell die genannten Konzepte gesellschaftlicher Entwicklung aus dem Grund zu nennen, weil hier Gegenwart bruchlos in die Zukunft projiziert wird. Das Desaster solcher Prognosen ist in karikiert-überzeichneter, deswegen aber nicht weniger realistischer Form geläufig in der schlichten Verlängerung von aktuellen Trendlinien auf der Zeitachse, wobei es sich um Wirtschaftswachstum, Steuereinnahmen, Energieverbrauch oder Bevölkerungszunahme handeln mag: Die Wirklichkeit hat sich in allen Fällen als weit komplizierter erwiesen, als solche Verfahren unterstellen konnten. Die vielen unterschiedlichen Faktoren lassen sich nur unter großen Mühen isolieren und in ihrem Zusammenspiel allenfalls in Computermodellen simulieren. Die Debatte über die künftige Klima-Entwicklung zeigt besonders deutlich, wie problematisch es selbst bei solchen Anstrengungen ist, die im genauen Sinn „chaotische", nämlich von einer unüberschaubaren Vielzahl von Faktoren und ihrem oft einfach nicht vorhersehbaren, zufälligen oder kontingenten Zusammenspiel und Zusammentreffen bestimmte Wirklichkeit den Anforderungen zu unterwerfen, die Voraussetzungen für aussagekräftige Prognosen darstellen.

Gesellschaftliche Entwicklung ist ebenfalls ein Prozeß, dessen Verlauf von einer unübersehbaren Vielzahl von Faktoren abhängig ist. Zudem ist Entwicklung, wird sie nicht allein als nachholende Entwicklung, sondern zugleich als weltgesellschaftlicher Prozeß, als Fortentwicklung der Gattungsgeschichte gedacht, prinzipiell nach vorne offen und damit auch in entscheidender Weise unbestimmt. Die Projektion der Gegenwart in die Zukunft genügt schon aus diesem Grund nicht dem Anspruch, Entwicklung zu verstehen. Darüberhinaus zeigen gerade die aktuellen Krisen im Bereich der Ökologie, im Gefolge der Globalisierung aber auch der internationalen Wirtschaft und Politik und schließlich die weltweite Bevölkerungsdynamik als ein Ausdruck unter anderen der Reproduktionskrise menschlicher Gesellschaften, daß jegliche auf den nationalstaatlichen Rahmen hin konzipierten Vorstellungen oder gar Strategien von Entwicklung zu kurz greifen. Allein damit müßte nachholende Entwicklung als immer auf bestimmte Regionen, gewöhnlich Nationalstaaten begrenztes Projekt im Grunde als hoffnungslos partikular und letztlich als obsolet erscheinen, weil es immer schwieriger wird, die Rahmenbedingungen solcher Projekte zu kontrollieren. All das kommt auch zum Ausdruck in neueren Ansätzen etwa der „ökologischen Ökonomie", in denen eben aus diesen Gründen sehr weitreichende, Wissenschafts- und Erkenntnistheorie einbeziehende Schlüsse gezogen werden, etwa im Plädoyer für eine *post-normal science*, die Problemstellungen verabschiedet, die der zweiwertigen Logik mit ihren klaren Unterscheidungen zwischen richtig und falsch entstammen und sie ersetzen will durch eine „fuzzy logic", die eher geeignet sei, mit unscharfen, qualitativen Daten und unübersichtlichen, extrem komplexen Zusammenhängen umzugehen. Daß dies mit einem „wachsenden Interesse an der Chaostheorie", an Konzepten wie Selbstorganisation und Emergenz einhergeht (Hein 1997, S. 329), kann schwerlich überraschen. Festzuhalten ist aber, daß sich hiermit über aktuelle, ganz praktische Problemstellungen auch der Anschluß an die allgemeine Evolutionstheorie (s. Kap. 1) aufdrängt.

Fortschritt, Entwicklung und der Einbruch der Entropie

Der mit unilinear evolutionistischen Perspektiven verbundene Fortschrittsoptimismus, wie er vielleicht am klarsten von Condorcet artikuliert worden war, ist zudem historisch enttäuscht und desavouiert zugleich. Das gilt erst recht auch von einer allein in dieser Perspektive, als „Projekt" verstandenen Moderne. Konzepte, die vor ihrer Ambivalenz und Widersprüchlichkeit die Augen verschlossen, sind in den gesellschaftlichen Katastrophen des 20. Jahrhunderts kläglich und grausam zu Bruch gegangen. Doch sind die Grundvorstellungen, die der Gleichsetzung von Moderne, Fortschritt und Entwicklung zugrundelagen, anscheinend ebensowenig überwunden wie ihre Voraussetzungen in gesellschaftlichen Grundgegebenheiten. In der zweiten Hälfte des 20. Jahrhunderts ist es vielmehr zu zwei Operationen der Abspaltung gekommen, die das Grundmodell von Entwicklung zumindest für den Augenblick immunisiert zu haben scheinen. Dies betrifft zum einen die Hinausdefinition der Barbarei aus der Moderne: Nazi-Diktatur und Shoah, aber auch die Verbrechen des Stalinismus werden immer wieder als erschreckende atavistische Rückfälle, als Ausdruck unvollständiger oder ausgebliebener Modernisierung interpretiert. Gegen die Barbarei in der Moderne „hilft" dann ehestens konsequentere Modernisierung und Entwicklung. Genau so lautet auch die Rezeptur nach dem Zusammenbruch des sowjetischen Experiments, mit derzeit noch gänzlich unabsehbaren Folgen. Die anhaltende Gesellschaftskrise und deutliche Tendenzen zu anomischen Zuständen vor allem in Teilen Rußlands haben jedenfalls die optimistischen Aussagen über Modernisierung und Entwicklung als verantwortungslosen Leichtsinn entlarvt. Der Umbruch von 1989/91 hat aber darüberhinaus dazu geführt, die durch den westlichen Kapitalismus repräsentierte Entwicklungslinie in einem Ausmaß alternativlos erscheinen zu lassen, die historisch einmalig ist. Zwar ist das Triumphgeschrei vom „Ende der Geschichte" (vgl. Fukuyama 1992) recht schnell wieder verstummt. Aber die Alternativlosigkeit des dominanten Entwicklungsmodells erscheint nach wie vor als mächtige Blockade, die um so mehr Entwicklungsdenken auf Projektionen der Gegenwart in eine Zukunft einschränkt, in der es außer der Fortschreibung des wissenschaftlich-technologischen Fortschritts nicht viel neues geben kann. Das Bild der Marktwirtschaft, aus dem real existierende Staatsinterventionen tunlichst ausgeblendet wurden, wird als „best practice" propagiert. Entwicklung gerät so in einen Spannungsbogen zwischen „weiter so" für die Arrivierten und einer allermeist aussichtslosen Aufholjagd für diejenigen, die einen Rückstand aufzuweisen scheinen. Wo zur Kenntnis genommen wird, daß solche Aufholjagden nur selten eine realistische Option darstellen, stehen implizite oder explizite Formen der Zementierung bestehender weltgesellschaftlicher Hierarchien durch „angepaßte" Entwicklung oder die Bescheidung mit der Aussicht auf die Befriedigung von Grundbedürfnissen bereit. Das aber stört kaum den hegemonialen Konsens. Eher schon gilt dies, wo der seinen Prinzipien nach schrankenlose Prozeß von Akkumulation und Entwicklung auf einen anderen Zeitmodus stößt. Hier werden „Grenzen des Wachstums" sichtbar.

Zeit, ihre unterschiedlichen Modi und Strukturen sind zunächst einmal eminent soziale Veranstaltungen (s. Elias 1984). Das ist in den vorangegangenen Überlegungen immer wieder deutlich geworden: Die gesellschaftliche Erfahrung strukturiert Zeit nach ihrem Bild und ihren Bedürfnissen, was nicht ausschließt, daß Zeitbilder und Zeitstrukturen ihrerseits wiederum gesellschaftliche Folgen haben. Nun sind seit etwa 20 Jahren Sachverhalte und Kategorien ins gesellschaftliche Bewußtsein getreten, die auch gängige Entwicklungsdiskurse nicht unbeeinflußt lassen konnten, bis hin zur Formulierung der Forderung nach „nachhaltiger", „zukunftsfähiger" mit anderen Worten, in Zukunft durchzuhaltender Entwicklung.

In Kategorien von Zeitmodi bedeutet dies den Einbruch der Entropie in den auf Wachstum und Akkumulation innerhalb des vorgegebenen Bezugsrahmens orientierten Entwicklungsdiskurs. Die Schrankenlosigkeit war plötzlich mit Endlichkeit konfrontiert. Erstmals war die Problematik entropischer Prozesse für menschliches Leben ernstlich relevant geworden: Die Grenzen der durch die industrielle Produktion und Lebensweise ausgelösten oder forcierten Diffusionsprozesse fossiler Energieträger und mineralischer Depositen waren erkennbar geworden. Sie bildeten den Gegenstand einer weitverzweigten Debatte. Zuvor waren Entropie und die mit ihr verknüpfte Irreversibilität grundlegender materieller Prozesse ein Geschehen, das gesellschaftliches Leben und Produzieren allenfalls am Rande betraf. Die Endlichkeit der Sonne oder auch des Universums hat zwar ontologische, nicht aber soziale Relevanz. Für die menschliche Gesellschaft ist die Sonneneinstrahlung als Grundbedingung ihrer Existenz so gut wie „ewig". Das ist nur ein anderer Ausdruck für die unterschiedlichen Zeithorizonte der Evolution im Bereich der Materie, des Lebens und des Sozialen, auf deren Folgen für die Zufälligkeit und Wahrscheinlichkeit von Entwicklungswegen und -sprüngen wir bereits gestoßen sind (s. Kap. 1). So lange jedenfalls, wie menschliche Vorkehrungen nur aktuell einstrahlende, photosynthetisch umgesetzte Sonnenenergie fixieren und vernutzen, wie dies selbstverständlich in Wildbeutergesellchaften geschah und mit erheblichen Modifikationen auch nach der neolithischen Revolution in der Landwirtschaft bis zu ihrer Industrialisierung der Fall war und von manchen nach einer „solaren Revolution" wieder erhofft wird, funktioniert die Erde als energetisches Überschußsystem, das über absehbare Zeit hinweg von der Sonne gespeist wird. Auch in intensiven Formen konnte die vorindustrielle Landwirtschaft einschließlich der Nutzung von Wasser- und Windenergie allenfalls einen Bruchteil der einstrahlenden Energie nutzen. Die Zeitspanne bis zum Nachlassen dieser Energiezufuhr, zur Aufblähung der Sonne zum Roten Riesen usw. läßt sich zwar berechnen, ist aber weder sinnlich vorstellbar noch von Bedeutung für die lebenden Menschen oder für absehbare Generationen. Irreversible Prozesse im Makro- oder auch im Mikrokosmos konstituieren zwar den „Zeitpfeil", von dem getrennt Sein schwerlich gedacht werden kann, sie haben aber wenig zu tun mit gesellschaftlichen Konstruktionen von Zeit. Auch „Entwicklung" mit ihren Voraussetzungen im und Implikationen für das Zeitbewußtsein ließ sich daher durchaus denken ohne Rekurs auf diese ontologische Ebene.

Entropie als der materielle Prozeß, der eine gerichtete Zeit konstituiert, wurde erst zu einem *gesellschaftlichen* Problem mit dem Zugriff der modernen Industrie auf fossile Reserven, die der menschlichen Produktion Energien verfügbar machten, die über Millionen Jahre auf der Erde durch Photosynthese fixiert worden waren (vgl. Sieferle 1982; Altvater 1992, Kap. 4). Die wesentlich forcierte Nutzung und damit die verstärkte Diffusion mineralischer Rohstoffe verwies auf ähnliche Probleme der Endlichkeit, und wenig später wurde erkennbar, daß die Folgen der Rückstände industrieller Produktion und Lebensweise ihrer dem Prinzip nach unbeschränkten Expansion vermutlich noch entschiedener Grenzen setzen werden. In der Erkennbarkeit und der zumindest ansatzweisen Erfahrung der stofflichen Begrenztheit industrieller Produktionsformen gewinnen Entropie und Zeitpfeil gesellschaftliche Relevanz.

Anders als für die herkömmliche Entwicklungstheorie und gegen den lange herrschenden *common sense* ist damit deutlich geworden, daß die Linie einer universalisierbaren, aufsteigenden Entwicklung im Rahmen des industriellen Paradigmas von Wirtschaften, Produzieren und Leben nicht beliebig verlängerbar ist. Auch früher hat es im Rahmen gesellschaftlicher Krisen Brüche gegeben, die geradlinige, zumal unilineare Evolutionsschemata bestenfalls als gewaltsam, wenn nicht als gänzlich verfehlt erscheinen ließen. Doch die Vorstellung von der Möglichkeit eines prinzipiell unbegrenzten und ebenfalls prinzipiell universalisierbaren materiellen Fortschritts war davon fast unberührt geblieben. Die Perfektabilität der Welt und der Gesellschaft waren geknüpft auch an die Erwartung eines prinzipiell schrankenlos steigerungsfähigen materiellen Reichtums. Gleichgewichtsvorstellungen oder Forderungen nach Ausgewogenheit waren daher gerade im Zusammenhang mit (nachholender) Entwicklung immer zweitrangig und wurden dynamisch gedacht. All dies erscheint gerade in dem Moment in Frage gestellt, wo das Entwicklungsdenken gezwungenermaßen Anschluß an den objektiven, jenseits gesellschaftlicher Konstruktion und Einflußnahme liegenden Zeitablauf finden muß. Es ist gerade die Einsicht in die Irreversibilität entropischer Prozesse, die das Anhalten industriell-kapitalistischer Dynamik, den Ausstieg aus ihrer Logik oder die Eingrenzung ihrer Folgen in den Augen vieler Menschen zur gebieterischen Notwendigkeit gemacht hat. Im Entwicklungsdenken erfordert das gleich einen mehrfachen Brückenschlag, und dies von unterschiedlichen Seiten her: Ökologische Fragen müssen nicht nur in ökonomische Überlegungen aufgenommen und eingearbeitet werden, sondern es bedarf noch besonderer Anstrengungen, wenn dies nicht auf eine Region oder gar einen Nationalstaat beschränkt geschehen soll, sondern entsprechend der realen Problemstellung im Rahmen des weltgesellschaftlichen Zusammenhangs. Stärker als in den ersten zwei oder drei „Entwicklungsdekaden" seit 1960 zeigt sich daran, daß „Entwicklung", verstanden als Überwindung der mit „Unterentwicklung" zusammengefaßten Defizite, im nationalstaatlichen Rahmen in allenfalls sehr begrenzter Weise realisierbar ist. Das kann auf der Grundlage eines Verständnisses der systematischen, weltgesellschaftlichen Vermittlungskontexte, wie sie in den beiden vorhergehenden Kapiteln auseinandergelegt wurden, kaum überraschen. Solche Einsichten schließen nicht aus, daß die praktische Routine von „Entwicklungszusammenarbeit", meist orientiert an lokal oder regional angesiedelten Einzelprojekten, weiterläuft. Auseinandersetzungen über „Entwicklung" aber müssen zunehmend Fragen einbeziehen, die sich auf Zukunft und Lebensbedingungen, auch das Überleben der Gattung beziehen. Das hat zur Folge, daß sich das thematische Spektrum der Debatte entschieden verbreitert hat, weil es nicht mehr um (nachholende), auf Einzelregionen oder -staaten eingrenzbare Entwicklung geht, sondern um einen *globalen* Prozeß ineinandergreifender Transformationen (s. Haude 1997). Man könnte zugleich aber auch davon sprechen, daß hier die Unterscheidung zwischen einem eher mittelfristig und regional abgegrenzt gedachten Konzept von Entwicklung und dem an weltgeschichtlichen Groß-Epochen orientierten Begriff der Evolution verschwimmt und an Bedeutung verliert. Dies kann als Indikator für das Bestehen einer aktuellen Verzweigungssituation verstanden werden, in der Entscheidungen fallen, die längerfristig den Gang zumindest der sozialen Evolution auf der Erde betreffen werden. Es war unter diesem Aspekt wohl unvermeidlich, daß der Brückenschlag zwischen Ökologie und Entwicklung von Anfang an auch unter globalen Gesichtspunkten erfolgte. Ein wesentlicher Fixpunkt dieses Brückenschlages ist der vieldiskutierte Begriff der „nachhaltigen Entwicklung", wie seit einiger Zeit der englische Ausdruck „sustainable development" in etwas unbefriedigender Weise gewöhnlich übersetzt wird, in anderen Fassungen auch „dauerhafte" oder „zukunftsfähige Entwicklung".

Nachhaltige Entwicklung

Sustainable development hat vor allem seit dem Bericht der Weltkommission Umwelt und Entwicklung (Brundtland-Bericht) 1987 die Debatte über die Vermittlung zwischen diesen beiden Polen wesentlich bestimmt. Gemeint ist in der Formulierung des Berichtes eine

„Entwicklung, die die Bedürfnisse der Gegenwart befriedigt, ohne zu riskieren, daß künftige Generationen ihre eigenen Bedürfnisse nicht befriedigen können".

Damit will der Bericht den Anspruch auf Bedürfnisbefriedigung mit der Einsicht in die vor allem durch die „Umwelt" gesetzte Begrenztheit der Möglichkeiten zur Befriedigung dieser Bedürfnisse zusammenführen. Den „Grundbedürfnisse(n) der Ärmsten der Welt" wird „überwiegende Priorität" zuerkannt. Es handelt sich um „Nahrung, Kleidung, Wohnung, Arbeit", Bedürfnisse, die vielfach „nicht befriedigt" sind (WCED 1987, S. 46f), obwohl – was hier nicht erwähnt wird – etwa die Allgemeine Erklärung der Menschenrechte weit über diesen Katalog hinausgeht und insbesondere auch Rechte wie Bildung, soziale Sicherheit und schließlich das Recht auch auf eine internationale Ordnung enthält, die die Verwirklichung der Menschenrechte ermöglicht (AEMR 1990, Art. 22, 25, 26, 28; vgl. unten). Der Katalog der Grundbedürfnisse im Brundtland-Bericht bleibt demnach hinter der Allgemeinen Erklärung der Menschenrechte deutlich zurück. Der Bericht erkennt aber an, daß neben den genannten Grundbedürfnissen „diese Menschen berechtigte Wünsche nach besserer Lebensqualität" haben und fährt fort:

„Dauerhafte Entwicklung erfordert, die Grundbedürfnisse aller zu befriedigen und für alle die Möglichkeit zu schaffen, ihren Wunsch nach einem besseren Leben zu befriedigen."

Dauerhaftigkeit habe sich an den „ökologische(n) Maßstäbe(n) dieser Welt" zu orientieren, die jedoch vielfach überschritten würden. Daraus ergab sich für die Kommission die Forderung, da das, „was wir für Bedürfnisse halten, ... sozial und kulturell bedingt" sei,

„solche Werte zu fördern, die Verbrauchsstandards innerhalb der Grenzen des ökologisch Möglichen setzen und nach denen alle sich richten können."

Der Bericht sah Wachstum in dem so abgesteckten Rahmen als Erfordernis, insbesondere im Hinblick auf die Vergrößerung des „produktive(n) Potential(s)" der einzelnen Gesellschaften und verband dies mit der Forderung, „zugleich gerechte Chancen für alle sicher(zu)stellen" (ebd., S. 47). Das globale Entwicklungsziel wird so gleichsam unter dem Vorbehalt der Dauerhaftigkeit oder Nachhaltigkeit bestimmt als maximale Bedürfnisbefriedigung bei gerechter Verteilung, wobei Bedürfnisse nicht als etwas Statisches gesehen, sondern die kulturell-politische Einwirkung darauf geradezu als Teil globaler Verantwortung verstanden wird. Das Thema der Gerechtigkeit wird wieder aufgegriffen, etwa wo es um vor allem industriell verursachte Umweltschäden geht, „die Grenzen individuellen Besitztums und politischer Zuständigkeit nicht gelten lassen" (ebd., S. 50), just um einen der wesentlichen Gründe, die gerade die Umweltproblematik zu einer globalen Herausforderung machen. Eine historisch neue Situation sieht der Bericht zu Recht in der globalen Erscheinungs- und Wirkungsweise menschlich verursachter Veränderungsprozesse in der natürlichen Umwelt begründet. So hat es Übernutzung von Ressourcen, Zerstörung von agrarischen Potentialen und ähnliche menschliche Eingriffe in „natürliche Systeme" durchaus auch zuvor schon „im Verlauf der Entwicklung" gegeben. Dies hat sich aber „heute" geändert, wo „Eingriffe ... drastischer und lokal und global gefährlicher für existierende Systeme" sind. „Wachstum" erscheint so als schwer kalkulierbares Risiko, weil sich keine klaren Grenzen ziehen lassen (ebd., S. 48). Doch plädiert der Brundtland-Bericht nicht für Statik, sondern für kontrollierte und verantwortungsvolle Veränderung, die Regenerationsmöglichkeiten bei erneuerbaren Ressourcen berücksichtigt und Verbrauchsminimierung sowie die Suche nach Ersatzstoffen bei nicht-erneuerbaren Ressourcen, insbesondere bei fossilen Brennstoffen kombiniert. In aufschlußreicher Engführung des Entwicklungsbegriffs auf wirtschaftliche Entwicklung bemerkt der Bericht weiter:

„Entwicklung vereinfacht die Ökosysteme und verringert ihre Artenvielfalt. ... Der Verlust von Pflanzen- und Tierarten kann die Optionen künftiger Generationen einschränken; daher fordert dauerhafte Entwicklung, daß Pflanzen- und Tierarten erhalten werden."

Das Plädoyer des Berichtes für allgemeines Wachstum, das es auch den „Entwicklungsländern" erlauben werde, durch Differenzierung ihrer Wirtschaft die Umwelt zu schonen (vgl. ebd., S. 92) zeigt die Schwierigkeiten, mit denen nicht nur unterschiedliche Zielsetzungen in der Realität aufeinanderstoßen, sondern verweist auch auf die oft genug formelhaften Kompromisse, die Verhandlungsprozesse im Themenbereich Umwelt und Entwicklung auch in der Folgezeit immer wieder hervorgebracht haben. Das ist unter politischen Gesichtspunkten ebenso Grund zur Kritik wie eine Bilanz dessen, was nach mehr als einem Jahrzehnt von den Vorgaben des Brundtland-Berichtes noch immer dringende, aber desto weniger realisierte oder auch nur in den Bereich praktischer Politik eingedrungene Programmpunkte sind. Dennoch bleibt die

Zusammenführung der Dimensionen Wachstum, Gerechtigkeit und Umweltverträglichkeit als Begriffsbestimmung nachhaltiger Entwicklung und als Programmatik festzuhalten.
Das war nicht wenig, hält man ältere vielbeachtete Lagebeurteilungen und Warnungen vor den durch Umweltkrise und Unterentwicklung drohenden Risiken daneben. Hier wurden nämlich die Probleme der Ökologie und der Nord-Süd-Konflikt meist weitgehend getrennt behandelt. Diese Berichte zeigten die „Grenzen des Wachstums" auf, ohne Bezug zu nehmen auf die krassen Entwicklungsunterschiede zwischen den Weltregionen (bes. Meadows 1972), oder sie formulierten bestehende Unterschiede vor allem als Frage des Ressourcenverbrauchs und der Emissionsdichte (bes. Council on Environmental Quality 1980). Andererseits skizzierte etwa die Nord-Süd-Kommission (1980) zwar Möglichkeiten nachholender Entwicklung und einer gerechteren Weltwirtschaft, berücksichtigte aber die Umweltproblematik allenfalls am Rande. Zwar wurde der Zusammenhang zwischen Unterentwicklung und dem extrem ungleichen Verbrauch nicht erneuerbarer Ressourcen auch in den 1970er Jahren bereits gesehen (s. Caldwell 1977, S. 13-50) und auch die Frage nach „nachhaltiger" (sustainable) Entwicklung gestellt (ebd., S. 139). Diese Einsichten hatten aber kaum eine größere Wirkung über besorgte Expertenzirkel hinaus. Unter diesem Blickwinkel markiert deshalb der Brundtland-Bericht einen deutlichen Fortschritt in der Verknüpfung der beiden zentralen Fragestellungen der Ökologie und der Unterentwicklung. Dies wird vor allem durch die Einführung des Konzeptes der nachhaltigen Entwicklung geleistet. Damit lassen sich zunächst die regional und erst recht nationalstaatlich nicht eingrenzbaren Probleme in ihrem globalen Zusammenhang erfassen. Ferner wird die Ökologieproblematik in ihrer ganzen Breite aufgerollt, einschließlich der Absorptions- und Regenerationsfähigkeit der Ökosysteme. Schließlich können die globalen Krisen im Bereich von Umwelt, Entwicklung und Energie nicht in Konkurrenz zueinander diskutiert werden, sondern alle diese Krisenmomente werden nun in ihrem gemeinsamen Zusammenhang gesehen (vgl. Mármora 1990, S. 105; Bruckmeier 1994, S. 171).
Das Konzept der nachhaltigen Entwicklung trägt zumindest auf begrifflicher Ebene der Tatsache Rechnung, daß ein unmittelbarer Übergang zu einer stationären Wirtschaft, wie zu Beginn der 1970er Jahre am vehementesten im ersten Bericht an den Club (Meadows 1972) gefordert, u.a. auch die globalen Ungleichgewichte festschreiben würde. Ähnliche Beschränkungen wiesen auch die Schlußfolgerungen aus dem monumentalen Umweltbericht „Global 2000", auf: „Global Future" stellte zwar die Frage nach „dauerhafter Entwicklung", behandelte sie aber allein unter

dem Aspekt der „Hilfe", womit die Strukturproblematik einer hierarchischen Weltwirtschaft ausgespart blieb. Die Weltmarkthierarchie war damit nicht nur in Schritten praktischer Politik ignoriert, sondern auch noch konzeptionell festgeschrieben (vgl. Bechmann/ Michelsen 1981, S. 152ff und s. S. 15f). Auch die Autoren der „Grenzen des Wachstums" haben später die Perspektive der Nachhaltigkeit aufgenommen und im Sinne einer „qualitativen Entwicklung" bei allenfalls selektivem Wachstum und umfassendem Ausgleich interpretiert. Ausgleich im Sinne von „materiellem Auskommen und Sicherheit für alle" ist dabei ein entscheidendes Moment, da Armut die Lösung des allgemein als zentrale Gefahr definierten Problems der Bevölkerungszunahme unmöglich erscheinen lasse (Meadows u.a. 1993, S. 252)

Der Brundtlandt-Bericht hat freilich wenig dazu beigetragen, das Konzept der nachhaltigen Entwicklung durch konkrete Strategien zu konkretisieren. Mit dem Festhalten an der Vorstellung von einer prinzipiell unbegrenzt expandierenden, gegenwärtige „Beschränkungen" letztlich überwindenden Wirtschaft reproduziert er zwar „nicht die blinde Technologiegläubigkeit der 50er und 60er Jahre"; der Bericht arbeitet aber mit äußerst optimistischen Annahmen über die Möglichkeiten zur Entwicklung energiesparender und ressourcenschonender Technologien. Unter diesen Voraussetzungen kann mittels einer „Überbetonung des Wachstums" letztlich die Problematik der globalen Umverteilung, die aber gerade unter den Aspekten einer nachhaltigen Entwicklung auf Weltebene entscheidend ist, zwar verbal umschifft werden: Beachtliche Wachstumsraten und drastische Steigerungen der Industrieproduktion müssen systematisch unterstellt werden, um die angestrebte globale Umverteilung in den Ländern politisch und sozial abzufedern und vermittelbar zu machen (Mármora 1990, S. 108). Auf dieser Grundlage entsteht jedoch ein geschöntes Bild von der tatsächlichen Lage und ihren Herausforderungen. Denn gerade weil die Entwicklungsländer die globale ökologische Krise vor allem als „Externalisierungsopfer" erleiden, sind Konflikte über neue Verteilungsmodi unausweichlich (Bruckmeier 1994, S. 174f).

Nachhaltige Entwicklung bezeichnet demnach einen allenfalls sehr begrenzten Konsens über notwendige Strategien und Einzelmaßnahmen zur Bewahrung der Grundlagen des Lebens und zum Ausgleich menschlicher Lebenschancen. Es kann daher nicht überraschen, daß das Konzept im Zuge der Auseinandersetzung über konkrete Schlußfolgerungen selbst zum Zankapfel geworden ist. Wird der Begriff nämlich durch konkrete Strategien mit Leben erfüllt, so zeigen sich schwer überwindbare Gegensätze. Das soll im Rückgriff auf den Systematisierungsversuch von Arts (1994) etwas weiter verdeutlicht werden. Arts unterscheidet vier Diskurse

über nachhaltige Entwicklung: „business as usual", Grüne Ökonomie, Integrale Nachhaltigkeit und Anti-Modernismus.
Die Position des *„business as usual"* betont die Rolle eines fortgesetzten Wirtschaftswachstums als zentrale Voraussetzung eines ökologischen Fortschritts. Indem Natur als Kapital behandelt und „natürliches" und „künstliches" Kapital als gegeneinander austauschbar behandelt werden, können rigorose Modernisierung und globales wirtschaftliches Wachstum als die Heilmittel der aktuellen Krisen erscheinen. Einer solchen „schwachen ökonomischen Nachhaltigkeit" läßt sich die Position der „starken ökonomischen Nachhaltigkeit" gegenüberstellen, die eine solche Austauschbarkeit entschieden bestreitet. *Grüne Ökonomie* problematisiert vor allem die Abnahme des „natürlichen Kapitals", die durch expansives Wirtschaften hervorgerufen wird. Nachhaltigkeit besteht daher aus dieser Sicht vor allem in der Erhaltung und, wenn möglich, in der Erweiterung des natürlichen Kapitals, was vor allem durch die Internalisierung der Kosten für Umweltbelastungen erreicht werden soll. In dieser Perspektive sind internationale Ungleichheiten noch nicht enthalten, der Begriff der Nachhaltigkeit bezieht sich ausschließlich auf den Norden, mithin auf industrialisierte Gesellschaften mit Massenkonsum. *Integrale Nachhaltigkeit* schließt soziale Nachhaltigkeit innerhalb und zwischen Gesellschaften neben der ökologischen Nachhaltigkeit ausdrücklich ein. Es geht also um einen globalen Ausgleich, der sich sowohl auf die räumliche Perspektive, also alle gleichzeitig lebenden Menschen, wie auch auf die zeitliche Ebene, die künftigen Generationen erstreckt. Dabei ist, wie bereits angedeutet, Entwicklung im Sinne qualitativer, aber auch quantitativer Veränderung immer schon mitgedacht. Entwicklung bezeichnet aber gerade in diesem Verständnis ein weit anspruchsvolleres Programm als Wachstum. Neben einer – in unterschiedlichem Maß geforderten und in ihren Konsequenzen unterschiedlich weit reflektierten – Expansion schließt globale Entwicklung in diesem Sinne vor allem zielstrebige Richtungsänderung und globale Umverteilung ein.
Mit „Entwicklung" ist daher in Konzepten der integralen nachhaltigen Entwicklung weit mehr gemeint als in den Vorstellungen von einer nachholenden Entwicklung im Sinne der klassischen Modernsierungsstrategien enthalten war. Die oben zitierten Kritiken am Brundtland-Bericht können daher so gelesen werden, daß die Forderungen nach Richtungsänderung und Umverteilung nicht konsequent genug durchdacht sind und daher zu kurz greifen. In eine ähnliche Richtung geht ein Großteil der Kritik an den Ergebnissen der UNCED-Konferenz.
Schließlich wird der Begriff der Nachhaltigkeit geltend gemacht im Sinne eines *Anti-Modernismus*, also einer grundsätzlichen Kritik

an Entwicklung überhaupt, die oft einhergeht mit einer Kritik an der globalen Definition ökologischer Probleme (vgl. etwa Shiva 1993a,b). Das Insistieren auf der Bewahrung der gesamten gegenwärtigen Natur mit allen ihren Arten ebenso wie auf der Bewahrung aller gegenwärtigen Ausformungen menschlicher Kultur, allenfalls ergänzt durch die Rückgewinnung verschütteter und marginalisierter Lebensformen, negiert eine Entwicklung, die Neues hervorbringen, aber auch Altes hinter sich lassen könnte. Die Romantisierung lokaler und bäuerlicher Lebenszusammenhänge, deren Eingriffe in die Natur hier systematisch übersehen werden, dürfte eine wesentliche Schwäche dieser Position ausmachen. Andererseits wird gerade hier mit besonderem Nachdruck auf die Folgen der Definitionsmacht des Nordens gegenüber globalen Fragestellungen verwiesen, etwa durch Konzepte, die die Verfügung über Regenwälder oder Genpools als warenförmige Ressourcen als selbstverständlich unterstellen. Es zeigt sich, daß „integrale Nachhaltigkeit" am ehesten der Forderung nach einer *Entwicklung* auf *globalem* Niveau gerecht wird. Eine solche Strategie respektiert die Lebenschancen künftiger Generationen und muß schon deshalb auf einen globalen Ausgleich setzen und danach streben, die bestehenden Hierarchien, Wohlstands- und Kompetenzgefälle zu überwinden.

Diese Perspektive des globalen Ausgleichs ist zumindest auf formaler Ebene auch im Brundtland-Bericht enthalten. Freilich steht dieser zugleich für das Ende der Kampagne für eine Neue Weltwirtschaftsordnung (NWWO), mit der die meisten Regierungen der Dritten Welt vor allem über mehrere Konferenzen die Handels- und Entwicklungsorganisation der UN (UNCTAD) die Grundstrukturen des Weltmarktes grundlegend zu ihren Gunsten hatten verändern wollen (vgl. z.B. Evers u.a. 1983). Dem ist inzwischen mit der Uruguay-Runde des GATT und der Gründung der Welthandelsorganisation (WTO) ein entschiedener Schub der Deregulierung bei gleichzeitiger Durchsetzung von Interessen des Nordens, etwa bei Patentrechten zuungunsten des Südens gefolgt (s. z.B. Raghavan 1990). Insofern können die Aussagen des Brundtland-Berichtes und die darauf folgende Diskussion zur Dimension des globalen Ausgleichs in Konzepten der nachhaltigen Entwicklung als Ausdruck einer tiefgreifenden Schwächung, ja einer folgenreichen Niederlage des Südens verstanden werden (vgl. Missbach 1997, S. 96-100). Dabei ist jedoch zu berücksichtigen, daß der Nachhaltigkeitskurs das Entwicklungs*ziel* ausdrücklich zur Disposition stellt, was die Debatte über die NWWO in dieser Form nicht tat; dort ging es vielmehr um Bedingungen und Wege nachholender Entwicklung und um gerechte Austauschverhältnisse zwischen nationalstaatlich definierten Volkswirtschaften, die es den Ländern der Dritten Welt ermöglichen sollten, die gesteckten Ziele zu erreichen. Die Debatte über nachhaltige Entwicklung enthält dagegen eine grundsätzliche Herausforderung an das hegemoniale Entwicklungsmodell und vollzieht damit zumindest im Ansatz den Übergang von der Frage nach Wegen und Modalitäten nach*holender*, auf Volkswirtschaften und Nationalstaaten bezogener Entwicklung zu einer globalen Entwicklung, eben im Sinne der Nach*haltigkeit*.

Doch wie schon festgehalten wurde, ist die Operationalisierung dieses Postulats mit vielerlei Problemen behaftet. Das bestätigt sich im Frühjahr 1998 in Deutschland anhand der politisch inszenierten Aufregung über insgesamt sehr moderate Einschnitte in die eingespielten Routinen des Energieverbrauchs und der damit ermöglichten Mobilität, etwa durch eine längerfristige Erhöhung des Benzinpreises, dessen Erlöse entsprechend den Öko-Steuer-Plänen der grünen Partei zudem *nationalen* Zwecken zugute kommen, nämlich für die allseits als dringlich erachtete Senkung der Lohnnebenkosten verwendet werden sollen. Diese Erfahrung mag eine Vorstellung davon vermitteln, auf welche formidablen Widerstände der an sich sinnvolle und dringend überfällige *inter*nationale Transfer solcher Steuererträge im Sinne eines globalen Ausgleichs hätte (s. dazu Massarrat 1994, bes. S. 95-98). Letztlich gilt das gleiche natürlich auch für Einschnitte, in der Regel aller Voraussicht nach vermittelt über Preiserhöhungen, wenn es um die Sicherung des Zugangs zu Naturressourcen, etwa zu einem so wichtigen Rohstoff und Energieträger wie Kohle, auch für künftige Generationen geht (s. etwa Fuchs/Schiel 1997, S. 140-145). Ähnlich steht es schließlich mit dem in mancher Hinsicht noch vordringlicheren Problem der Rückstände industrieller Produktion und fordistischer Massenkonsumtion, die als Gase zunächst einmal in der Luft verschwinden, als flüssige und feste Stoffe unmittelbar ein Müllproblem darstellen. Das hat sich bisher trotz Filterung und Entsorgungsindustrie nicht grundsätzlich geändert. Im Verbrauch von Rohstoffen einschließlich Energieträgern und in der Nutzung sowie zunehmend in der Überschreitung natürlicher Toleranzschwellen für die Deponierung von Rückständen und Schadstoffen aller Art in Atmosphäre, Oberflächengewässern und im Boden bedeutet ebenso eine extrem ungleiche Vernutzung von Ressourcen wie es beim Rohstoffverbrauch der Fall ist.

Wenn Modernisierungstheoretiker und -strategen heute eingestehen, daß „man sich nicht vorstellen" kann, „daß in China einmal 600 Millionen Autos fahren sollen" (Zapf 1994, S. 182), so dürfte dies unstrittig sein – sieht man von den Leuten in China (und in Indien, Lateinamerika oder Afrika) einmal ab, die genauso wie die Leute in USA, Westeuropa und Japan, die sie vielfach auch noch im Fernsehen oder auch im Buschkino und häufig als Touristen eben dabei bewundern können, Auto fahren wollen. Weil diese Uneinsichtigen leicht die Mehrheit der heute lebenden Menschen ausmachen könnten, gilt für die augenblickliche Situation gerade unter ökologischen Gesichtspunkten extrem ungleicher gesellschaftlicher Ressourcennutzung und Naturbeanspruchung: „Die Kehrseite des Wohlstands ist der Mißstand der Nationen" (Altvater 1992, S. 158). Das ist für jedes Konzept einer nachhaltigen Entwicklung ein existentielles Problem, denn daß Nachhaltigkeit ohne eine soziale Dimension, d.h. ohne ein Mindestmaß an greifbarer, auch symbolisch erfahrbarer Gerechtigkeit ihrerseits kaum vorstellbar ist, scheint bei allen Unterschieden zumindest verbal Konsens im Nachhaltigkeits-Diskurs zu sein.

Nachhaltige Entwicklung wirft daher in erster Linie Rückfragen auf nach den krassen Unterschieden zwischen Norden und Süden in Produktionsstrukturen und damit auch massenhaft realisierten Konsum- und Lebensstilen. Wie der Brundtland-Bericht mit dem Verweis auf „Werte" ganz richtig konstatiert hat, geht es nicht zuletzt um eine kulturelle Frage. Zwar sind die Ausmaße der notwendigen Umsteuerung, die sich eben nicht nur auf Wirtschaftsbranchen beschränken kann, sondern *im industriellen Norden* bis in die Alltagsroutinen einer jeden und eines jeden hinuntergreifen müßte, unklar und teilweise strittig. Doch lassen sich zumindest die Dimensionen in etwa vergegenwärtigen. Der historische und aktuelle Anteil der derzeit industriell entwickelten Länder an Kohlendioxid und FCKW liegt klar über 70% oder gar über 90% des weltweiten Ausstoßes (vgl. Weizsäcker 1990, S. 204). Die USA allein, ein Zwanzigstel der Weltbevölkerung haben während der Nachkriegsepoche, in den Jahren 1950-1986, nahezu ein Drittel der kumulierten CO_2-Emissionen verursacht (vgl. Altvater 1992, S. 159ff). Ferner wird auch fortgesetztes Wirtschaftswachstum wahrscheinlich an einen steigenden Energieverbrauch gekoppelt bleiben (vgl. Mármora 1990, S. 123f), und damit auch an zunehmende Emissionen. Die industrialisierten Gesellschaften verbrauchen so gesehen gleichsam auch die Emissionsmöglichkeiten, d.h. auf unsere Terminologie bezogen handfeste Entwicklungsoptionen derjenigen Gesellschaften, wo ökologische Katastrophen sich eher in Dürre, Brennstoffmangel, Entwaldung oder auch in Überschwemmungen niederschlagen – wobei diese Phänomene oft eng miteinander verknüpft sind: So verursacht die fortschreitende Entwaldung in der Himalaya-Region die gehäuften Flutkatastrophen in der Stromebene und im Mündungsgebiet des Ganges (vgl. Stone u.a. 1992, S. 122). Wenn es nun zutrifft, daß bei vorsichtiger Berechnung ökologische Nachhaltigkeit bei nicht mehr steigendem Konsum im Norden die Reduzierung der Umweltbelastung pro Konsumeinheit um 78% innerhalb der nächsten fünfzig Jahre erfordern würde (so Ekins 1993, S. 100), so gibt dies eine Vorstellung von Ausmaß und Tragweite der dann notwendigen Richtungsänderung. Diese Richtungsänderung betrifft, wie am Beispiel des Schicksals der Öko-Steuer 1998 in der ökologischen Fragen relativ aufgeschlossenen deutschen Öffentlichkeit demonstriert wird, offenbar einen grundlegenden öffentlichen Konsens über gesellschaftliche Prioritäten und Zielsetzungen, der natürlich verknüpft ist mit den erwähnten, bereits über zwei bis drei Generationen, in den USA noch länger eingeübten kulturellen Alltagsmustern.

Nachhaltige Entwicklung stellt so gesehen im industriell entwickelten Norden eine schwere politische und kulturelle ebenso wie eine wirtschaftliche Herausforderung dar. Es geht um das auf den ersten Blick so erfolgreiche Entwicklungsmodell des Nordens, das den anderen Gesellschaften zwar keineswegs ihr Zukunftsbild präsentiert, sehr wohl aber ihr mehrheitliches Wunschbild vorgaukelt. Wenn sich dieses hegemoniale Entwicklungsmodell in globaler Perspektive und unter dem Gesichtspunkt der Nachhaltigkeit als bestenfalls zeitlich und räumlich sehr begrenzt gültig und dringend revisionsbedürftig erweist, so ist damit also das Problem bestenfalls so benannt, daß sich seine Größe und Tragweite abzuzeichnen beginnt. Es kann daher nicht überraschen, wenn auf der UN-Konferenz über Umwelt und Entwicklung (UNCED), die 1992 in Rio de Janeiro abgehalten wurde, „der Lebensstil des Nordens nicht zur Debatte" stand (Weizsäcker u.a. 1996, S. 242).

Umso attraktiver muß das Versprechen einer „Effizienzrevolution", d.h. der viermal effizienteren Nutzung der natürlichen Ressourcen klingen, weil hier das Umsteuern ohne allzu schwerwiegende Opfer möglich werden soll, also politisch wesentlich leichter durchgesetzt werden könnte. Die Veränderungen zur Nutzung von Effizienzpotentialen nach *Faktor Vier* verheißen dem Norden: „Echte Wohlstandsverzichte werden nicht verlangt, aber man muß die Effizienz dramatisch verbessern." (ebd., S. 246)

Dem sollen vielfältige Vorkehrungen dienen, die vom recycling über haltbare Produkte, über Mehrfachnutzung von Produkten, energiesparende Häuser und ein neues Gewicht menschlicher Arbeit bis zur Mikroelektronik reichen, um nur einige zu nennen. Damit soll erreicht werden, was in der Tat vordringlich erscheint: eine tiefgreifende Veränderung des hegemonialen Entwicklungsmodells in dem Sinne, daß zunächst „das eigene Haus" in Ordnung gebracht werden muß, auch als Ausgangspunkt, um den Transfer von Großtechnologie in den Süden durch gemeinsames „Umdenken" zu ersetzen, im Sinne von „aufgeklärte(m) Eigennutz" auf beiden Seiten (BUND/Misereor 1996, S. 265, 273f), wie es in dem aus dem gleichen Autorinnen- und Autorenkreis stammenden Entwurf für ein „zukunftsfähiges Deutschland" heißt, der ausdrücklich Vorstellungen zurückweist, im Sinne einer „Festung Europa" „mit einem Limes die 'neuen Barbaren' fernzuhalten" (ebd., S. 275). Zweifellos sind viele Aspekte der anvisierten Effizienzrevolution ebenso notwendig wie weiterführend, und auf die Schwierigkeiten, sie politisch durchzusetzen oder „mehrheitsfähig" zu machen, wurde schon hingewiesen. Doch muß das Versprechen eines fast schmerzlosen Bruchs mit den alten liebgewordenen Gewohnheiten und (großtechnologischen) Zukunftsvisionen skeptisch stimmen, wenn etwa die unter ökologischen Gesichtspunkten wohl kaum angreifbare Feststellung, daß „Zwei-Wochen-Trips in die Karabik ... nicht zukunftsfähig (sind)" (ebd., S. 279), konfrontiert wird mit der nur hysterisch zu nennenden öffentlichen Reaktion auf eine Intervention im eigentlich politischen Bereich, die im März 1998 den massenhaften Ferntourismus im Vorfeld eines möglichen Regierungswechsels in Deutschland problematisiert hat. Weiter drängen sich Rückfragen auf, etwa nach den Subjekten aller dieser Prozesse, denn daß es beispielsweise wirklich „die Länder des Südens" sind, die sich auf etwas „besinnen" (ebd.), kann wohl nicht ernstlich unterstellt werden. Solche gerade in der entwicklungspolitischen Literatur nicht seltenen sprachlichen Flüchtigkeiten sind verräterisch: Hinter ihrem Schirm muß nicht mehr gefragt werden, wer Interesse am Fortgang der alten Praxis der „Entwicklungszusammenarbeit", des Technologie-Transfers oder des Rüstungsimports haben könnte, weil „die Länder" oder gar „der Süden" oder auch „wir" oder „der Norden" stillschweigend als Kollektivsubjekt unterstellt werden, das (um)denkt und auch entsprechend handelt. Daß auch dies etwas mit der „Entsorgung des Marxismus" gerade in ökologischen Diskussionszusammenhängen (Altvater 1996, S. 90) zu tun haben könnte, drängt sich auf, wenn die Erwartung geäußert wird, „das private Kapital und das ihm zugehörige Know-how finden ihren Weg in den Süden allein" – woran nicht gezweifelt werden soll. Sehr wohl aber fragt sich, ob dem privaten Kapital neben Know-how nicht noch anderes zugehört, etwa Verfügungsmöglichkeit und daraus sich ergebende Macht und ein alles bestimmendes Interesse an einem möglichst hohen und gerade unter aktuellen Bedingungen nicht allzu langfristig zu erwartenden Profit. Dazu braucht es freilich keinen Marx, auch keinen Max Weber oder Josef Schumpeter – ein Blick in die Tageszeitung und die Debatte über Arbeitslosigkeit und Lehrstellen genügt. Ob dem allein „Verantwortung und dauerhafte(r) Eigennutz" im Süden (BUND/ Misereor 1996, S. 274) ausreichend entgegenwirken können, muß bezweifelt werden. Der Verweis aus anderen Beiträgen zur Nachhaltigkeitsdebatte auf die massiven Kapitalabflüsse vom Süden nach dem Norden, die nicht nur aufgrund des Schuldendienstes, sondern eben auch durch verschiedene Formen der offenen und verdeckten Gewinnrepatriierung zustandekommen (vgl. van Dieren 1995, S. 150-161), unterstreicht jedenfalls die Bedeutung der Verfügungschance, die dem Kapital neben der Profitorientierung nun einmal in aller erster Linie „zugehört". Ferner üben ja auch im „Süden" nicht irgendwelche Kollektivsubjekte Eigennutz und Verantwortung, sondern hinter solchen Chiffren lassen sich sehr konkrete Interessen und damit verbundene Zielvorstellungen entdecken. Und gerade letztere werden wiederum in gesellschaftlichen Prozessen definiert, die von Macht und Herrschaft nicht abzulösen sind. Oder anders gesagt, bezogen auf die strategisch wichtige Frage historischer und aktueller „Energiesysteme", was allgemeiner formuliert ökologischen Basisregimes entspricht,

„können alle Energie*formen* zur Stärkung einer Gesellschaftsklasse bzw. eines Staatsapparates dienen ... Die Dynamik der Energie*systeme* dagegen richtet sich nach der ... Logik der zugehörigen Gesellschaftsformation,"

d.h. sie ist geprägt durch jeweils vorherrschende Herrschaftsverhältnisse und die Formen ihrer Vermittlung (Debeir u.a. 1989, S. 30). Wenn es daher offenkundig darum geht, nicht nur ein anderes Energiesystem zu konzipieren und auch zu realisieren, sondern auch die damit verknüpften kulturellen Veränderungen politisch zu vermitteln und schließlich die mit solchen Prozessen unvermeidlich verknüpften Interessenkonflikte nicht nur zu verstehen, sondern ebenfalls am Ende politisch durchzustehen, dann wird klar, daß die Forderung nach „mehr kritischer Ökonomie- und Gesellschaftsanalyse" (Altvater 1996, S. 91) zwar unerläßlich, für sich genommen aber eine Untertreibung ist. Freilich trifft es auch zu, daß gerade unterschiedliche Richtungen der Wirtschafts-, aber auch der Gesellschaftstheorie zumindest bis vor kurzer Zeit ihrerseits die natürlichen und zumal die energetischen Grundlagen überwiegend als Leerstelle behandelt haben (vgl. Debeir u.a. 1989, S. 14-18; Kappel 1994, bes. S. 63-72) – bis zu dem historischen Punkt eben, wo die Schranken industrieller, auf fossilen Brennstoffen beruhender Produktion sich deutlich abzuzeichnen begannen und sich damit die Unterstellung, bei Luft, Boden, Wasser usw. handele es sich um kostenlose Gratisproduktivkräfte als unhaltbar, ja auf mittlere Sicht für den Fortbestand der Gattung als desaströs erwiesen hat.

Diese sicher nicht erschöpfenden Ausschnitte aus der Debatte um nachhaltige Entwicklung sollten zweierlei deutlich gemacht haben: Entwicklung, wenn sie ernsthaft als nachhaltig gedacht wird, kann nur global konzipiert werden, was gewiß nicht davon entbindet, solche Konzepte lokal zu konkretisieren. Das ist in der Debat-

te um Nachhaltigkeit wohl weitgehend unstrittig. Selbst die Strömung, die „weiter so" und „business as usual" propagiert, argumentiert ja mit den positiven Auswirkungen weiteren wirtschaftlichen Wachstums für eine weltweite nachhaltige Entwicklung. Weit strittiger dürfte die Analyse von Machtverhältnissen sein, die in die Definition eines gesellschaftlich gültigen Entwicklungsmodells, das ja politisch umgesetzt wird, notwendig eingehen. Es geht um Definitions- und Entscheidungsmacht, aber auch um Verfügungsmacht, die möglicherweise angegriffen und selbstverständlich verteidigt wird. Die Überlegungen zur Effizienzrevolution zeigen, daß zumindest im nationalstaatlichen Rahmen oder in Regionen wie (West-)Europa oder Nordamerika und dort zumindest für Minderheiten durchaus wichtige Schritte möglich sind, ohne daß diese Verhältnisse in ihren Grundlagen angetastet würden. All dies fällt aber weit hinter das zurück, was auch die zitierten Studien an Umsteuerung und Veränderung für dringend erforderlich halten. Die Konstruktion von gesellschaftlichem Konsens, gesellschaftliche Werte-Debatten, schließlich die Veränderung kultureller Orientierungen sind ein überaus zeitaufwendiges Geschäft, dessen langsamem Fortgang die Dringlichkeit der Probleme und die daraus abgeleiteten Zeitpläne und Szenarien schroff gegenüberstehen, wie sie etwa im Abschlußdokument der UNCED-Konferenz in Rio enthalten waren (vgl. etwa Hein 1997, S. 327ff; Wahl 1997). Das ist zunächst nicht weiter verwunderlich, wenn man bedenkt, daß hier komplizierte Aushandlungsprozesse widerstreitender Interessen unvermeidlich sind, zumal da gerade die bedrohlichsten Umweltprobleme wie etwa die langfristige Klimaveränderung nicht allein lange Zeit schwer nachzuweisen waren, sondern durch die weitgehende zeitliche und räumliche Entkoppelung von Ursache und Wirkung auch kaum sinnlich als Gefährdung erfahrbar sind – dies ist erst zu einem Zeitpunkt zu erwarten, wo ein Eingreifen allenfalls sehr begrenzt noch möglich sein wird. Die zitierten Überlegungen zu einem zukunftsfähigen Entwicklungsmodell gerade für ein weltwirtschaftlich so wichtiges Land wie Deutschland unterstreichen gerade in ihren Auslassungen und Schwächen diese enormen praktisch-politischen Schwierigkeiten. Hinzu kommt ein unter dem Eindruck der Globalisierungsprozesse und mehr noch vielleicht der Globalisierungs*debatte* erneut zu konstatierendes Auseinanderdriften der politischen Ebenen der Umweltpolitik einerseits und der auf nationalstaatliche oder regionale Zusammenhänge ausgerichteten internationalen Konkurrenz zwischen „Standorten", die sich ja keineswegs auf die Metropolen beschränkt (vgl. z.B. Calcagnotto 1997).
Darin wiederum läßt sich leicht die Hegemonie des modernisierungsstrategischen, letztlich am Vorbild der industriekapitalistisch

entwickelten Länder orientierten Entwicklungsmodells erkennen: Diese Hegemonie betrifft ja nicht allein und nicht einmal in erster Linie die diskursive Ebene der Debatte über Entwicklungs- und eventuell auch Umweltziele, sondern in erster Linie auch wirtschaftliche und politische Macht, Prioritäten zu setzen und diesen auch Geltung zu verschaffen. Gerade deshalb aber ist das Beispiel der metropolitanen Gesellschaften von entscheidender Bedeutung. Ungeachtet vieler lokaler Initiativen, die sich in fast allen Ländern gegen ruinöse Einzelprojekte wenden oder Anstrengungen unternehmen, in anderer Form vorhandene natürliche Ressourcen zu schützen, ist das globale Umsteuern, das die globalen ökologischen Probleme und Gefahren so dringend erforderlich scheinen lassen, nur vorstellbar durch entschiedene Schritte in den Ländern, deren industrielle, kulturelle und gesellschaftliche Vorbild- und Vorreiterfunktion durch den Wegfall einer konkurrierenden Alternative heute stärker denn je ist.

Schließlich kommt der Debatte um Ökologie und Entwicklung und den mit ihr in Zusammenhang stehenden Kampagnen eine nicht zu unterschätzende Bedeutung für den Gang der sozialen Evolution zu. Sie überbietet bisherige Formen der Reflexivität, die wir als dasjenige Merkmal bestimmt hatten, das soziale Evolution von anderen Formen und Ebenen der Evolution unterscheidet. Es handelt sich um die Identifizierung teils absehbarer, teils in unterschiedlichem Ausmaß wahrscheinlicher Konsequenzen und Gefahren aus einem globalen Entwicklungsmodell, das sowohl in technologischer, wie in sozialer Hinsicht als auf Dauer unhaltbar eingeschätzt wird. Dabei geht es nicht um *partikularen* Verzicht auf einen bereits bekannten Entwicklungsschritt, sondern um den Versuch, auf *globaler,* d.h. weltgesellschaftlicher Ebene Entwicklung umzusteuern. Das kann nicht das Zurückstellen eingetretener Entwicklungen bedeuten, zumal von den Umwälzungen und Umbrüchen der Moderne so gut wie alle Gesellschaften auf der Erde betroffen sind, einschließlich etwa der Yamomami im brasilianischen Regenwald, die davor noch geschützt werden sollen und eben durch diesen Schutz bereits in den weltgesellschaftlichen Zusammenhang einbezogen sind. Auch Gleichgewicht oder Homöostase (vgl. Caldwell 1977, S. 139-185) ist gerade in Ansehung der Dynamik, die *allen* evolutiven Prozessen innewohnt, kaum erreichbar und wohl auch nicht wünschenswert. Zur Debatte steht vielmehr eine Richtungsänderung der *globalen,* nicht der nationalstaatlich oder regional definierten Entwicklung, die nur möglich ist in Kenntnis und unter kritischer Ausnutzung der Errungenschaften der Moderne, einschließlich des Großteils ihrer Technologien. Für den Versuch einer solchen globalen Richtungsänderung gibt es bisher als einzigen Präzedenzfall die *Idee* der internationalen revolutionären Arbeiterbewegung, die beanspruchte, international organisierbare Klasseninteressen zu repräsentieren. Sie ist sukzessive in verschiedenen Organisationsformen gescheitert, nicht zuletzt am Widerspruch zwischen internationalistischem Anspruch und nationalstaatlich definierten Partikularismen, ob diese sich nun wie in der Zweiten Internationale bis 1914 in einer lockeren Föderation von nationalen Parteien artikulierten oder wie in der Komintern im Herrschaftsanspruch der sowjetischen Führung. Charakteristisch für die Form, in der während der 1990er Jahre über die großen globalen Probleme und Herausforderungen verhandelt wurde, ist die Kombination zwischen einer meist von den UN oder einer ihrer Unterorganisationen einberufenen Konferenz von Regierungen, verbunden mit parallelen Konferenzen und Aktionen von Nicht-Regierungsorganisationen (NGO), die zugleich auf nationaler Ebene durch Lobbying und andere Aktivitäten Einfluß auf die Regierungstätigkeit zu nehmen suchen. Diese Konferenzen umfaßten neben Umwelt und Entwicklung und den Folgekonferenzen zur Klimakonvention 1995 in Berlin und 1997 in Kyoto vor allem die Welt-Bevölkerungskonferenz 1994 in Kairo und die Welt-Frauenkonferenz 1995 in Beijing. Nicht zuletzt an diese Konferenzen hat sich der Aufbau von „Netzwerken" angeschlossen, die mittlerweile Gegenstand einer eigenen Debatte sind (s. Altvater u.a. 1997). Auch wenn Hegemonieverhältnisse in Form der „'Definitionsmacht' strategisch wichtiger Akteure" (Walk/Brunnengräber 1995, S. 134) den unmittelbaren politischen Effekt etwa der Berliner Klima-Konferenz wesentlich bestimmt haben, so sind dennoch Ansätze zu einer neuartigen internationalen Öffentlichkeit und Gegen-Öffentlichkeit mit relativ kontinuierlichen Strukturen erkennbar (vgl. etwa Klein 1997). Daß solche Formen internationaler Zivilgesellschaft vermachtet oder hegemonial geprägt sind und damit auch kritische Ansätze der Gefahr der Vereinnahmung unterliegen, muß nur diejenigen verwundern, die kein realistisches Bild von Zivilgesellschaft haben, für die gerade diese Eigenschaften zentrale Merkmale sind (s. Kößler/Melber 1993, Kap. 3). Aus den gleichen Gründen besteht kein Anlaß, die Herausbildung zivilgesellschaftlicher Zusammenhänge etwa als Schlüssel zur Problemlösung anstatt vielmehr als eine vielleicht marginale Chance dazu zu verstehen. So aber hat sich gerade auch durch die hier angesprochenen Prozesse ein Feld für eine internationale Auseinandersetzung eröffnet, die zumindest gerade aufgrund der schwierigen Vermittlung zwischen internationaler, nationaler und lokaler Problem- und Aktionsebenen (vgl. Walk/Brunnengräber 1995, S. 129f) die Chance bietet, auch folgenreich im Sinne des notwendigen Umsteuerns zu sein. In evolutionärer Perspektive ist dies gleichbedeutend mit der Chance, eine Verzweigungssituation zu erkennen und die damit verbundene Richtungsentscheidung im wohlverstandenen Interesse der Gattung, nämlich ihres Fortbestandes auf absehbare Zeit, zu beeinflussen. Die darin eingeschlossenen Risiken liegen nicht zuletzt in den unterschiedlichen Zeithorizonten und zeitlichen Dynamiken, mit denen Problemlagen sich entwickeln und über den Punkt einer möglichen Intervention hinauszuschießen drohen, einerseits und der komplexen Aushandlungsprozesse andererseits, mit denen ein Um- und Gegensteuern der durch die Produktions- und Lebensformen der Moderne in Gang gesetzten Dynamik allenfalls erreicht werden könnte. Wenn sich freilich die Prognosen über die Konsequenzen bewahrheiten, die ein Scheitern der Bemühungen um ein solches Umsteuern hätte, würde damit sicher nicht die Evolution zum Stillstand kommen und vermutlich auch nicht die Evolution des Lebens auf der Erde; doch für soziale Evolution wäre dies ebenso irrelevant geworden, wie es dann die Träume oder Schreckensvisionen wären, in anderer, technologischer Form in den Gang der Evolution einzugreifen, vor allem durch Manipulation von Genen an Pflanzen, Tieren und möglicherweise auch an Menschen – was gleichbedeutend wäre mit dem Versuch, die Reflexivität, die der sozialen Evolution eigentümlich ist, nun auf die Evolution des Lebens auszudehnen. Auch solche Szenarien müssen selbstverständlich als Teilaspekte von Entwicklungsmodellen verstanden werden. Damit läßt sich die Entscheidungs- und Verzweigungssituation, in der um konkurrierende Alternativen von Entwicklung gestritten wird, weiter pointieren.

Gerade auch vor dem Hintergrund solcher Kontroversen läßt sich auch der weltgesellschaftliche Zusammenhang näher fassen, der beginnt, nicht nur als objektive Gegebenheit durch weltumspannenden Warenverkehr und Ressourcenbeschaffung oder als Bedrohung durch globale Konkurrenz wahrnehmbar zu werden, sondern als Prozeß der Aushandlung übergreifender Zielsetzungen und damit auch des Kampfes um die Definition und Durchsetzung – oder auch die Abwehr solcher Ziele. Gerade in dieser Perspektive wird deutlich, wie zerklüftet dieser Weltzusammenhang ist. Dafür sind widerstreitende Interessen und Ausgangslagen von „Norden" und „Süden" oder die Gegensätze zwischen den Zielen der „Inwertsetzung" ganzer Regionen (vgl. etwa Altvater 1987, Teil II) und den Lebenschancen der aktuellen Bewohnerinnen und Bewohner letztlich nur Chiffren. Sie sind zu ergänzen durch die Schwierigkeiten interkultureller Kommunikation, die freilich ihrerseits häufig auf krasse Unterschiede in kollektiven Lebenslagen und deren Wahrnehmung sowie die daraus abgeleiteten individuellen und kollektiven Rationalitätskriterien und Handlungsstrategien zurückgehen. Doch auch wenn die exemplarisch an der

Auseinandersetzung über nachhaltige Entwicklung aufgezeigten internationalen Diskussions- und Aushandlungsprozesse jeweils aktuell nur eine relativ sehr umgrenzte, durch Bildung und Zugang zu Kommunikationsmedien in aller Regel privilegierte Personengruppe umfaßt hat, ist hier interkulturelle Kommunikation exemplarisch in Szene gesetzt worden. Und das schließt Schwierigkeiten und Barrieren selbstverständlich mit ein, die aus den bezeichneten Gründen als unvermeidlich gelten dürften.

„Feminisierung der Entwicklung"

Ungefähr seit Mitte der 1970er Jahre wurden im Zusammenhang der internationalen Frauenbewegung Forderungen und Konzepte erarbeitet, die vor allem deshalb eine Herausforderung an vorherrschende Entwicklungsstile und insgesamt an das Paradigma nachholender Entwicklung enthalten, weil sie mit besonderem Nachdruck die Lage und die Bestrebungen der Subjekte möglicher Entwicklung in den Mittelpunkt stellen, aber auch die Folgen konkreter Entwicklungsstrategien und -projekte für deren Adressatinnen und Adressaten mit besonderer Konsequenz untersuchen (s. bes. Wichterich 1987). Dabei zeigt sich, daß der entscheidende Paradigmenübergang weniger darin bestand, daß zunächst die produktiven Potentiale der Marginalisierten, vorab von Frauen auch in der Entwicklungspolitik erkannt wurden. Die daran anschließende „Neukonzeptionierung" identifizierte „Frauen als Zielgruppe" (ebd., S. 123), doch bedeutete die in besonderem Maß von der Weltbank propagierte „Investition in die Armen" (Bennholdt-Thomsen 1980) gerade keine Abkehr von den routinisierten Zielsetzungen des Wachstums und der nachholenden Entwicklung. Die Ausweitung der Zielgruppe war gleichbedeutend mit einer Diversifizierung der Methoden dieser Politik und mit der Erweiterung ihrer produktiven Basis, nachdem die Erwartungen der gängigen Modernisierungstheorie, starke soziale Unterschiede würden im Zuge der erwarteten Entwicklung durch „trickle-down"-Effekte ausgeglichen werden, sich als illusionär erwiesen hatten. Die Einbeziehung von Frauen als Entwicklungs-Ressource fiel in die ersten Jahre der von den UN proklamierten Frauendekade 1975-1985, was auch gewisse Impulse für ofiziell geförderte Forschung mit sich brachte. Diese Politik bedeutete zwar eine Veränderung gegenüber der früheren Ignorierung von Frauen und besonders auch ihrer Arbeitsleistung, die jene der Männer in aller Regel erheblich übersteigt, (s. Boserup 1970), und etwa durch einkommensschaffende Maßnahmen oft auch eine Verbesserung ihrer sozialen Lage. Hinzu kamen Maßnahmen im Bildungs- und

Gesundheitsbereich. Doch verstärkte all dies letztlich die Subsumtion von Frauen unter die Imperative und Zielsetzungen nachholender Entwicklung:

„Die Frauenfrage in der Entwicklungspolitik war die Frage nach der Funktionalität der Frauen für die Entwicklung." (Wichterich 1987, S. 125)

Dabei war „Entwicklung" gleichbedeutend mit nachholender Entwicklung im Sinne der Modernisierungstheorien.

Wie Christa Wichterich in ihrer bilanzierenden Rückschau auf den Integrationsansatz zeigt, verfehlte auch hier das optimistische Bild einer Moderne, das Emanzipation allein schon durch die Einbeziehung von Menschen in die vorgeblich von ihr bestimmten Sphären verhieß, in diesem Fall von Frauen in die statistisch erfaßbare Produktion. Ignoriert wurde dabei ganz im Bezugsrahmen des modernisierungstheoretischen Paradigmas nicht zuletzt die Tatsache, daß die Verhältnisse, unter denen Frauen lebten und litten, nicht einfach auf „Defizite" zurückzuführen waren, die als Ausfluß von Tradition interpretiert wurden und durch geeignete, ins moderne Leben integrierende Maßnahmen zu beheben waren. Es ging vielmehr um gesellschaftliche Produkte der Moderne selbst, Unterentwicklung und moderne Ausformungen des Patriarchats. Gerade letzteres war ja auch in den Metropolen keineswegs durch die Ausbreitung von Frauen-Lohnarbeit überwunden worden. Ganz entsprechend dem Hauptstrom der Modernisierungstheorien fehlten auch in der Diktion der „Integrationsstrategen ... die Kategorien Herrschaft und Unterdrückung" (ebd., S. 133), und auch aus diesem Grund waren die frauenspezifischen Projekte, die ihre Adressatinnen auf eine „passive Empfängerrolle" (ebd.) festschrieben, nicht geeignet, „den Frauen ... mehr Kontrolle über ihr Leben und ihren Körper (zu) eröffne(n)" (ebd., S. 136).

Der aus der Kritik an diesen Beschränkungen entstandene „Dritte-Welt-Feminismus" wurde vor allem auf der Weltfrauenkonferenz in Nairobi 1985 breiter entfaltet. Er betont den untrennbaren Zusammenhang zwischen verschiedenen Formen der Unterdrückung, der den Kampf gegen die spezifische Unterdrückung von Frauen mit dem Kampf gegen Unterdrückung aufgrund der Zugehörigkeit zu Nationen, Klassen oder Rassen zu einer notwendigen Einheit verbindet. Das den gängigen entwicklungspolitischen Konzepten entgegengestellte „Andere" kann daher entgegen einer „biologistische(n) gesellschaftliche(n) Zuschreibung" nicht einfach als das „Weibliche" bestimmt werden, das etwa „mit Naturnähe, Friedfertigkeit und Selbstlosigkeit bebildert" wäre; denn gerade auch „Frauensolidarität" erweist sich über die bezeichneten Schranken und Differenzen hinweg als „schwierig bis unmöglich" (ebd., S. 138). Schon aus dieser Problemlage ergibt sich der breitere, gesamtgesellschaftliche Ansatz, der wenn nicht zu einem

„anderen" Entwicklungsbegriff oder Gesellschaftsmodell, so doch auf „Visionen", wie sie etwa in dem Papier des Netzwerks „Development Alternatives for a New Era" (DAWN) skizziert werden, das in Nairobi diskutiert wurde. Die besonders hervorgehobenen Momente von Selbstbestimmung und Machterwerb (*empowerment*), erlauben dabei die Anerkennung der „Verschiedenartigkeit der Anliegen und Methoden". Die damit notwendig recht allgemein gehaltenen Zielbestimmungen skizzieren eine Verknüpfung zwischen der zentralen Forderung nach Autonomie, dem Kampf gegen alle Formen der Ungleichheit und Unterdrückung und schließlich der Verallgemeinerung von Werten, Einstellungen und Tätigkeiten, die häufig als weiblich einkategorisiert werden:

„Wir wollen eine Welt, in der Grundbedürfnisse zu Grundrechten werden und in der Armut und alle Formen von Gewalt abgeschafft sind. In dieser Welt soll jeder Mensch die Möglichkeit haben, all ihre oder seine Leistungs- und schöpferischen Fähigkeiten voll und ganz zu entfalten und zu entwickeln, und weibliche Werte wie Fürsorge und Solidarität sollen zu einem Kennzeichen menschlicher Beziehungen werden. Auch die reproduktive Rolle der Frau wird eine Neudefinition erfahren; Männer, Frauen und die Gesellschaft als ganzes werden sich die Aufgaben der Kinderversorgung teilen." (DAWN 1987, S. 149f).

Dieser Ansatz ist, wie auch die in demselben Dokument enthaltene Typologie von Organisationen unterstreicht, ausdrücklich pluralistisch. Die damit in Kauf genommene „politische Unschärfe" (Wichterich 1987, S. 139) ermöglicht zugleich eine Integration von „Frauenbewegungen", die in sehr unterschiedlichen gesellschaftlichen und kulturellen Zusammenhängen agieren und in dementsprechend unterschiedlicher Weise

„auf die Herausforderungen der 'ungleichen Moderne' (reagieren), indem sie eigene Synthesen aus ihrer Kultur und ausgewählten 'westlichen' Momenten schaffen" (Lenz 1990b, S. 166).

Hier und in der Perspektive auf eine denkbare „kulturelle Synthese auch ... von Süd nach Westen", etwa durch die Wahrnehmung der wesentlich stärkeren materiellen Rückbindung und der damit in Zusammenhang stehenden alltagsdemokratischen Kultur von Frauenbewegungen im Süden (ebd., S. 172) scheinen zugleich Möglichkeiten und Visionen auf, die auch die erst später einsetzende Netzwerk-Diskussion beleben und bereichern könnten, weil sie die sinnliche Erfahrung eines langfristigen Prozesses der Vermittlung zwischen sozial oder kulturell unterschiedlich bestimmten Lebenszusammenhängen und daran anschließenden Handlungsrationalitäten enthalten und begreifbar machen können. Freilich enthält der pluralistische Grundansatz auch das Risiko der Auffächerung in nur noch schwer miteinander konkret zu vermittelnden „Sonderidentitäten", wie dies von dem in Huairou abgehaltenen

NGO-Forum bei der auf Nairobi folgenden Weltfrauenkonferenz in Beijing 1995 berichtet wurde, was zu einem Überwiegen von „viel Netz" gegenüber „wenig Strategie" zugunsten einer „friedlichen Koexistenz" auch einander widerstreitender Positionen geführt und verschleiert habe, „daß nicht alle Frauen in einem Boot, sondern daß sie in verschiedenen Booten sitzen" (Wichterich 1996, S. 27, 36, 41). Im Rückbezug auf die Erfahrung *folgenreicher* interkultureller Kommunikation, die für die Bestimmung und Aushandlung eines „anderen" Entwicklungs-Paradigmas mit seinen notwendig globalen Dimensionen unverzichtbar ist, bedeutet dies den klaren Hinweis, daß solche Kommunikation nicht allein auf (notwendiger) Toleranz oder gar eher passiver „Akzeptanz" beruhen kann, sondern daß hier aktive gegenseitige „Anerkennung" der *gesellschaftlichen Subjekte* in dem emphatischen Sinn gefordert ist, der Streit und Auseinandersetzung ausdrücklich und notwendig einschließt (s. Honneth 1994). Gerade auch die Betonung der Machtfrage und des Machterwerbs (s. auch Scheu 1995, bes. S. 269-273) verweist auf notwendige Dimensionen eines nicht technokratisch fixierten, sondern auf Akteurinnen – und Akteure – bezogenen Entwicklungsbegriffs.

Solche Überlegungen eröffnen den Blick auf eine komplexe und facettenreiche gesellschaftliche Realität, die auch das gesellschaftliche und wissenschaftliche Konstrukt „Frau" als aufgegliedert erscheinen lassen in unterschiedliche Bezüge, die einzelne Personen unterhalten und in gesellschaftliche Repräsentationen. Ähnliches gilt für unterschiedliche soziale Lagen. Das läßt sich besonders eindrucksvoll an den schroffen Gegensätzen und Versuchen zu ihrer Überbrückung in Post-Apartheid-Gesellschaften aufzeigen (vgl. Wanzala 1994). Die Stellungnahme gegen „Unterdrückung" sollte nicht den Blick dafür verstellen, „daß Unterdrückung ein hochgradig differenziertes Phänomen ist" (dies. 1996, S. 60). Die Kenntnisnahme dieser Vielgestaltigkeit verweist gerade dann, wenn sie nicht legitimatorisch zur Bestätigung vorhandener Hierarchien eingesetzt wird (vgl. ebd.), auf schwierige Vermittlungs- und Verstehensprobleme. Sie sind Anlaß zu Lösungsstrategien, die mit der Betonung von Ambivalenzen und Uneindeutigkeiten deutlich an die im vordergründig ganz anderen Kontext der ökologischen Ökonomie, aber in methodisch vergleichbarer Problemlage aufgenommene Diskussion einer „fuzzy logic" erinnern. Das könnte Personen mit ausdrücklich, also reflektierter nichteindeutiger Identität wie Feministinnen und *halfies*, Leuten mit gemischtem kulturell-nationalen Hintergrund, die Chance eröffnen, mit derartigen Verstehens- und Kommunikationsproblemen besser umzugehen (vgl. Abu-Lughod 1996). Auch hier zeigen sich freilich an konkreten Fragen Grenzen der bloßen Hinnahme von

Differenz. Sie erscheinen hier wie in vielen anderen Zusammenhängen zugespitzt in der Auseinandersetzung um Menschenrechte und Kulturrelativismus, in besonderer Schärfe in der Debatte um die Kliterodektomie, die sowohl in großen Teilen Afrikas wie auch von und für Immigrantinnen- und Immigranten-Gruppen in Westeuropa als Teil kultureller oder auch religiöser Identität reklamiert wird. Aus dem „Respekt" für eine monolithisch und verdinglicht verstandene „Kultur" kann dann leicht der Rückzug auf die Forderung nach hygienischer Abwicklung der Operation werden (s. Verhelst 1989, S. 115). Doch auch die Kritik an den essentialistischen Grundlagen eines Kulturrelativismus, der „Kultur" ein als für allemal gegeben ansieht, enthebt nicht von der Forderung, auch bei scharfer Kritik und Konfrontation die an solchen Praktiken Beteiligten als Subjekte ernstzunehmen. Das führt nicht zuletzt zu der Einsicht, das nicht nur die zugeschriebene Kultur, sondern auch die Gemeinschaften, deren Repräsentanten und Repräsentantinnen sie in Anspruch nehmen, so monolithisch nicht sind. In der Kooperation mit solchen internen Kritikerinnen und ihrer Unterstützung liegt daher eher die Chance, dem Recht auf körperliche Unversehrtheit Geltung zu verschaffen als etwa darin, die Kriminalisierung vor allem der Frauen zu forcieren, die unmittelbar die Operation durchführen; dies hat vor allem in Frankreich zu einer breiten und kontroversen Debatte geführt (s. Winter 1996). Generell lösen sich die Dilemmata zwischen Menschenrechts-Universalismus und Kulturrelativismus weitgehend auf, wenn die in diesen Diskursen behaupteten soziokulturellen Einheiten auf ihre internen Widersprüche untersucht werden, die dann internationale Bündnisse ermöglichen (s. Kößler/Melber 1993, Kap. 4; Holthaus 1996).

Die unterschiedlichen Ansätze der feministischen Diskussion und von Frauenbewegungen haben mit ihrer Kritik nicht nur an „allen" Formen der Unterdrückung, sondern pointiert an unterschiedlichen Ausformungen patriarchalischer Unterdrückung und Diskriminierung vor allem eine emphatische Abkehr von der Devise des „weiter so" reklamiert, der auch die entwicklungspolitische Routine nach wie vor unterliegt. Gerade in der Abkehr von Integrationsansätzen liegt zugleich der Impuls, daß Angehörige derjenigen gesellschaftlichen Gruppen, die aufgrund der Tatsache, daß sie bestimmten Geschlechts-, Klassen-, ethnischen oder nationalen Kategorien zugerechnet werden, Diskriminierung, Unterdrückung und Ausbeutung erleiden, selbst ihre Interessen artikulieren und ihnen Geltung verschaffen. Dazu gehört wesentlich, daß sie auf unterschiedlichen Ebenen zur Zieldefinition von Maßnahmen wie etwa Entwicklungsprojekten, aber auch von übergreifenden, gesellschaftlichen Entwicklungsmodellen zumindest beitragen. Ansätze dazu sind auch in Teilbereichen der operativen „Entwicklungszusammenarbeit" erkennbar – sicherlich auch immer in Gefahr, dem Pragmatismus von Großinstitutionen subordiniert zu werden (vgl. Zdunnek 1997, S. 251-256). Doch zeigt dies zugleich, daß zumindest Elemente und Aspekte einer „alternativen" Entwicklungskonzeption institutionelle Politik mit bestimmen können. Das kam auch auf der Weltfrauenkonferenz in Beijing zum Ausdruck. Politischer Druck von Frauenbewegungen und Lobbyarbeit führten zur Betonung des Kampfes gegen Gewalt gegen Frauen im privaten und öffentlichen Bereich und zur Anerkennung reproduktiver und sexueller Rechte im offiziellen Abschlußdokument der Regierungskonferenz; ob solche Dokumente ernstliche Chancen bieten, in nationalstaatliche Politik umgesetzt zu werden, ist nach den Erfahrungen der verschiedenen UN-Konferenzen während der 1990er Jahre allerdings auch für die Ergebnisse der Beijing-Konferenz ernsthaft zu bezweifeln (vgl. Wichterich 1996, S. 39f). Als Weltzusammenhang geht es der Frauenbewegung offenbar ähnlich wie anderen internationalen Netzwerken: Die operative Verwirklichung von Entwicklungs-Alternativen oder Konzepten des Umsteuerns stößt auf institutionelle Barrieren ebenso wie auf interne Interessendivergenzen. Das ist, wie schon gesagt, allein vor dem Hintergrund einer realistischen Vorstellung von der sich herausbildenden internationalen Zivilgesellschaft kaum verwunderlich. Diese Schwierigkeiten nehmen aber der Artikulation der aufgeworfenen Alternativen nichts von ihrer Bedeutung auch als neue Form der Reflexivität, als Versuch, in einer allem Anschein nach entscheidenden Situation den weiteren Gang der sozialen Evolution bewußt und zielstrebig, in Kenntnis der Ausgangslage zu beeinflussen. Das gilt bei allen grundlegenden Unterschieden für das gesellschaftliche Naturverhältnis ebenso wie für die Geschlechterverhältnisse, deren jeweilige Ausformungen für alle menschlichen Gesellschaften konstitutiv sind und die auch aus diesem Grund einen logischen Ausgangspunkt nicht nur für die Thematisierung von Unterdrückung in allen ihren Formen bieten, sondern auch für ihre politische Bekämpfung..

Recht auf Entwicklung – aber wie und für und durch wen?

Entwicklung, soll sie nachhaltig sein, wird nicht allein den Ressourcenverbrauch der Menschheit drastisch einschränken und grundlegend reorganisieren müssen. Ein gehaltvolles Konzept nachhaltiger Entwicklung, das nicht sogleich zur Leerformel für „weiter so" oder auch für *business as usual* verkommt, muß unweigerlich nicht nur ökologisch und selbstverständlich ökonomisch, sondern auch und vor allem „sozial nachhaltig" sein, d.h. es richtet sich vorab gegen die Ungleichheit, die den gegenwärtigen weltgesellschaftlichen Zusammenhang ungeachtet der modernisierungs- und systemtheoretischen Dogmatik entscheidend bestimmt. Glaubwürdig tut es dies allein unter Berücksichtigung *aller* Formen von Diskriminierung, Ungleichheit und Unterdrückung. Das hat in besonderer Deutlichkeit die feministische Diskussion gezeigt. Die damit gestellte Aufgabe ist überaus komplex, visiert sie doch vielfältige, einander in mannigfacher Weise überkreuzende soziale Beziehungen an, die dennoch im gesellschaftlichen Zusammenhang der Moderne sämtlich miteinander vermittelt sind und mehr noch, aufeinander einwirken. Gleichwohl indizieren diese komplexen Prozesse das vergleichsweise simple Postulat des globalen Ausgleichs als Vorbedingung einer sozial nachhaltigen Entwicklung auf globaler Stufenleiter und zugleich als einen der entwicklungsstrategischen Imperative, die ebenso vordringlich wie politisch-operativ kaum durchsetzbar erscheinen.

Ein Menschenrecht auf Entwicklung mag unter diesen Voraussetzungen nur als konsequente Schlußfolgerung erscheinen. Freilich drängt sich sogleich die Frage auf, was mit Entwicklung gemeint sein kann. Das Recht auf Entwicklung ist nicht in der Allgemeinen Erklärung der Menschenrechte enthalten, wird jedoch aus Artikel 28 abgeleitet, der

„jede(m) Mensch(en) ... Anspruch auf eine soziale und internationale Ordnung" zusichert, „in welcher die in der vorliegenden Erklärung angeführten Freiheiten und Rechte voll verwirklicht werden können" (AEMR 1990, S. 66).

Es geht beim Recht auf Entwicklung daher um die Lösung des bekannten Grundproblems aller bürgerlichen Verfassungen und der in ihnen verankerten Grundrechte: Formale Rechte sind wertlos für diejenigen, die nicht über die *materielle* Möglichkeit verfügen, sie einzulösen. Das formulierte Bertolt Brecht, freilich lange Jahre vor dem Großen Lauschangriff, aber dennoch unnachahmlich am Exempel der Unverletzlichkeit der Wohnung:

„Wenn wir eine Wohnung hätten
Wäre diese Wohnung unverletzlich
Unverletzlich.
...
Wenn wir aber auf der Straße liegen
Sind wir dann natürlich auch verletzlich
Verletzlich." (1968, S. 380)

Die Denunziation nur formaler Rechte, die als inhaltsleere Hülse materielle Privilegierung nur kaschieren und formale Gleichheit geradezu als Schutzschild für materielle Ungleichheit benutzen, verführt leicht zu dem Schluß, diese Rechte selbst und die in ihnen zum Ausdruck gebrachten Prinzipien seien allein deshalb schon wertlos. In der Tat fordert ein Beharren auf reinem Rechtsformalismus berechtigten Protest gegen Verhöhnung und Heuchelei geradezu heraus. Die andere Strategie besteht darin, die Prinzipien der Menschenwürde, der Freiheits- und Menschenrechte ernstzunehmen und auf dieser Grundlage die materiellen Voraussetzungen einzuklagen, die notwendig sind, diese Prinzipien auch zu verwirklichen. Das wird in Verfassungen wie dem deutschen Grundgesetz etwa in der Form von Sozialstaatsklauseln und durch Verpflichtungen des privaten Eigentums auf das Gemeinwohl berücksichtigt, wie ineffektiv und in Zeiten von Standortdiskussion und Wettbewerbsstaat brüchig sich diese Bestimmungen gerade gegenwärtig auch erweisen mögen. Die Allgemeine Erklärung der Menschenrechte von 1948 enthält dementsprechend in Artikel 22-28 eine ganze Batterie sozialer und kultureller Rechte, die sogenannte „zweite Generation" der Menschenrechte. Einige dieser Rechte, besonders das Recht auf Arbeit (Art. 23), sind beispielsweise im Grundgesetz nach wie vor nicht aufgenommen, wohl aber in einigen deutschen Länderverfassungen. Auch die klassische Bill of Rights als Bestandteil der Verfassung der USA sichert keine sozialen Rechte zu. Schon in dieser Hinsicht überbietet die Allgemeine Erklärung der Menschenrechte Verfassungsbestimmungen von Einzelstaaten.

Menschenrechte der „dritten Generation" gehen nun zurück auf Bestrebungen zur Fortentwicklung der in der Allgemeinen Erklärung der Menschenrechte niedergelegten Rechte. Nachdem das Selbstbestimmungsrecht der Völker durch die Aufnahme als jeweils erster Artikel in die beiden 1966 abgeschlossenen Internationalen Pakte über bürgerliche und politische sowie wirtschaftliche, soziale und kulturelle Rechte den Status eines Menschenrechte erhalten hatte (vgl. Kühnhardt 1987, S. 310), wurde während der 1970er und in der ersten Hälfte der 1980er Jahre der Ausbau der Menschenrechte durch die Aufnahme der Rechte auf Frieden, auf Entwicklung und auf die Sicherung der natürlichen Umwelt angestrebt (s. ebd., S. 313-324). Diese Auseinandersetzung war eingebunden in die bipolare Struktur der Weltpolitik während des Kalten Krieges. Die Anerkennung der Menschenrechte auf Frieden und Entwicklung wurde im wesentlichen von den COMECON-Staaten einerseits und den in der Gruppe der 77 zusammengeschlossenen Staaten der Dritten Welt andererseits betrieben und erfolgte schließlich in der Form von Erklärungen der UN-Generalversammlung. Die USA und ihre Verbündeten verhielten sich zögernd oder ablehnend, was häufig in Gegenstimmen oder Stimmenthaltungen zum Ausdruck kam. Andererseits erzwang die „Koalition aus dem Süden und Osten" gerade im Fall des Rechtes auf Entwicklung „taktische Kompromisse", so daß am Ende allein die USA gegen die Resolution stimmten (Nuscheler 1996, S. 7f).

Das Recht auf Entwicklung ist demnach niedergelegt in einer Reihe von Beschlüssen der UN-Generalversammlung, die 1986 in der *Erklärung über das Recht auf Entwicklung* als „unveräußerliches Menschenrecht" gipfelten (Art. 1.1, dok. bei Tetzlaff 1993, S. 303). Diese Erklärung faßt das Menschenrecht auf Entwicklung zunächst als „Anspruch" auf,

„an einer wirtschaftlichen, sozialen, kulturellen und politischen Entwicklung, in der alle Menschenrechte und Grundfreiheiten voll verwirklicht werden können, teilzuhaben, dazu beizutragen und daraus Nutzen zu ziehen" (ebd.).

So weit wird hier „Entwicklung" verstanden als Summe der materiellen Voraussetzungen zur „Verwirklichung" der Menschenrechte, wobei gleich in Artikel 1.2 eigens noch einmal das „Recht der Völker auf Selbstbestimmung" und nach Maßgabe der internationalen Menschenrechtsinstrumente auch die „uneingeschränkte Souveränität über alle ihre natürlichen Reichtümer und Ressourcen" bekräftigt wird (ebd.). Die Erklärung betont in den Artikeln 2, 6 und 9 die Unteilbarkeit, Interdependenz und Gleichwertigkeit aller Menschenrechte und Grundfreiheiten und verpflichtet „alle Menschen" zu ihrem Schutz (Art. 2.2; ebd.) sowie die Staaten zur Zusammenarbeit

„mit dem Ziel ..., die universale Achtung und Wahrung der Menschenrechte und Grundfreiheiten für alle ohne Ansehen der Rasse, des Geschlechts, der Sprache, oder der Religion zu fördern, zu unterstützen und zu festigen" (Art. 6.1; ebd., S. 304).

Dabei wird ausdrücklich „der Mensch" als „zentrales Subjekt der Entwicklung" und daher auch als „aktiver Träger und Nutznießer" des Rechtes darauf identifiziert (Art. 2.1; ebd., S. 303). Diese Bekräftigungen der hergebrachten Menschenrechte stellten eine „Gegenleistung" der Befürworter des Rechtes auf Entwicklung an die – meist westlichen – Skeptiker dar, die so in der Lage waren, die „Universalität der Menschenrechte" ohne Unterschied auch in diesem Dokument zu verankern (Nuscheler 1996, S. 15). Aus dieser Perspektive fordert die Erklärung dann von den Staaten „geeignete nationale Entwicklungspolitiken", die

„die stetige Steigerung des Wohls der gesamten Bevölkerung und aller Einzelpersonen auf der Grundlage ihrer aktiven, freien und sinnvollen Teilhabe an der Entwicklung und an einer gerechten Verteilung der daraus erwachsenden Vorteile zum Ziel haben" (Art. 2.3; dok. bei Tetzlaff 1993, S. 303).

Im folgenden wird wiederum den

„Staaten ... die Hauptverantwortung für die Schaffung nationaler und internationaler Bedingungen" (Art. 3.1; ebd.) übertragen, die eine Verwirklichung des Rechtes auf Entwicklung begünstigen. Die „Mitwirkung der Bevölkerung" wird demgegenüber lediglich als „eine wichtige Voraussetzung" für Entwicklung genannt (Art. 8.2; ebd., S. 305). Die Staaten werden zur Zusammenarbeit verpflichtet. Das betrifft insbesondere die Beseitigung von „Entwicklungshindernissen" und das Ziel einer „neue(n) internationale(n) Wirtschaftsordnung" (Art. 3.3; ebd., S. 303) sowie die „Förderung einer rascheren Entwicklung der Entwicklungsländer" auch durch „eine wirksame internationale Zusammenarbeit" (Art 4.2; ebd., S. 304). Diese Forderungen zielen deutlich auf die Verwirklichung der Forderungen, die Mitte der 1980er Jahre noch in der Perspektive einer Neuen Weltwirtschaftsordnung diskutiert wurden, sowie auf eine Erhöhung staatlicher Entwicklungshilfe.

Kritik am Recht auf Entwicklung richtet sich zum einen grundsätzlich gegen kollektive Rechte, die dem „individualrechtlichen Menschenrechtsideal" (Kühnhardt 1987, S. 321) ebenso wie ihrer gleichzeitig behaupteten überhistorischen, ontologischen Qualität widersprechen. Zugleich wird auf die Schwierigkeiten verwiesen, Rechte der zweiten und dritten Generation tatsächlich zu verwirklichen oder gar einzuklagen:

„Menschenrechte können nur jene Rechtsansprüche sein, die in allen Kulturen, Staaten, Wirtschaftssystemen und sozialen Entwicklungsstadien für jeden Menschen jederzeit Bedeutung besitzen und unter allen Umständen eingehalten werden können." (Ebd., S. 338)

Es bedarf schon eines extrem idyllisierenden Blickes auf die Weltgeschichte oder auch auf die Modalitäten sozialer Evolution, um bei solchen Ansprüchen irgendeines der Menschenrechte, wie sie in ihrem auch von diesem Autor hochgehaltenen Kernbereich seit der Französischen Revolution bekannt sind, noch mit den entsprechenden Weihen auszustatten. Durch die Ontologisierung und die damit notwendig einhergehende Behauptung universeller Gültigkeit, also die entschiedene Enthistorisierung der Menschenrechte wird aber indirekt der Vorwurf einer kulturrelativistischen Kritik bestätigt, der Inhalt der Menschenrechte sei zutiefst eurozentrisch und ihr universeller Geltungsanspruch erfülle daher geradezu den Tatbestand des Kulturimperialismus. Universelle Gültigkeit können Menschenrechte viel eher beanspruchen, wenn ihre Formulierung als historisches Produkt einer langfristigen Auseinandersetzung um Grundnormen gesellschaftlichen Zusammenlebens begriffen werden. Diese gesellschaftlichen Kämpfe haben aus angebbaren Gründen in Westeuropa und später in Nordamerika ihren Anfang genommen. Ihre Forderungen und Ergebnisse haben sich später aber ausweichlich einer Vielzahl von Menschenrechtsbewegungen als global anschlußfähig erwiesen (s. Kößler/Melber 1993, S. 112-127). Damit unterliegen die Menschenrechte der Veränderung und sind, wie die Alltagserfahrung auf der ganzen Welt zeigt, generell ständiger Gefährdung und Verletzung ausgesetzt, der nur durch aktives Eintreten für diese Rechte und vor allem durch ihre tätige Inanspruchnahme zu begegnen ist. Wenn also auch die Menschenrechte eher dem Prozeßbild der Epigenese als dem der Präformation entsprechen, so können erst recht Versuche nicht verwundern, sie aktiv zu ergänzen und weiterzuentwickeln. Das schließt Kritik nicht aus, die sich etwa auf die rechtstechnische Konstruktion, vor allem auf die Einklagbarkeit des Rechtes und endlich auf die inhaltliche Bestimmung gerade des Rechtes auf Entwicklung bezieht. Mithin steht hier letztlich erneut der Entwicklungsbegriff zur Debatte.

Wie andere Menschenrechte der zweiten und dritten Generation ist auch das Recht auf Entwicklung kein positives, geltendes Recht, aus dem konkrete Ansprüche abzuleiten wären. Franz Nuscheler verweist daher mit gutem Grund darauf, daß es sich hier um ein „völkerrechtlich unverbindliche(s) Recht" handele, das „bei Haushaltsdebatten oder bei den Verhandlungen der Uruguay-Runde", also bei den nationalstaatlichen Entscheidungsprozessen über Entwicklungstransfers und bei dem letzten großen internationalen Aushandlungsprozeß über die Modalitäten und Regeln des Welthandels, „keinerlei regulative Wirkung" entfaltet habe. Trotz des hohen Anspruches eines unveräußerlichen Menschenrechtes „erwies" sich das Recht auf Entwicklung demnach „in der nationalen und internationalen Politik als wirkungslos" (Nuscheler 1996, S. 12). Für sich genommen kann der Einwand, das Recht auf Entwicklung sei nicht einklagbar, jedoch schwerlich begründen, warum es nicht als Menschenrechtsnorm gelten sollte. Auch das Asylrecht (s. AEMR 1990, Art. 14) ist in Deutschland wie in anderen Ländern nur noch unter äußersten Schwierigkeiten einklagbar (vgl. Höfling-Semnar 1995, bes. S. 220ff), erst recht nicht in dem Umfang und der Absolutheit, die ihm die Formulierung der Allgemeinen Erklärung der Menschenrechte verleiht. Es wäre uneinsichtig und zynisch, wollte man aus dieser in Deutschland besonders drastischen Rechtsverschlechterung nun auch noch die Schlußfolgerung ziehen, das Asylrecht sei als Menschenrechtsnorm nichts mehr wert.

Ernster ist die Tatsache zu nehmen, daß entgegen den Festlegungen in der Erklärung von 1986 das *kollektive* Recht auf Entwicklung in der Tat gegen andere, besonders die *personale* Menschen- und Freiheitsrechte ausgespielt wurde. Das gilt vor allem für die Positionsbestimmungen der südostasiatischen Staatengruppe ASEAN im Vorfeld der zweiten UN-Menschenrechtskonferenz in Wien 1993, die ein Menschenrechtsverständnis artikulierten, in dem in der Tat das Recht auf Entwicklung Priorität gegenüber Grundrechten zugebilligt wird. Ferner wird dieses Recht noch eindeutiger als in der UN-Erklärung Staaten zuerkannt. Der Status der Menschenrechte wird damit in der Tat in der Weise verschlechtert, daß sie „nicht unverfügbar, sondern staatsabhängig" aufgefaßt werden (Tetzlaff 1993, S. 35). Die Wiener Konferenz erbrachte dann den Kompromiß, daß einerseits die Universalität der Menschenrechte bekräftigt wurde, andererseits aber auch das Recht auf Entwicklung und in besonderem Maß das Selbstbestimmungsrecht der Völker, dessen Verweigerung die „Wiener Erklärung" ausdrücklich als Menschenrechtsverletzung brandmarkt und aus dem sie folgert, daß

„alle Völker ... frei über ihren politischen Status (entscheiden) und frei ihre wirtschaftliche, soziale und kulturelle Entwicklung betreiben" (§ 2, dok. bei Tetzlaff 1993, S. 306).

Das gleiche Dokument betont ferner, daß „Demokratie, Entwicklung und Achtung der Menschenrechte und Grundfreiheiten" einander „bedingen und stärken" (§ 8, ebd., S. 307) und erklärt es ausdrücklich für

„nicht zulässig, sich auf Entwicklungsrückstände zu berufen, um die Einschränkung international anerkannter Menschenrechte zu rechtfertigen" (§ 10, ebd. S. 308)

Gleichzeitig fordert die Wiener Erklärung eine Handhabung des Rechtes auf Entwicklung, die

„den Bedürfnissen der gegenwärtigen und der künftigen Generationen in den Bereichen Umwelt und Entwicklung gleichermaßen Rechnung (trägt)" (§ 11, ebd.).

Nachhaltige Entwicklung wird insofern in das Recht auf Entwicklung integriert, und dieses wird hier neben der Bekämpfung weit verbreiteter Armut ausdrücklich auch auf außenwirtschaftliche Probleme, besonders auf die Verschuldungskrise bezogen (vgl. §§ 12, 14, ebd., S. 309). Ergänzt wird dies durch nachdrückliche Betonung der Menschenrechte von Frauen, von Minderheiten, von Ureinwohnern und von Kindern, deren ausdrückliche Anerkennung auf dem Niveau der UN-Menschenrechtskonferenz jeweils für sich als Fortschritt gewertet werden kann. Auch in dieser Formulierung ist die Einlösung der gerade im Recht auf Entwicklung im Rahmen einer übergreifenden Menschenrechtsresolution enthaltenen vielfältigen Dimensionen und Forderungen freilich eine ganz andere Frage. Doch sollte die Formulierung und formelle Anerkennung von Normen nicht pauschal als folgenlos abgewertet werden, weil sie keine unmittelbaren, handfesten Folgen zeitigt oder weil solche Normen immer wieder übertreten werden.

Auch der Einwand, das Recht auf Entwicklung erscheine als „Recht auf alles" (Nuscheler 1996, S. 13) kann nicht recht überzeugen. Sicherlich bestätigt sich darin die Schwierigkeit der praktischen Umsetzung, doch ist eine andere Formulierung aus dem Grunde schwerlich vorstellbar, weil „Entwicklung" eben in der Tat „alles" betrifft, in diesem Fall das gesamte Ensemble von Lebensverhältnissen, was unter dem Gesichtspunkt der körperlichen Unversehrtheit beispielsweise Gesundheit ebenso umfaßt wie die materiellen Voraussetzungen der Einlösung gerade auch der aktiv wahrzunehmenden Rechte auf politische Partizipation, Informations- und Meinungsäußerung oder Bildung. So weit das Recht auf Entwicklung den Anspruch auf eine gerechte soziale und wirtschaftliche Weltordnung formuliert, in der allen Menschen die materiellen Voraussetzungen für die nicht nur formale Einlösung ihrer Menschenrechte zustehen, kann es auch als eine unvermeidlich abstrakte Norm Bedeutung und Gewicht haben.

Prüfen wir die relevanten Dokumente auf den ihnen zugrundeliegenden Entwicklungsbegriff, so stoßen wir jedoch auf zwei miteinander verknüpfte Probleme, , die ich für weit gravierender halte als die bisher diskutierten Einwände. Wo von den *Subjekten* des Rechtes auf Entwicklung die Rede ist, werden ausschließlich Staaten oder allenfalls „Völker" genannt, die aber sogleich als souverän ausgezeichnet werden und dementsprechend nur ihrerseits Chiffren für Staaten sind. Das Recht auf Entwicklung bewegt sich so gesehen auf der Ebene der internationalen, zumal der UN-Diplomatie und der Entwicklungspolitik der einzelnen Staaten. Es bleibt streng staatsfixiert. Darüberhinaus wird Entwicklung, sieht man von der zitierten Bezugnahme auf das Postulat der nachhaltigen Entwicklung ab, inhaltlich kaum bestimmt; es geht um stetig steigendes „Wohl", um die Beseitigung von Entwicklungshindernissen und um die Verbesserung der außenwirtschaftlichen Situation der Entwicklungsländer. Das alles fällt drastisch hinter die Ergebnisse und Veränderungen gerade der 1980er Jahre zurück. Die Verlagerung sowohl der Thematik wenigstens großer Teile der Entwicklungsdiskussion von reinen Wachstumspostulaten auf Forderungen der Nachhaltigkeit und des Machterwerbs *(empowerment)* bleibt hier ebenso ausgeblendet wie die steigende Rolle gerade nicht-staatlicher Akteure. Das als Menschenrecht deklarierte Entwicklungskonzept entspricht demnach ziemlich genau dem, was in seinen unterschiedlichen Ausformungen als modernisierendes Entwicklungsparadigma bezeichnet wurde (s. Kap. 3). Gerade die von den internationalisierten neuen sozialen Bewegungen, zumal der Frauenbewegung und der Umweltbewegung aufgeworfenen und teilweise in offizielle Politik aufgenommenen Forderungen nach „anderer" Entwicklung bleiben in den Dokumenten über das Recht auf Entwicklung ausgespart. Das wird in der Wiener Erklärung am unverbundenen Nebeneinander etwa von Frauenrechten und Recht auf Entwicklung recht drastisch deutlich. Diese Dokumente sind weit davon entfernt von einem

„an den konkreten Interessen der betroffenen Völker und Menschen an der Verwirklichung ihrer wirtschaftlichen, sozialen, kulturellen, bürgerlichen und politischen Menschenrechte(n) orientierte(n) Entwicklungsmodell",

das in der Tat die Perspektive „für eine radikale Neuformulierung von Entwicklung" enthalten könnte, wo nicht ein Recht auf Entwicklung als eine Art übergreifendes, letztlich formales Menschenrecht formuliert würde, sondern

„der Begriff der Entwicklung mit einer allseitigen Verwirklichung der Menschenrechte gleichgesetzt" würde (Nowak 1993, S. 224f).

Auch das Wirksamwerden eines solchen Schrittes wäre an zahlreiche und schwierige Voraussetzungen geknüpft, nicht zuletzt an die grundlegenden sozialen und vor allem kulturellen Veränderungen, die von verschiedenen Ausgangspositionen von Umwelt- und Frauenbewegung nicht nur, aber an entscheidender Stelle für den Norden eingeklagt werden.

Gerade weil das Recht auf Entwicklung des öfteren gegen personale Menschenrechte und politische Freiheitsrechte mit dem Argument ausgespielt wird, diese seien inhärent eurozentrisch, ist daher festzuhalten: Unter den internationalen Menschenrechtsinstrumenten dürfte es kaum ein Dokument geben, daß in seinen materialen Aussagen grob eurozentrischer wäre als die Erklärung zum Recht auf Entwicklung. Ungeachtet der etwa in der späteren Wiener Entwicklung enthaltenen Präzisierungen über kulturelle Besonderheiten wird hier das zentrale Ziel der vom Westen ausstrahlenden Moderne ins Zentrum eines normativen Entwicklungsbegriffs gestellt – Wachstum. Das mag aus der Perspektive einer weltgesellschaftlichen Lage vieler Länder der Dritten Welt verständlich sein, wo Armut tatsächlich Wachstum zur dringenden Notwendigkeit macht. Zugleich sind solche Zielbestimmungen aber gerade Ausdruck konzeptioneller, kultureller Hegemonie der Metropolitangesellschaften in einem der zentralen Dokumente, daß gerade der Überwindung internationaler Ungleichheit dienen sollte. Denn hier wird Entwicklung bestimmt als Verallgemeinerung des westlich-fordistischen Lebensmodells zumindest in materieller Hinsicht, wenn auch eventuell amputiert um seine massendemokratische Dimension. Es gelingt damit gerade kein Ausbruch aus dem westlich bestimmten Entwicklungs-Paradigma. Auch bei der Bekämpfung von Armut und krasser Ungleichheit kann es ebensowenig wie um eine diese Hierarchie konservierende Welt-Sozialpolitik pauschal um Wachstum und so verstandene

„Entwicklung" gehen, sondern um bestimmte, einzeln benennbare und im Lichte eines durch die Menschenrechtsdiskussion aufgeklärten Entwicklungsbegriffs zu bewertende Ziele.

Auch ein solcher normativ stark aufgeladener, den konkreten Zielsetzungen gegenüber aber durchaus offener Entwicklungsbegriff setzt Einsicht in das Notwendige und politischen Willen voraus, dieser Einsicht zu folgen. Zu dieser Einsicht gehört aus der Sicht der industriekapitalistisch entwickelten Gesellschaften des Nordens mit in erster Linie, Konsequenzen zu ziehen nicht allein aus ökologischen Gefahren und den Risiken sozialer Ungleichheit weltweit, sondern aus der Tatsache des objektiv bestehenden weltgesellschaftlichen Zusammenhangs. Die Anerkennung dieses Zusammenhangs und damit die gegenseitige Anerkennung der an ihm Beteiligten als Subjekte macht die Grenzziehungen unhaltbar, die gegenwärtig eine dominierende Tendenz darstellen, wo es um die partikuläre Verteidigung von Besitzständen geht durch die Errichtung eines neuen „Limes" als Barriere zwischen zwei „Welten", der sich nicht mehr gegen militärische Bedrohung richtet, sondern regionale Wohlstandssphären abschotten soll gegen die wahrgenommenen Risiken massenhafter Zuwanderung (s. Rufin 1996). Eine solche Besitzstandswahrung, verbunden mit einer Kombination zwischen Weltsozialpolitik und der nötigenfalls militärischen Sicherung der für den Norden vitalen Rohstoffquellen ist eine wahrnehmbare Tendenz der Weltpolitik nach dem Ende des Kalten Krieges und der Blockkonfrontation. Diese Tendenz würde der offenkundigen Verzweigungssituation der sozialen Evolution und der Notwendigkeit eines Umsteuerns zur langfristigen Sicherung der Gattung nicht gerecht. Gefordert ist daher aus dem wohlverstandenen Interesse aller lebenden Menschen eine globale Ausweitung oder Entgrenzung jener zivilen Solidarität, die praktischer Ausdruck der gegenseitigen Anerkennung der Vergesellschafteten ist, bisher eingeschlossen in den zumindest in dieser Form unhaltbar gewordenen Grenzen des Nationalstaates (s. Kößler/ Melber 1993, S. 82-94). Oder um es noch einmal in den Worten Johann Gottfried Herders zu sagen: Es ist hohe Zeit, daß die Menschen „endlich durch Not gezwungen werden, Vernunft und Billigkeit zu lernen".

„Seid realistisch – verlangt das Unmögliche" oder: Post-Moderne in epigenetischer Perspektive

Das ist weit weniger altväterlich, als dies aufs erste oder zweite Hören scheinen mag: So übersetzt sich Billigkeit in die Forderung nach „equity", die in internationalen Diskursen der Wirtschaftsplanung und Entwicklung immer dann aufgetaucht ist, wenn klar war, daß „Wachstum" zu krassen und verschärften Ungleichheiten in Lebens- und Partizipationschancen führen würde. Dieser recht aktuelle Bezug zeigt zugleich, daß die Forderung unstrittig, Formen ihrer praktischen Einlösung dagegen umso kontroverser sein dürften angesichts einer neoliberalen Umwertung, in der Freiheit vor allem und oft sogar ausschließlich als Freiheit des Marktes buchstabiert wird und nicht als Freiheit auch von materieller Not oder Freiheit, die eigenen Fähigkeiten zu entfalten, ohne Ansehen der Person, des Geschlechtes, der Rasse oder des Phänotyps. Diese Vorstellungen sind in Grundrechtskatalogen ebenso verankert wie in Menschenrechtserklärungen. Doch wie bereits festgehalten wurde, sind sie nahezu wertlos ohne materielle Voraussetzungen zu ihrer Einlösung, und eben darauf zielt der neoliberale Angriff mit der Verschiebung des vorherrschenden Begriffs von Freiheit. Erst recht schwierig wird dies, wenn solche Postulate nicht auf Einzelpersonen, sondern auch auf Kollektive, gar Einzelgesellschaften im weltgesellschaftlichen Zusammenhang bezogen werden. Diese Hürden, die wesentlich durch hegemoniale Diskurse in Wissenschaft, wie im Alltag und in der praktischen Politik konstituiert sind, dürfen dennoch nicht den Blick für die Erfordernisse verstellen, die oben mit sozialer Nachhaltigkeit als notwendige Komponente einer zukunftsfähigen Perspektive der Entwicklung menschlicher Zusammenhänge auf globaler Ebene benannt wurden.
Noch komplizierter wird es bei der Forderung, der Vernunft zum Durchbruch zu verhelfen: Hier mag die Ausgangslage vor allem mit ihren ökologischen Zwängen und Gefahren, aber auch mit den Risiken einer auf der Ebene der Weltgesellschaft zunehmenden sozialen Ungleichheit klar genug erscheinen, um zu „vernünftigen" Schlußfolgerungen anzuleiten wie globaler Ausgleich, Ressourcenschonung oder die Einschränkung umweltschädlicher Emissionen. All dies ist auf den UN-Konferenzen der 1990er Jahre auch zur Sprache gekommen und hat, wenn auch in verwässerter Form, Ausdruck in den dort verabschiedeten Resolutionen und vertraglichen Festlegungen gefunden. Doch hat sich in der Folge deutlich gezeigt, daß solche Anläufe zu einem neuen Paradigma der weltweiten Entwicklung schnell an Grenzen vor allem dort

stoßen, wo tiefgreifende Veränderungen im Lebensstil der dominierenden und gerade kulturell hegemonialen Gesellschaften zur Debatte stehen oder wo die Produktionsmethoden kritisch durchforstet und in der Konsequenz gründlich verändert werden müßten, mit denen in den Schwellenländern Ost- und Südostasiens die während der letzten drei Jahrzehnte so überraschend erfolgreiche Aufholjagd inszeniert wurde.
Die Frage nach den Subjekten, die solche gegenüber der Tragweite und Größe der Herausforderrng recht bescheidenen Veränderungen aktiv und effektiv betreiben könnten, ist ungelöst. Das gilt erst recht für die Frage, welche Kollektive und organisierte Interessen so etwas in Gang setzen könnten wie die Verabschiedung und Überwindung der systematischen Vernutzung fossiler Energievorräte, auf der die moderne Wirtschafts- und Lebensweise ganz wesentlich beruht. Das würde in der Tat eine weltweite „solare Revolution" (Altvater 1992, S. 235ff) erfordern, die aber weit über den Umbau der Energiegrundlage gesellschaftlichen Produzierens und Austauschens hinaus eine wahre Kulturrevolution wäre. Deren Subjekte sind nicht in Sicht (vgl. Hein 1993, S. 169), wenigstens nicht als handlungsfähige und vor allem -willige gesellschaftliche Kollektive. Gerade dies aber macht die Spannung der gegenwärtigen Verzweigungssituation aus: Die globalen Probleme sind erkennbar wie kaum je in der Menschheitsgeschichte, zugleich aber erscheinen die etablierten Regime des Wirtschaftens und der gesellschaftlichen Naturbeziehung so unerschütterlich wie dies zumindest in der Geschichte des Kapitalismus bisher unbekannt war, die ja immer von der Tatsache geprägt war, daß die radikale Herausforderung der bestehenden Verhältnisse zumindest einen gesellschaftlichen und während des „kurzen 20. Jahrhunderts" (Hobsbawm) dem Anspruch nach sogar einen geographischen Ort gehabt hat. Die Herausforderung als Problemdefinition ist geblieben, während die Kollektivsubjekte als kaum mehr bestimmbar und erst recht nicht als handlungsfähig erscheinen gegenüber den Folgen der Entscheidung, die durch die Verzweigungssituation aufgegeben ist.
Wenn abschließend einige Überlegungen dazu skizziert werden, was Umsteuern in evolutionärer Perspektive heißen könnte, so geschieht dies im Bewußtsein der Schwierigkeiten praktischer Einlösung und des Ungenügens aller einzelnen, aktuell vollziehbarer Schritte, die auf ein solches Ziel dennoch hinweisen können. Doch lohnt eine solche Reflektion, gerade wenn wir uns noch einmal die Implikationen eines epigenetischen Konzeptes von Entwicklung vergegenwärtigen, das ja Innovation viel mehr enthält als die beständig fortgesetzte Ausfaltung des letztlich schon Bestehenden. Ein solcher epigenetischer Sprung könnte und müßte vor allem

das überbieten, was gewöhnlich mit dem Präfix „post-" ausgezeichnet wird, etwa Postmoderne oder auch Postindustrialismus. Nicht nur wird dabei mit bestehenden Trends argumentiert, die mehr oder weniger gut begründet extrapoliert werden; die mit „Moderne", aber auch mit „Industrie" verbundenen Formen der Produktion und des Lebens bleiben in solchen Diagnosen weitgehend ausgespart, werden als selbstverständlich unterstellt, sieht man etwa von der Mischung architektonischer Formen und Stile ab oder auch von der Feststellung der sektoralen Verlagerung von Beschäftigung aus der Industrie in den Tertiärbereich. Die darauf folgende Virtualisierung der profitablen Wirtschaftszweige wird oft fälschlich gleichgesetzt mit der Entstofflichung der Ökonomie, wobei ganz übersehen wird, daß Autos nicht aus Informationen gebaut werden und daß auch das umweltschonendste Gefährt nicht mit Bits und Bytes getrieben wird, sondern durch Vernutzung von Energie. Die Beschleunigung und Erleichterung von Transaktionen durch Informationsaustausch in Echtzeit virtualisiert die Ökonomie nicht eigentlich, sondern erhöht sogar den stofflichen Verbrauch, weil auch der Handel mit gegenständlichen Waren und ihr Transport intensiviert werden (vgl. Altvater/Mahnkopf 1996, S. 290-294). Die scheinbar so fest auf extrapolierten Trends gegründeten, realistisch daherkommenden Versprechungen und Projektionen einer postmodernen, virtualisierten und umweltschonenden Ökonomie erweisen sich als das wahre Wolkenkuckucksheim, als eine völlig irreale Zukunftsperspektive. Was damit aber gerade ausgeschlossen bleibt, ist eine Kritik industrieller Produktionsmethoden und industriell geprägter Lebensstile und die dabei durchgehaltenen, insistierenden Fragen nach dem guten Leben ebenso wie nach gegenseitiger Anerkennung aller am weltgesellschaftlichen Zusammenhang Beteiligten und der Erfüllung der daraus sich ergebenden Forderung nach Gerechtigkeit. Solche Kritik bedeutet nicht das pauschale Verwerfen alles dessen, was in den letzten beiden Jahrhunderten an materiellen Verfahren und Produkten erfunden und geschaffen, aber auch an sozialen Rechten und Möglichkeiten erkämpft worden ist. Solche sozialromantischen Vorstellungen einer „Umkehr" haben mit dem hier diskutierten Umsteuern wenig zu tun, weil sie die Moderne liquidieren wollen, statt sie zu beerben. Eben darin bestünde aber ein epigenetischer, dem Prozeßcharakter von Evolution adäquater Vorgang, in dem freilich die Reflexivität als zentrales Merkmal sozialer Evolution noch einmal entschieden gesteigert wäre. Im Bewußtsein der Möglichkeiten industrieller Verfahren von der Mechanisierung bis hin zu Mikroelektronik und Miniaturisierung geht es um die Durchsicht dessen, was menschenmöglich ist, aber auch war, etwa in effektiven, heute weitgehend verlorenen agrarischen Anbaumethoden. Wie wir gesehen haben, können die bereits vorliegenden Studien zu Nachhaltigkeit oder Zukunftsfähigkeit hier wichtige Hinweise bieten, doch scheint die dort propagierte Effizienzrevolution die Ausmaße der kulturellen Veränderungen zu untertreiben, die schwer vermeidbar sein werden, soll Nachhaltigkeit im Sinne eines lebenswerten Lebens sowohl für die lebenden Menschen wie auch für zukünftige Generationen erreicht werden. Ein realistischer Weg zu diesem Ziel führt aber vor allem über glaubwürdige und damit über erkennbar einschneidende Veränderungen zumal in den Zentralgesellschaften, in denen global hegemoniale Vorstellungen von Entwicklung definiert werden.

Die Dramatik und Dynamik der absehbaren globalen Problemlagen verhilft dem alten Spruch aus dem Pariser Mai wieder zu für manche vielleicht unverhoffter Aktualität: „Seid realistisch – verlangt das Unmögliche." Zum Realismus wird freilich auch die Einsicht gehören, daß es viele und schwierige Schritte braucht, Geduld und Durchhaltevermögen, das Unmögliche am Ende doch vorstellbar und erreichbar zu machen, gegen die Begrenztheiten und Einschränkungen der Machbarkeitsideologie und durchaus in Übereinstimmung mit den Prozessen der Innovation und Veränderung, die mit Evolution und zumal mit den entscheidenden Momenten der Epigenese untrennbar verknüpft sind.

Das heutige Wissen um die stofflichen Begrenzungen menschlichen Wirtschaftens ist in der Geschichte menschlicher Gesellschaften ebenso einzigartig wie jenes um natürliche Prozesse, um seine technologische Anwendung, aber auch um historische Formen der menschlichen Nutzung von natürlichen Ressourcen, auch des Raumbezugs und der Lebensweise. In dem Bewußtsein der Gefährdung menschlicher Gesittung und sogar menschlichen Lebens auf der Erde durch die gegenwärtige industriell-kapitalistische Produktionsweise, ihre fortdauernd angestrebte Ausbreitung und Vertiefung kann nach wie vor eine Chance des Umsteuerns liegen. Neben einem globalen Ausgleich der Lebenschancen wären dabei auch neue Formen des Zeitbewußtseins, der Beziehung zu Vergangenheit und Zukunft zu entwickeln: Respektierung und Annahme des vielfältigen Erbes menschlicher Gesellschaft auf den Gebieten nicht nur der Kultur, sondern auch der Technologie und Naturbeziehung. Dabei kann es nicht um die Romantisierung vorindustrieller oder vorkolonialer Zustände gehen. Vielmehr ist der Versuch zu machen, zu erkunden und zu vergegenwärtigen, was wörtlich genommen „Menschen möglich" war und ist. Dabei geht es um realistische Einsicht in die Beziehungen zwischen dem „Möglichen und dem Unmöglichen", wie Fernand Braudel es formuliert hat. Zugleich und vor allem ist Mut gefordert zu einem

Zukunftsbezug, der sich vor dem Wagnis des grundsätzlichen Neuen nicht scheut. Nicht der nach der Demise des Sowjetsystems vielfach verkündete Abschied von Utopie steht damit auf der Tagesordnung, sondern ihre Wiedergewinnung. Utopie meint hier gerade das Gegenteil von Wolkenkuckucksheim des ideologisch an Alternativlosigkeit interessierten Vulgärverständnisses. Vielmehr geht es dabei um die *docta spes*, die Hoffnung also in Kenntnis von Gefahren, aber auch von Möglichkeiten, die Ernst Bloch immer wieder der blinden „Zuversicht" entgegengestellt hat (s. 1974 , Teil II). Solche Zuversicht ist gegenwärtig vor allem auf der Seite des „weiter so" zu finden. Und diese Haltung wird auch nicht realistischer durch den Verweis auf das „autoritär-etatistische Muster der klassischen Utopietradition", das vielmehr historisch zu kritisieren ist in der Frage nach den notwendigen Inhalten des „utopische(n) Denken(s) heute" (Saage 1992, S. 156f). Denn das bisher und auf absehbare Zeit gefahrenreichste Experiment der Menschheitsgeschichte besteht in der Initiierung und Fortführung industriell-kapitalistischen Produzierens und Wirtschaftens in der gegenwärtigen Form und keineswegs in der Frage nach Möglichkeiten zu deren Überwindung oder auch in der verantwortungsvollen Erprobung solcher Alternativen.

Literatur

Für „Einstiege" unterschiedlicher Art und Richtung besonders nützliche und wichtige Titel sind mit Sternchen markiert.
Fremdsprachige Zitate wurden, falls nicht anders angegeben, vom Verfasser ins Deutsche übersetzt.

Abu-Lughod, Lila 1996: „Gegen Kultur Schreiben." In: Lenz u.a. (Hg.) 1996, S. 14-46.

AEMR 1990: *Allgemeine Erklärung der Menschenrechte. Verkündet von der Generalversammlung der Vereinten Nationen am 10. Dezember 1948.* Frankfurt am Main.

Ahlers, Ingolf 1998: „Postmoderne und Aufklärung: Replik auf Ulrich Menzel," *Peripherie* 69/70, S. 177-185.

Alatas, Syed Hussein 1977: *The Myth of the Lazy Native. A study of the image of the Malays, Filipinos and Javanese from the 16th to the 20th century and its function in the ideology of colonial capitalism.* London.

Alberti, Giorgio/Enrique Mayer (Hg.) 1974: *Reciprocidad e intercambio en los Andes peruanos.* Lima.

Altvater, Elmar 1987: *Sachzwang Weltmarkt. Verschuldungskrise, blockierte Industrialisierung, ökologische Gefährdung – der Fall Brasilien.* Hamburg.

— 1992: *Der Preis des Wohlstands oder Umweltplünderung und neue Welt(un)ordnung.* Münster.

Altvater, Elmar/Birgit Mahnkopf 1996: *Grenzen der Globalisierung. Ökonomie, Ökologie und Politik in der Weltgesellschaft.* Münster.

Altvater, Elmar/Achim Brunnengräber/Markus Haake/Heike Walk (Hg.) 1997: *Vernetzt und verstrickt. Nicht-Regierungsorganisationen als gesellschaftliche Produktivkraft.* Münster.

Altvater, Elmar/Kurt Hübner/Jochen Lorentzen/Raul Rojas (Hg.) 1988: *Die Armut der Nationen. Handbuch zur Schuldenkrise von Argentinien bis Zaire.* Berlin (West).

Amin, Samir 1986: *La déconnexion. Pour sortir du système mondial.* Paris.

Andreyev, I. 1977: *The Noncapitalist Way. Soviet Experience and the Liberated Countries.* Moskau.

Apter, David E. 1965: *The Politics of Modernization.* Chicago and London/Toronto.

Arendt, Hannah 1982: *On Revolution.* Harmondsworth (1963).

Arts, Bas 1994: „Nachhaltige Entwicklung. Eine begriffliche Abgrenzung," *Peripherie* 54, S. 6-27.

Assmann, Jan 1992: *Das kulturelle Gedächtnis. Schrift, Erinnerung und politische Identität in frühen Hochkulturen.* München.

Bachofen, Johann Jakob 1975: *Das Mutterrecht.* Auswahl, hg. von H.-J. Heinrichs. Frankfurt am Main (1861).

Bacon, Francis 1963: The Great Instauration/Instauratio Magna [1620]. In: *The Complete Essays of Francis Bacon including The New Atlantis and Novum Organon.* New York, N.Y., S. 150-178.

Baran, Paul 1966: *Politische Ökonomie des wirtschaftlichen Wachstums.* Neuwied/Berlin (New York 1957).

Baer, Karl Ernst von 1828: *Über die Entwickelungsgeschichte der Thiere. Beobachtungen und Reflexion.* 1. Theil. Königsberg.

Baer, Karl Ernst von 1876: „Darwins Lehre". In: ders., *Reden gehalten in wissenschaftlichen Versammlungen und kleinere Aufsätze vermischten Inhalts.* Bd. 2. *Studien auf dem Gebiete der Naturwissenschaften.* St. Petersburg, S. 235-480.

Baer, Karl Ernst von 1983: *Entwicklung und Zielstrebigkeit in der Natur.* Stuttgart. S. 21-54: „Das allgemeinste Gesetz der Natur in aller Entwicklung" (1833). S. 55-96: „Welche Auffassung von der lebenden Natur ist die richtige? Und wie ist diese Auffassung auf die Entomologie anzuwenden?" (1860) S. 148-205: „Über Zielstrebigkeit in den organischen Körpern insbesondere" (1876).

Bauman, Zygmunt 1995: *Moderne und Ambivalenz.* Frankfurt am Main.

Bayart, Jean-François 1989: *L'État en Afrique. La politique du ventre.* Paris.

Beck, Ulrich 1996: „Das Zeitalter der Nebenfolgen und die Politisierung der Moderne." In: Beck/Giddens/Lash 1996, S. 19-112.

Beck, Ulrich/Anthony Giddens/Scott Lash 1996: *Reflexive Modernisierung.* Frankfurt am Main.

Beinart, William 1983: „'Jamani'. Cape Workers in german South-West Africa." In: ders./Colin Bundy, *Hidden Struggles in Rural South Africa.* London/Cal./Johannesburg, S. 166-190.

Benjamin, Walter 1983: *Das Passagen-Werk.* 2 Bde. Frankfurt am Main.

Bergson, Henri 1945: *L'Évolution créatrice.* Genève (1908).

Berman, Marshall 1987: *All That Is Solid Melts Into Air. The Experience of Modernity.* London (1982).

Bernstorff, Andreas 1991: „Der Müllkolonialismus verändert sein Gesicht: Neue Entwicklungen im weltweiten Abfallhandel." In: Hein (Hg.) 1991, S. 413-430.

Bianco, Lucien 1967: *Les origines de la révolution chinoise.* Paris

Bloch, Ernst 1969: *Thomas Müntzer.* Frankfurt am Main (1962/1921)

— Ernst 1972: *Das Materialismusproblem.* Frankfurt am Main.

— 1974: *Das Prinzip Hoffnung.* 3 Bde. Frankfurt am Main (1959).

— 1977: *Erbschaft dieser Zeit. Erweiterte Ausgabe.* Frankfurt am Main (1962/1935).

Blum, Volkmar 1989: *Zur Organisation kleinbäuerlichen Wirtschaftens. Entwicklungstendenzen, Erklärungsansätze und Fallstudien aus den östlichen Anden Südperus.* Saarbrücken/Fort Lauderdale.

Böcher, Wolfgang 1996: *Selbstorganisation, Verantwortung, Gesellschaft. Von subatomaren Strukturen zu politischen Zukunftsvisionen.* Opladen.

Borkenau, Franz 1991: *Ende und Anfang. Von den Generationen der Hochkulturen und von der Entstehung des Abendlandes.* Hg. und eingeführt von Richard Löwenthal. Stuttgart (1984).

Boserup, Ester 1970: *Women's Role in Economic Development.* London.

Bowler, Peter J. 1975: „The Changing Meaning of 'Evolution'," *Journal of the History of Ideas* 36, S. 95-114.

Braudel, Fernand 1985: *Sozialgeschichte des 15.-18. Jahrhunderts. Der Alltag.* München.

— 1986a: *Sozialgeschichte des 15.-18. Jahrhunderts. Der Handel.* München.

— 1986b: *Sozialgeschichte des 15.-18. Jahrhunderts. Aufbruch zur Weltwirtschaft.* München (1979).

— 1986c: *Die Dynamik des Kapitalismus*. Stuttgart (1985).
Brecht, Bertolt 1968: „Drei Paragraphen der Weimarer Verfassung," In: ders., *Gesammelte Werke* Bd. 8 (werkausgabe edition suhrkamp), S. 379-381.
Brenner, Robert 1977: „The Origins of Capitalist Development. A Critique of Neo-Smithian Marxism," *New Left Review* 104, S. 25-92.
Briegel, Manfred 1963: Evolution. Geschichte eines Fremdworts im Deutschen. Phil. Diss. Freiburg im Breisgau.
Brock, Lothar/Stephan Hessler 1991: „Ein neues Feindbild? Wahrnehmungswandel in den Nord-Süd-Beziehungen." In: Hanne-Margret Birckenbach/ Uli Jäger/Christian Wellmann (Hg.) *Jahrbuch Frieden 1992*. München, S. 78-88.
Bruckmeier, Karl 1994: *Strategien globaler Umweltpolitik*. Münster.
BUND/Misereor (Hg.) 1996: *Zukunftsfähiges Deutschland. Ein Beitrag zu einer global nachhaltigen Entwicklung*. Basel.
Bundy, Colin 1979: *The Rise and Fall of the South African Peasantry*. London usw.
Büttner, Friedemann 1989: „Militärregime in der 'Dritten Welt'" In: Reiner Steinweg (Hg.), *Militärregime und Entwicklungspolitik*. Frankfurt am Main, S. 58-84.

Cagolov, Kim M. 1981: *Osvobodivšiesja strany. Zaš ita social'noj revoljucii*. Moskau.
Cajanov, Aleksandr V. (Tschajanow) 1987: *Die Lehre von der bäuerlichen Wirtschaft*. Frankfurt am Main/New York (Berlin 1923).
Calcagnotto, Gilberto 1997: „Brasiliens Umweltbewegung und -politik im Sog von UNCED 02," *NORD-SÜD aktuell* XI, S. 312-315.
Caldwell, Malcolm 1977: *The Wealth of Some Nations*. London.
*Cardoso, Fernando Henrique 1981: „Entwicklung auf der Anklagebank", *Peripherie* 5/6, S. 6-31.
Carr, Edward Hallet 1971: *The Bolshevik Revolution 1917-1923*. Bd. 3. Harmondsworth (1953).
*Carrère d'Encausse, Hélène/Stuart R. Schram 1969: *Marxism and Asia*. London.
Chesneaux, Jean 1989: *Modernité-monde. Brave Modern World*. Paris.
Clastres, Pierre 1976: *Staatsfeinde. Studien zur politischen Anthropologie*. Neuwied.
Comte, Auguste 1877: *Cours de philosophie positive*. Bd. 1, 4. Aufl. Paris.
Condorcet, Antoine 1988: *Esquisse d'un tableau historique des progrès de l'esprit humain suivi de Fragment sur l'Atlantide*. Paris (1795).
Córdova, Armando 1969: „Elemente einer Definition der wirtschaftlichen Unterentwicklung". In: ders./Héctor Silva Michelena, *Die wirtschaftliche Struktur Lateinamerikas. Drei Studien zur politischen Ökonomie der Unterentwicklung*. Frankfurt am Main, S. 7-41.
Council on Environmental Quality 1980: *Global 2000. Der Bericht an den Präsidenten*. Frankfurt am Main.
*Crosby, Alfred W. 1987: *Ecological Imperialism. The Biological Expansion of Europe, 900-1900*. Cambridge.

Daniels, George W. 1920: *The Early English Cotton Industry*. Manchester.
DAWN 1987: „Morgenrot für die Feminisierung der Entwicklung," *Peripherie* 25/26, S. 143-165.

Darwin, Charles 1983: *The Origin of Species or The Preservation of Favoured Races in the Struggle for Life.* Harmondsworth (1859).

Davidson, Basil 1992: *The Black Man's Burden. Africa and the Curse of the Nation State.* London.

Deane, Phillis 1979: *The First Industrial Revolution.* 2. Aufl., Cambridge usw. (1965).

Decke, Bettina 1972: *Industrialisierung und Herrschaft in Südafrika.* Neuwied/Berlin (W).

Debeir, Jean-Claude/Jean-Paul Deléage/Daniel Hémery 1989: *Prometheus auf der Titanic. Geschichte der Energiesysteme.* Frankfurt am Main/New York und Paris.

Denevan, William M. (Hg.) 1976: *The Native Population of the Americas in 1492.* Madison, Wisc.

Deutsch, Karl W. 1966: *Nationalism and Social Communication.* 2. Aufl. Cambridge, Mass./London (1953).

Deutscher, Isaac 1954: *The Prophet Armed. Trotsky 1879-1921.* Oxford (dt. Der bewaffnete Prophet).

van Dieren, Wouter (Hg.) 1995: *Mit der Natur rechnen. Der neue Club-of Rome-Bericht.* Basel/Boston/Berlin.

Eder, Klaus 1976: *Die Entstehung staatlich organisierter Gesellschaften.* Frankfurt am Main.

Ehrlich, Cyril 1976: „The Poor Country: The Tanganyika Economy from 1945 to Independence." In: D. A. Low/Alison Smith (Hg.), *History of East Africa.* Oxford, S. 290-330.

Eigen, Manfred 1988: *Perspektiven der Wissenschaft.* Stuttgart.

Eisenstadt, Samuel N. 1979: *Tradition, Wandel und Modernität.* Frankfurt am Main (aut. Übers. von *Tradition, Change, and Modernity*, 1973).

Eisler, Rudolf 1927: „Entwicklung". In: ders., *Wörterbuch der philosophischen Begriffe.* Vierte, völlig neu bearbeitete Auflage. 1. Bd., Berlin, S. 346-356.

Ekins, Paul 1993: „Making Development Sustainable." In: Sachs 1993, S. 91-103.

Eley, Geoff 1991: *Wilhelminismus, Nationalismus, Faschismus. Zur historischen Kontinuität in Deutschland.* Münster.

Elias, Norbert 1984: *Über die Zeit. Arbeiten zur Wissenssoziologie II.* Frankfurt am Main.

Elvin, Mark 1973: *The Pattern of the Chinese Past.* Stanford, Cal.

Engels, Friedrich 1969: *Der Ursprung der Familie, des Privateigentums und des Staats.* In: *Marx-Engels-Werke* Bd. 21. Berlin (DDR), S. 25-173 (1884).

Ernst, Klaus 1981: *Entwicklungsländer. Sozialökonomische Prozesse und Klassen.* Berlin (DDR).

˙Eucken, Rudolf 1920: *Geistige Strömungen der Gegenwart. Der grundbegriff der Gegenwart.* Sechste umgearbeitete Auflage. Berlin/Leipzig.

— 1960: *Geschichte der philosophischen Terminologie im Umriss.* Hildesheim (Leipzig 1879).

Evers, Hans-Dieter/Dieter Senghaas/Huberta Wienholtz (Hg.) 1983: *Auf dem Weg zu einer neuen Weltwirtschaftsordnung?* Baden-Baden.

Fanon, Frantz 1967: *Die Verdammten dieser Erde.* Frankfurt am Main (1961).

Ferguson, Adam 1966: *An Essay on the History of Civil Society 1767.* Edinburgh.

von Foerster, Heinz 1990: „Kausalität, Unordnung, Selbstorganisation." In: Kratky/Wallner (Hg.) 1990, S. 77-95.

Forster, Georg 1971: „Über die Beziehung der Staatskunst auf das Glück der Menschheit" (1794). In: ders., *Schriften zu Natur, Kunst, Politik.* Reinbek, S. 103-125.

Frank, Andre Gunder 1969: *The Development of Underdevelopment in Latin America.* Harmondsworth.

— 1990: „A Theoretical Introduction to 5.000 Years of World System Theory," *Review* XIII; S. 155-248.

Fröbel, Folker 1980: „Zur gegenwärtigen Entwicklung der Weltwirtschaft." In: *Starnberger Studien 4.* Frankfurt am Main, S. 9-88.

Fuchs, Manfred/Tilman Schiel 1997: *Der Preis der Kohle. Eine vergleichende Studie über den Kohlebergbau in Kolumbien, Südafrika und Polen.* München.

Fukuyama, Francis 1992: *Das Ende der Geschichte. Wo stehen wir?* München.

Galtung, Johan 1977: „Gewalt, Frieden und Friedensforschung." In: Dieter Senghaas (Hg.), *Kritische Friedensforschung.* Frankfurt am Main, S. 55-104 (1969).

Geiger, Theodor 1949: *Klassengesellschaft im Schmelztiegel.* Köln/Hagen.

Giddens, Anthony 1987: *The Nation State and Violence. Volume Two of A Contemporary Critique of Historical Materialism.* Cambridge (1985).

Gill, Stephen 1995: „Theorizing the Interregnum: The Double Movement and Global Politics in the 1990s". In: Björn Hettne, (Hg.), *International Political Economy.* London & New Jersey usw. S. 65-99.

Goehrke, Carsten 1964: *Die Theorien über Entstehung und Entwicklung des „Mir".* Wiesbaden.

Goethe, Johann Wolfgang 1949: *Die Wahlverwandtschaften* (1809). In: ders. *Sämtliche Werke (Artemis-Gedenkausgabe)* Bd. 9, Zürich, S. 7-275.

Goldscheid, Rudolf 1976: „Staat, öffentlicher Haushalt und Gesellschaft." In: Rudolf Hickel (Hg.): Rudolf Goldscheid/Josef Schumpeter, *Die Finanzkrise des Steuerstaates.* Frankfurt am Main, S. 253-316 (1926).

Golte, Jürgen 1982: „Kultur und Natur in den Anden," *Peripherie* 9, S. 27-38.

Gosden, P.H.J.H. 1963: *The Friendly Societes of England 1815-1875.* Manchester.

— 1973: *Self-Help. Voluntary Associations in the 19th Century.* London.

Grevemeyer, Jan-Heeren 1982: „Traditionale Gesellschaft und Wandel der politischen Kultur in Afghanistan 1919-1979". *Peripherie* 9, S. 3-26.

Griewank, Karl 1969: *Der neuzeitliche Revolutionsbegriff.* 2., erw. Aufl. Frankfurt am Main (Weimar 1955).

Groh, Dieter 1974: *Negative Integration und revolutionärer Attentismus. Die deutsche Sozialdemokratie am Vorabend des Ersten Weltkrieges.* Frankfurt am Main/Berlin/Wien.

Habermas, Jürgen 1976: *Zur Rekonstruktion des Historischen Materialismus.* Frankfurt am Main.

— 1981: *Theorie des kommunikativen Handelns.* 2 Bde. Frankfurt am Main.

Haeckel, Ernst 1877: *Die heutige Entwickelungslehre im Verhältnisse zur Gesammtwissenschaft.* Stuttgart.

— 1902: *Natürliche Schöpfungs-Geschichte.* 10. verb. Aufl. Erster Theil: *Allgemeine Entwickelungs-Lehre (Transformismus und Darwinismus).* Berlin (S. vii-x: Vorwort zur ersten Auflage, 1868).
— 1905: *Der Kampf um den Entwickelungs-Gedanken.* Berlin.
— [1923]: *Die Lebenswunder.* Taschenausgabe. Leipzig (1904).
Halliday, Jon 1975: *A Political History of Japanese Capitalism.* New York, N.Y.
Hansohm, Dirk/Robert Kappel 1992: „Afrika – Ein Abschreibungsprojekt?" *Peripherie* 45, S. 7-31.
— 1993: *Schwarz-weiße Mythen. Afrika und der entwicklungspolitische Diskurs.* Münster/Hamburg.
Hartmann, Martin 1994: *Beruf, Bildung, Entwicklung ... Eine Untersuchung zur Entwicklung der „Entwicklungstheorie" in der Perspektive einer internationalen Berufs- und Arbeitspädagogik.* Frankfurt am Main.
Hauck, Gerhard 1988/89: „Die Renaissance der Modernisierungstheorien," *Blätter des iz3w* 154, S. 26-30.
— 1992: *Einführung in die Ideologiekritik.* Hamburg.
*— 1996: *Evolution, Entwicklung, Unterentwicklung.* Frankfurt am Main.
*Haude, Detlev (Red.) 1997: „Fachübersicht: Von der Theorie der Unterentwicklung zur Theorie globaler Vergesellschaftung," *Peripherie* 65/66, S. 81-108.
Haude, Rüdiger/Thomas Wagner i.E.: Herrschaftsfreie Institutionen. Studien zur Logik ihrer Symbolisierungen und zur Logik ihrer theoretischen Leugnung.
*Hegel, Georg Wilhelm Friedrich 1970: *Vorlesungen über die Philosophie der Geschichte.* Frankfurt am Main (= Theorie Werkausgabe Bd. 12).
*Hein, Wolfgang 1981: „Fachübersicht: Zur Theorie der Unterentwicklung und ihrer Überwindung," *Peripherie* 5/6, S. 49-63.
— (Hg.) 1991: *Umweltorientierte Entwicklungspolitik.* Hamburg.
— 1993: „Elmar Altvater: Entropie, Syntropie und die Grenzen der Metaphorik," *Peripherie* 51/52, S. 155-170.
— 1995: „Postfordismus und nachhaltige Entwicklung im globalen Zusammenhang." In: Eckhard Deutscher/Thomas Jahn/Bernhard Moltmann (Hg.), *Entwicklungsmodelle und Weltbilder.* Frankfurt am Main, S. 144-152.
— 1997: „Weltgesellschaftlicher Wandel und nachhaltige Entwicklung – die Zukunft als Fortsetzung der Geschichte," *NORD-SÜD aktuell* XI, S. 327-349.
*— 1998: *Unterentwicklung – Krise der Peripherie.* Opladen.
Henn, Alexander 1988: *Reisen in vergangene Gegenwart. Geschichte und Geschichtlichkeit der Nicht-Europäer im Denken des 19. Jahrhunderts: Die Erforschung des Sudan.* Berlin (West).
*Herder, Johann Gottfried 1965: *Ideen zur Philosophie der Geschichte der Menschheit.* 2 Bde. Berlin/Weimar (1784-91).
— 1967a: „Tithon und Aurora." (1792) In: ders., *Sämtliche Werke,* hg. von Bernhard Supahn. Hildesheim, Bd. XVI (Berlin 1887), S. 109-134.
— 1967b: *Briefe zur Beförderung der Humanität,* Nr. 116, In: ders., *Sämtliche Werke,* hg. von Bernhard Supahn. Hildesheim, Bd. XVIII (Berlin 1883), S. 246-255.
— 1968: *Auch eine Philosophie der Geschichte zur Bildung der Menschheit.* In: ders., *Schriften.* [Reinbek], S. 64-139 (1774).

Hildebrandt, Hans-Jürgen 1983: *Der Evolutionismus in der Familienforschung des 19. Jahrhunderts.* Berlin (West).
Hildermeier, Manfred 1989: *Die Russische Revolution 1905-1921.* Frankfurt am Main.
Hilferding, Rudolf 1968: *Das Finanzkapital.* Frankfurt am Main/Wien (1910).
Hirsch, Joachim 1995: *Der nationale Wettbewerbsstaat.* Berlin/Amsterdam.
Hobsbawm, Eric 1969: *Industrie und Empire.* Bd. 1. Frankfurt am Main.
Hobsbawm, Eric/Terence Ranger (Hg.) 1983: *The Invention of Tradition.* Cambridge usw.
Hobson, John A. 1968: *Der Imperialismus.* Köln/Berlin (Imperialism. A Study, 1902/05).
Höfling-Semnar, Bettina 1995: *Flucht und deutsche Asylpolitik.* Münster.
Holthaus, Ines 1996: „Frauenmenschenrechtsbewegungen und die Universalisierung der Menschenrechte," *Peripherie* 61, S. 6-23.
Hondrich, Karl Otto 1992: *Lehrmeister Krieg.* Reinbek.
Honneth, Axel 1994: *Der Kampf um Anerkennung.* Frankfurt am Main.
Horkheimer, Max/Theodor W. Adorno 1947: *Dialektik der Aufklärung.* Amsterdam.
Huntington, Samuel P. 1968: *Political order in Changing Societies.* New Haven/London.
— 1996: *Der Kampf der Kulturen. The Clash of Civilizations.* München/Wien.
Hurtienne, Thomas 1984: *Theoriegeschichtliche Grundlagen des sozialökonomischen Entwicklungsdenkens.* 2 Bde. Saarbrücken/Fort Lauderdale.
Hurtienne, Thomas 1988/89: Die globale Abhängigkeitstheorie in der Sackgasse? Plädoyer für historisch-strukturelle Abhängigkeitstheorien," *Blätter des iz3w* 154, S. 31-35.

Ibrahim, Salim/Verena Metze-Mangold 1976: *Nichtkapitalistischer Entwicklungsweg.* Köln.
Isaacs, Harold 1971: *The Tragedy of the Chinese Revolution.* 2. überarb. Ausg. Stanford (1951, 1938).

Kant, Immanuel 1983: *Werke in zehn Bänden. Hg. von Wilhelm Weischedel. Sonderausgabe.* Darmstadt.
Bd. 9, S. 31-50: „Idee zu einer allgemeinen Geschichte in weltbürgerlicher Absicht" (1784).
Bd. 9, S. 261-393: *Der Streit der Fakultäten* (1798).
    Bd. 10, S. 395-690: *Anthropologie in pragmatischer Hinsicht* (1798/1800).
Bd. 10, S. 779-806: Rezension zu Johann Gottfried Herders Ideen zur Philosophie der Geschichte der Menschheit (1785).
Kappel, Robert 1995: „Kern und Rand in der globalen Ordnung. Globalisierung, Tripolarität, Territorium und Peripherisierung," *Peripherie* 59/60, S. 79-117.
Kirstein, Tatjana 1984: *Die Bedeutung von Durchführungsentscheidungen in dem zentralistisch verfaßten Entscheidungssystem der Sowjetunion. Eine Analyse des stalinistischen Entscheidungssystems am Beispiel des Aufbaus von Magnitogorsk (1928-1932).* Berlin/Wiesbaden.
Klein, Ansgar 1997: „Die NGOs als Bestandteil der Zivilgesellschaft und Träger einer partizipativen und demokratischen gesellschaftlichen Entwicklung." In: Altvater u.a. (Hg.) 1997, S. 308-339.

Knoll, Samson B. 1996: „Herders Nationalismus – Debatte ohne Ende." In: Otto (Hg.) 1996, S. 239-248.

Kößler, Reinhart 1982: *Dritte Internationale und Bauernrevolution. Die Herausbildung des sowjetischen Marxismus in der Debatte um die „asiatische" Produktionsweise.* Frankfurt am Main/New York.

— 1988: „Entwicklungs-Optionen zwischen Weltmarktzusammenhang und Selbstbestimmung. Aspekte eines multifokalen Entwicklungsbegriffs," *Peripherie* 29, S. 6-23.

— 1990: *Arbeitskultur im Industrialisierungsprozeß. Studien an englischen und sowjetrussischen Paradigmata.* Münster.

— 1993: *Despotie in der Moderne.* Frankfurt am Main/New York.

— 1994a: *Postkoloniale Staaten. Elemente eines Bezugsrahmens.* Hamburg.

— 1994b: „Zwischen evolutionistischem Determinismus und Voluntarismus? Versuch über Lenins 'theoretische Tat' 1917." In: Theodor Bergmann u.a. (Hg.), *Lenin. Theorie und Praxis in historischer Perspektive.* Mainz, S. 33-41.

— 1998a: Research Project Report: National Integration and Local Identity in Southern Namibia. Bochum/Münster (unv. Ms.).

— 1998b: „Weltgesellschaft? Oder: Grenzen der Luhmannschen Gesellschaftstheorie," *Soziologische Revue* 21, 175-183.

Kößler, Reinhart/Hennning Melber 1993: *Chancen internationaler Zivilgesellschaft.* Frankfurt am Main.

Kössler, Reinhart/Mammo Muchie 1990: „American Dreams and Soviet Realities. Socialism and Taylorism," *Capital and Class* 40, S. 61-88.

Kößler, Reinhart/Tilman Schiel 1996: *Auf dem Weg zu einer kritischen Theorie der Modernisierung.* Frankfurt am Main.

Korsch, Karl 1966: *Marxismus und Philosophie.* Frankfurt am Main/Wien (1923).

*Koselleck, Reinhart 1992: *Vergangene Zukunft. Zur Semantik geschichtlicher Zeiten.* 2. Aufl. Frankfurt am Main (1979).

Krader, Lawrence 1975: *The Asiatic Mode of Production.* Assen.

Kramer, Fritz 1973: „Kollektivwirtschaftliche Ursprünge des Sozialismus in China und Rußland." In: Klaus Meschkat/Oskar Negt (Hg.), *Gesellschaftsstrukturen.* Frankfurt am Main, S. 188-213.

Kratky, Karl W. 1990: „Der Paradigmenwechsel von der Fremd- zur Selbstorganisation." In: ders./Wallner (Hg.) 1990, S. 3-17.

Kratky, Karl W./Friedrich Wallner (Hg.), *Grundprinzipien der Selbstorganisation.* Darmstadt.

Kropotkin, Petr 1975: *Gegenseitige Hilfe in der Tier- und Menschenwelt.* Berlin (West) (Leipzig 1908; 1890/96).

Kuhn, Thomas S. 1967: *Die Struktur wissenschaftlicher Revolutionen.* Frankfurt am Main (1962).

Kühnhardt, Ludger 1987: *Die Universalität der Menschenrechte.* München.

Kuper, Anke 1995: *Auskommen ohne Einkommen. Leben in der Bergbausiedlung Uis in Namibia.* Frankfurt am Main.

Kurz, Robert 1991: *Der Kollaps der Modernisierung.* Frankfurt am Main.

Lachenmann, Gudrun 1990: *Ökologische Krise und sozialer Wandel in afrikanischen Ländern. Handlungsrationalität der Bevölkerung und Anpassungsstrategien in der Entwicklungspolitik. Mit einer empirischen Studie über Mali.* Saarbrücken/Fort Lauderdale.

Laclau, Ernesto 1977: *Politics and Ideology in Marxist Theory. Capitalism – Fascism – Populism.* London.

Lamarck, Jean-Baptiste 1990: *Zoologische Philosophie. Teil 1.* Leipzig (Philosophie zoologique, 1809).

Lange, Friedrich Albert 1974: *Geschichte des Materialismus und Kritik seiner Bedeutung in der Gegenwart.* 2 Bde. Frankfurt am Main (1866/1875).

Lash, Scott 1996: „Reflexivität und ihre Doppelungen: Struktur, Ästhetik und Gemeinschaft." In: Beck/Giddens/Lash 1996, S. 195-286.

Laszlo, Ervin 1987: *Evolution. Die neue Synthese. Wege in die Zukunft.* Wien.

Lattimore, Owen 1967: *Inner Asian Frontiers of China.* Boston, Mass. (1940, 1951).

Lee, Eun-Jeung 1997: *Konfuzianismus und Kapitalismus. Markt und Herrschaft in Ostasien.* Münster.

Leibniz, Gottfried Wilhelm 1960: „Von dem Verhängnisse." In: ders., *Deutsche Schriften.* Hg. von G. E. Guhrauer, Bd. 2, Hildesheim (Berlin 1840), S. 48-55.

Leibniz, Gottfried Wilhelm 1978: *Die philosophischen Schriften von G. W. Leibniz, hg. von C. I. Gerhardt.* Neudruck. Hildesheim/New York.

Briefwechsel zwischen Leibniz und Coste, 1706-1712. 3. Bd. (Berlin 1887), S. 377-436. *Philosophische Abhandlungen 1702-1716.* 6. Bd. (Berlin 1885). S. 1-471: Essais de Theodicee. S. 598-606: Principes de la Nature de la Grace, fondés en raison. S. 607-623: IX. Ohne Überschrift, enthaltend die sogenannte Monadologie.

Lenin, Vladimir I. 1969: *Die Entwicklung des Kapitalismus in Rußland* (= Lenin Werke Bd. 3). Berlin (DDR) (1899).

— 1971: *Der Imperialismus als höchstes Stadium des Kapitalismus.* In: ders. *Werke*, Bd. 22. Berlin (DDR), S. 189-309 (1916).

— 1971: *Zwei Taktiken der Sozialdemokratie in der demokratischen Revolution.* In: ders. *Werke,* Bd. 9. Berlin (DDR), S. 1-130 (1905).

Lenz, Ilse 1984: „Geschlechtliche Arbeitsteilung und Subsistenzproduktion: Eine Einführende Diskussion." In: dies./Renate Rott (Hg.), *Frauenarbeit im Entwicklungsprozeß.* Saabrücken/Fort Lauderdale, S. 85-111.

— 1990a: „Geschlechtssymmetrische Gesellschaften. Neue Ansätze nach der Matrarchatsdebatte." In: dies./Ute Luig (Hg.), *Frauenmacht ohne Herrschaft.* Berlin, S. 17-74.

— 1990b: „Frauenbewegung und die Ungleichzeitigkeit der Moderne – ein Problemaufriß," *Peripherie* 39/40, S. 161-175.

Lenz, Ilse/Andrea Germer/Brigitte Hasenjürgen (Hg.) 1996: *Wechselnde Blikke. Frauenforschung in internationaler Perspektive.* Opladen.

di Leo, Rita 1973: *Die Arbeiter und das sowjetische System.* München (Bari 1970).

Lewis, Arthur 1955: *The Theory of Economic Growth.* Homewood, Ill.

Leys, Colin 1996: *The Rise and Fall of Development Theory.* Oxford u.a.

van der Linden, Marcel (Hg.) 1996: *Social Security Mutualism. The Comparative History of Mutual Benefit Societies.* Bern usw.

Linhart, Robert 1976: *Lénine, les paysans, Taylor.* Paris.

List, Friedrich 1959: *Das nationale System der politischen Ökonomie.* Basel/Tübingen (1841).

Lohmann Villena, Guillermo 1957: *El corregidor de indios en el Perú bajo los Austrias.* Madrid.

Löwith, Karl 1990: *Weltgeschichte und Heilsgeschehen.* Stuttgart/Berlin/Köln (1949/1953).

Luhmann, Niklas 1997: *Die Gesellschaft der Gesellschaft.* Frankfurt am Main.

Lutz, Burkart 1989: *Der kurze Traum immerwährender Prosperität.* Frankfurt am Main/New York (1984).

Luxemburg, Rosa 1969: *Die Akkumulation des Kapitals.*Frankfurt am Main (1913).

McAleavy, Henry 1971: *The Modern History of China.* London.

Machetzki, Rüdiger 1991: Grundthesen zur Entwicklung in Ost- und Südostasien." In: Werner Draguhn (Hg.), *Asiens Schwellenländer: Dritte Weltwirtschaftsregion?* Hamburg, S. 9-13.

Malthus, Thomas 1982: *An Essay on the Principles of Population and A Summary View of the Priniciple of Population.* Harmondsworth (1798/1830).

Maihold, Günther 1988: *José Carlos Mariátegui: Nationales Projekt und Indio-Problem.* Frankfurt am Main.

Mamdani, Mahmood 1990: „State and Civil Society in Contemporary Africa: Reconceptualizing the Birth of State Nationalism and the Defeat of Popular Movements", *Afrique et développement/Africa Development* XV, 3/4, S. 47-70.

Mansilla, Hugo C. F. 1978: *Entwicklung als Nachahmung.* Meisenheim am Glan.

Mármora, Leopoldo 1990: „Ökologie als Leitbild der Nord-Süd-Beziehungen: Club of Rome – Brundtlandkommission – 'Erdpolitik'," *Peripherie* 39/40, S. 100-126.

Marcuse, Herbert 1972: *Vernunft und Revolution.* Darmstadt/Neuwied (1941).

Marx, Karl 1953: *Grundrisse der Kritik der politischen Ökonomie (Rohentwurf) 1857-1858.* Berlin (DDR).

— 1962: Brief an die Redaktion der „Otetschestwennyje Sapiski", *Marx-Engels-Werke* Bd. 19. Berlin (DDR), S. 107-112 (1877).

— 1968: *Das Kapital. Kritik der politischen Ökonomie.* Erster Band, Buch 1: *Der Produktionsprozeß des Kapitals.* Berlin (DDR) (1867).

— 1969a: *Zur Kritik der politischen Ökonomie.* In: *Marx-Engels-Werke* Bd. 13, Berlin (DDR), S. 3-133 (1859).

— 1969b: *Der achtzehnte Brumaire des Louis Bonaparte.* In: *Marx-Engels-Werke* Bd. 8, S. 111-209 (1852).

— 1969c: „The British Rule in India." In: Shlomo Avineri (Hg.), *Karl Marx on Colonialism and Modernization.* Garden City, N.Y., S. 88-95 (1853).

Marx, Karl/Engels, Friedrich 1969a: *Manifest der Kommunistischen Partei.* In: *Marx-Engels-Werke* Bd. 4. Berlin (DDR), S. 459-493 (1848).

— 1969b: Ansprache der Zentralbehörde an den Bund vom März 1850. In: *Marx-Engels-Werke* Bd. 7. Berlin (DDR), S. 244-253.

Massarrat, Mohssen 1994: „Warum Rohstoffpreise sinken. Das Dumpingpreistheorem – Fallstudie Öl," *Peripherie* 54, S. 79-100.

Mattick, Paul 1971: *Marx und Keynes.* Frankfurt am Main/Wien.

Maturana, Humberto R. 1990: „Ontologie des Konversierens." In: Kratky/Wallner (Hg.) 1990, S. 140-155.

Meadows, Dennis 1972: *Die Grenzen des Wachstums.* Stuttgart.

Meadows, Donella/Dennis Meadows/Jørgen Randers 1993: *Die neuen Grenzen des Wachstums.* Reinbek.

Meier, Artur 1991: „Die Revolution entläßt ihre Theoretiker." In: Giesen, Bernd/ Claus Leggewie (Hg.) 1991: *Experiment Vereinigung. Ein sozialer Großversuch.* Berlin, S. 28-37.

Meier, Gerald M. 1985: „The Formative Period". In: Meier/Seers (Hg.) 1985, S. 3-22.

Meier, Gerald M../Dudley Seers (Hg.) 1985, *Pioneers in Development.* New York usw.

Melber, Henning/Gerhard Hauck 1989: „Kolonialer Blick und Rationalität der Aufklärung." *Peripherie* 37, S. 6-20.

Menzel, Ulrich 1985: *In der Nachfolge Europas. Autozentrierte Entwicklung in den ostasiatischen Schwellenländern Südkorea und Taiwan.* München.

— 1988: *Auswege aus der Abhängigkeit. Die entwicklungspolitische Aktualität Europas.* Frankfurt am Main.

— 1989: „Ohne Theorie keine Praxis," *Blätter des iz3w* 155, S. 42-46.

*— 1992: *Das Ende der Dritten Welt und das Scheitern der großen Theorie.* Frankfurt am Main.

*— 1993: *Geschichte der Entwicklungstheorie. Einführung und systematische Bibliographie.* 2. überarb., erw. und akt. Auflage. Hamburg.

— 1998: *Globalisierung versus Fragmentierung.* Frankfurt am Main.

Merleau-Ponty, Maurice 1968: *Humanismus und Terror.* 2 Bde. Frankfurt am Main.

Mertens, Heide 1998: „Haushalt, Markt und Staat. Umbezahlte (Frauen-)Arbeit und soziale Sicherheit," *Peripherie* 69/70, S. 25-45.

Messner, Dirk 1988: „Südkorea: Kontrastfall der Verschuldungskrise – Streitfall der entwicklungstheoretischen Diskussion," *Peripherie* 33/34, S. 140-170.

Meyer, Thomas 1989: *Fundamentalismus. Aufstand gegen die Moderne.* Reinbek.

Mezger, Dorothea 1984: „Das Problem der nichterneuerbaren Ressourcen oder die ökologische Krise der Rohstoffländer." *Peripherie* 15/16, S. 74-88.

Michler, Walter 1993: *Somalia. Ein Volk stirbt. Der Bürgerkrieg und das Versagen des Auslands.* Bonn.

Missbach, Andreas 1997: „Nachhaltige Entwicklung und Nord-Süd-Konflikt – Das Umfeld von NGO-Aktivitäten am Beispiel der internationalen Klimapolitik." In: Altvater u.a. (Hg.) 1998, S. 85-112.

Möllers, Hein 1986: „Kapitalinteressen und Apartheid. Zur historischen Entwicklung des südafrikanischen Herrschaftssystems", *Peripherie* 24, S. 52-67.

*Moore, Barrington 1969: *Soziale Ursprünge von Diktatur und Demokratie. Die Rolle der Grundbesitzer und Bauern bei der Entstehung der modernen Welt.* Frankfurt am Main.

Morgan, Lewis Henry 1966: *Systems of Consanguinity and Affinity of the Human Family.* Oosterhout (1871).

— 1987: *Die Urgesellschaft.* Wien (1891/1908; Ancient Society, 1877).

Morris, Donald R. 1994: *The Washing of the Spears. The Rise and Fall of the Zulu Nation.* London usw. (1965).

Negt, Oskar 1969: „Marxismus als Legitimationswissenschaft. Zur Genese der stalinistischen Philosophie." In: Abram Deborin/Nikolai Bucharin, *Kon-*

troversen über dialektischen und historischen Materialismus. Frankfurt am Main, S. 7-48.

Negt, Oskar/Alexander Kluge 1981: *Geschichte und Eigensinn.* Frankfurt am Main.

Neyer, Jürgen, „Das Ende von Metropole und Peripherie? Soziale Inklusion und Exklusion in der entgrenzten Weltwirtschaft," *Peripherie* 59/60, S. 10-29.

Nisbet, Hugh Barr 1996: „Die Naturgeschichte der Nationen. Naturgeschichte und naturwissenschaftliche Modelle in Herders *Ideen zur Philosophie der Geschichte der Menschheit.*" In: Otto (Hg.) 1996, S. 153-164.

Nohlen, Dieter/Franz Nuscheler 1993: „Was heißt Entwicklung?" In: dies. (Hg.), *Handbuch der Dritten Welt,* 3. Aufl., Bd. 1, *Grundprobleme – Theorien – Strategien.* Bonn 1993, S. 55-75.

Nord-Süd-Kommission 1980: *Das Überleben sichern. Gemeinsame Interessen der Industrie- und Entwicklungsländer.* Köln.

Nötzold, Jürgen 1966: *Wirtschaftspolitische Alternativen der Entwicklung Rußlands in der Ära Witte und Stolypin.* Berlin (West).

Norman, Herbert E. 1989: „Die Meiji-Restauration." In: Ulrich Menzel (Hg.), *Im Schatten des Siegers: JAPAN.* Band 2 *Staat und Gesellschaft.* Frankfurt am Main, S. 9-76.

Nowak, Manfred 1993: „Menschenrecht auf Entwicklung versus menschenrechtliche Entwicklungszusammenarbeit." In: Tetzlaff (Hg.) 1993, S. 215-226.

Nuscheler, Franz 1996: *Das „Recht auf Entwicklung". Fortschritt oder Danaergeschenk in der Entwicklung der Menschenrechte?* Bonn.

Nuti, Domenico 1979: „The Contradictions of Socialist Economies. A Marxist Interpretation." *The Socialist Register 1979,* S. 228-273.

Nyong'o, Peter Anyang' 1987: „Introduction." In: ders. (Hg.), *Popular Struggles for Democracy in Africa.* London/New Jersey, S. 14-25.

Otto, Regine 1996: *„Bekehrung der Indier durch unsre Europäische Christen.* Herder über Religion und Kolonialismus." In: dies. (Hg.), S. 449-458.

— (Hg.) 1996: *Nationen und Kulturen. Zum 250. Geburtstag Johann Gottfried Herders.* Würzburg.

Pakenham, Thomas 1992: *The Scramble for Africa 1876-1912.* Johannesburg.

Parsons, Talcott 1977: *The Evolution of Societies.* Englewood Cliffs, N.J.

— 1982: „Evolutionary Universals in Society." In: ders., *On Institutions and Social Evolution.* Chicago/London, S. 296-326 (1964).

Phimister, Ian 1977: „Peasant Production and Underdevelopment in Southern Rhodesia, 1890-1914, with Particular Reference to the Victoria District." In: Robin Palmer/Neil Parsons (Hg.), The Roots of Rural Poverty in Central and Southern Africa. London usw., S. 254-267.

Piaget, Jean 1981: *Meine Theorie der geistigen Entwicklung.* Frankfurt am Main (amerik. Original 1971).

Plechanov, Georgij V 1973: *Grundprobleme des Marxismus.* Berlin (West) (1908).

Polanyi, Karl 1977: *The Great Transformation. Politische und ökonomische Ursprünge von Gesellschaften und Wirtschaftssystemen.* Wien (später mehrmals Frankfurt am Main).

*Prigogine, Ilya/Isabelle Stengers 1984: *Order out of Chaos*. London (dt. Dialog mit der Natur).

Raghavan, Chakravarthi 1990: *Recolonization. GATT, the Uruguay Round and the Third World*. London und New Jersey/Penang.

Ranger, Terence 1985: *Peasant Consciousness and Guerilla War in Zimbabwe*. London.

Rensch, Bernhard 1991: *Das universale Weltbild. Evolution und Naturphilosophie*. 2. durchg. Aufl. Darmstadt (1977).

Ricardo, David 1983: *On the Principles of Political Economy, and Taxation*. Cambridge usw. (1817/1821; = The Works and Correspondence of David Ricardo, ed. Piero Sraffa, vol. 1)

Rjazanov, D.B. 1924: „Predislovie redaktora" zu: „Iz Perepiski Marksa i Engel'sa. V. Zasuli i K. Marks," *Archiv Marksa i ngel'sa* I, S. 265-268.

Rodney, Walter 1980: *A history of the Upper Guinea Coast*. New York/London (1970).

Rohr, Elisabeth 1991: *Die Zerstörung kultureller Symbolgefüge. Über den Einfluß protestantischer Sekten in Lateinamerika und die Zukunft des indianischen Lebensentwurfs*. München.

Rohrbach, Paul 1911: *Das deutsche Kolonialwesen*. Leipzig.

Rostow, Walt W. 1948: *British Economy of the Nineteenth Century*. Oxford.

— 1975: *How It All Began. Origins of the Modern Economy*. London.

— 1984: *The Stages of Economic Growth. A Non-Communist Manifesto*. 2. Ausg., Cambridge usw. (1960, 1971).

— 1985: „Development: The Political Economy of the Marshallian Period." In: Meier/Seers (Hg.) 1985, S. 229-263.

Rufin, Jean-Christophe 1996: *Die neuen Barbaren. Der Nord-Süd-Konflikt nach dem Ende des Kalten Krieges*. München.

Rüland, Jürgen 1997: „Wirtschaftswachstum und Demokratisierung in Asien: Haben die Modernisierungstheorien doch recht?" In: Schulz (Hg.) 1997, S. 83-110.

Rule, John 1986: *The Labouring Classes in Early Industrial England 1750-1850*. London/New York.

Saage, Richard 1992: „Reflexionen über die Zukunft der politischen Utopie." In: ders. (Hg.), *Hat die politische Utopie eine Zukunft?* Darmstadt, S. 152-165.

Sachs, Wolfgang 1992: *Zur Archäologie der Entwicklungsidee*. Frankfurt am Main.

— (Hg.) 1992: *The Development Dictionary. A Guide to Knowledge as Power*. London/New Jersey (dt. Wie im Westen, so auf Erden).

— (Hg.) 1993: *Global Ecology. A New Arena of Political Conflict*. London/New Jersey/Halifax.

von Savigny, Carl Friedrich 1815: „Ueber den Zweck dieser Zeitschrift," *Zeitschrift für geschichtliche Rechtswissenschaft*, 1, S. 1-17.

— 1892: *Vom Beruf unsrer Zeit für Gesetzgebung und Rechtswissenschaft*. Neudruck nach der dritten Auflage (1840). Freiburg im Breisgau (1814).

Schelling, F. W. J. 1962: Ideen zu einer Philosophie der Natur (1797) In: *Schellings Werke. Nach der Originalausgabe in neuer Anordnung hg. von Manfred Schröter*. 1. Ergbd. München (1956), S. 77-350 (Werkausg. K. F. A. Schelling II, S. 80-343).

— 1965: *Von der Weltseele. Hypothese der höheren Physik zur Erklärung des allgemeinen Organismus* (1798). In: dto., Bd. 1. München (1927), S. 345-651 (Werkausg. von II, S. 345-651).

Scheu, Hildegard 1995: *Entwicklungsziel: Frauenmacht! Frauenarbeit und Frauenorganisationen in Indien.* Frankfurt am Main.

Schiefer, Ulrich 1986: *Guiné-Bissau zwischen Weltwirtschaft und Subsistenz.* Bonn.

Schiel, Tilman 1982: „Die Struktur der postkolonialen Produktionsweise im Umriß – Eine vorläufige Skizze." In: Georg Elwert/Roland Fett (Hg.), *Afrika zwischen Subsistenzökonomie und Imperialismus.* Frankfurt am Main/ New York, S. 29-43.

Schiel, Tilman/Georg Stauth 1981: „Unterentwicklung und Subsistenzproduktion." *Peripherie* 5/6, S. 122-143.

Schlegel, Friedrich 1964: *Philosophische Vorlesungen [1800-1807] = Kritische Friedrich-Schlegel-Ausgabe.* München usw. Bd. 12; Bd. 13, S. 3-175.

Schlesinger, Rudolf 1970: *Die Kolonialfrage in der Kommunistischen Internationale.* Frankfurt am Main.

Schulz, Manfred (Hg.) 1997: *Entwicklung. Die Perspektive der Entwicklungssoziologie.* Opladen.

*Senghaas, Dieter 1980: *Weltwirtschaftsordnung und Entwicklungspolitik.* Frankfurt am Main.

— 1982: *Von Europa lernen.* Frankfurt am Main.

— 1994: *Wohin driftet die Welt?* Frankfurt am Main.

Shanin, Teodor 1985: *Russia as a 'Developing Society'. The Roots of Otherness: Russia's Turn of Century Vol. 1.* Basingstoke/London.

Sheldrake, Rupert 1993: *Das Gedächtnis der Natur.* München (The Presence of the Past, 1988).

Shils Edward 1963: „On the Comparative Study of the New States." In: Clifford Geertz (Hg.), *Old Societes and New States. The Quest for Modernity in Africa.* New York/London, S. 1-26.

Shiva, Vandana 1993a: „The Greening of the Global Reach." In: Sachs 1993, S. 149-156.

— 1993b: *Monocultures of the Mind.* London/New Jersey/Penang.

Shivji, Issa 1991: „The Democracy Debate in Africa: Tanzania." *Review of African Political Economy* 50, S. 79-91.

Sieferle, Rolf Peter 1982: *Der unterirdische Wald. Energiekrise und industrielle Revolution.* München.

Sigrist, Christian 1967: *Regulierte Anarchie.* Olten/Freiburg im Breisgau.

— 1984: „Regulierte Anarchie. Eine Anthropologie herrschaftsfreien Zusammenlebens." In: *Kindlers Enzyklopädie Der Mensch.* Bd. VIII. München, S. 108-125.

Šiškov, Jurij V. 1989: „'Real'nyj socializm' i socializm podlinnyj", *Rabo ij klass i sovremennyj mir* 1989/5, S. 86-102.

Smith, Adam 1976: *An Inquiry into the Nature and Causes of the Wealth of Nations.* 2 Bde., Oxford (1776).

Smith, Wendy A. 1985: „Japanische Fabrik – malaysische Arbeiter. Zum 'japanischen' Modell industrieller Beziehungen," *Peripherie* 21, S. 25-52.

Sohn-Rethel, Alfred 1972: *Geistige und körperliche Arbeit.* 2., rev. und erg. Ausg. Frankfurt am Main.

Sottas, Beat 1991: *Afrika entwickeln und modernisieren.* Freiburg im Uechtland.
Spear, Percival 1978: *A History of India 2,* Harmondsworth.
Spencer, Herbert 1876: System der synthetischen Philosophie. II. Bd. Die Principien der Biologie. I. Bd. Stuttgart
— 1880: *The Study of Sociology.* 9. Aufl. London/Edinburgh.
— 1966: *Works,* Bd. I: *A System of Synthetic Philosophy. First Principles.* Osnabrück (1904).
— 1966: *Works,* Bd. II: *A System of Synthetic Philosophy. The Principles of Biology* Bd. 1. Osnabrück (1898).
— 1966: *Works,* Bd. VI: *A System of Synthetic Philosophy. Principles of Sociology,* Bd. I. Osnabrück (1904).
Stalin, Josef V. 1939: „Über dialektischen und historischen Materialismus." In: *Geschichte der kommunistischen Partei der Sowjetunion (Bolschewiki). Kurzer Lehrgang.* Moskau, S. 131-166.
— 1950: „Unsere Aufgaben im Osten". In: ders. *Werke* Bd. 4. Berlin (DDR), S. 209-211 (1919).
Steenblock, Volker 1994: „Das 'Ende der Geschichte'. Zur Karriere von Begriff und Denkvorstellung im 20. Jahrhundert," *Archiv für Begriffsgeschichte* 37, S. 333-351.
Steinberg, Hans-Josef 1967: *Sozialismus und Sozialdemokratie. Zur Ideologie der Partei vor dem I. Weltkrieg.* Hannover.
Stökl, Günther 1965: *Russische Geschichte von den Anfängen bis zur Gegenwart.* Stuttgart.
Stone, Peter B. (Hg.) 1992: *The State of the World's Mountains. A Global Report.* London/New Jersey.
Strasser, Susan 1982: *Never Done. A History of American Housework.* New York.
Süß, Walter 1985: *Die Arbeiterklasse als Maschine. Ein industrie-soziologischer Beitrag zur Sozialgeschichte des aufkommenden Stalinismus.* Wiesbaden.
Tetens, Johann Nicholas 1777: *Philosophische Versuche über die menschliche Natur und ihre Entwickelung.* Kiel.
Tetzlaff, Rainer 1993: „Die 'Universalität' der Menschenrechte in Theorie und Praxis. Eine Einführung." In: ders. (Hg.) 1993, S. 11-52.
— (Hg.) 1993: *Menschenrechte und Entwicklung.* Bonn.
Toellner, Richard 1975: „Der Entwicklungsbegriff bei Karl Ernst von Baer und seine Stellung in der Geschichte des Entwicklungsgedankens," *Sudhoffs Archiv* 59, S. 337-355.
Thompson, Edward Palmer 1978: *The Making of the English Working Class.* Harmondsworth (1963).
Thompson, Leonard o.J.: „The Zulu Kingdom and Natal," In: Monica Wilson/ Leonard Thompson (Hg.), *A History of South Africa to 1870.* London/ Canberra, S.334-390.
Tjulpanow, S.I. 1975: *Politische Ökonomie und ihre Anwendung in den Entwicklungsländern.* 2. überarb. Aufl., Berlin (DDR) (O erki politi eskoj ekonomii Razvivajuš ichsja stran, 1969).
*Töpper, Barbara 1990: „Die Frage der Demokratie in der Entwicklungstheorie. Kritisches Resümee von 40 Jahren Theoriegeschichte," *Peripherie* 39/ 40, S. 127-160.

Trockij (Trotzki), Lev D. 1967: *Ergebnisse und Perspektiven.* Frankfurt am Main (1905/1919).
— 1968: *Verratene Revolution.* Frankfurt am Main.

Ul'janovskij, R.A. 1978: „Velikij Oktjab , Komintern i social'naja revoljucija XX v." In: ders. (Hg.), *Komintern i Vostok. Kritika kritiki.*, Moskau, S. 5-23.
UoSA 1920: Union of South Africa. Mandate for South-West Africa (National Archives of Namibia, Windhoek: shelf number PB/0928).

Vail, Leroy (Hg.) 1989: *The Creation of Tribalism in Southern Africa.* London/ Berkeley & Los Angeles.
van Dieren, Wouter (Hg.) 1995: *Mit der Natur rechnen.* Basel/Boston/Berlin.
Verhelst, Thierry 1989: *No Life Without Roots.* London/New Jersey.
Vernon, Richard 1978: „Comte and 'Development': A Note," *History and Theory* 17, S. 323-326.
Vico, Giambattista 1966: *Die neue Wissenschaft über die gemeinschaftliche Natur der Völker.* Reinbek (1725/1739/1744).
Virilio, Paul 1992: *Rasender Stillstand. Essay.* München.

Wahl, Peter 1997: „Erfolgsquote: 0,6 Prozent. Bilanz der UNCED-Vorschläge zur Finanzierung von Umwelt und Entwicklung," *NORD-SÜD aktuell* XI, S. 237-248.
Walk, Heike/Achim Brunnengräber 1995: „Die 'NGO-Community' im Spannungsfeld von Globalisierungs- und Fragmentierungsprozessen," *Peripherie* 59/60, S. 118-139.
Wallerstein, Immanuel 1980: „The rise and future demise of the world capitalist system: concepts for comparative analysis." In: ders., *The capitalist world-economy. Essays.* Cambridge usw./Paris, S. 1-36.
— 1983: „Die Zukunft der Weltökonomie." In: Jochen Blaschke (Hg.), *Perspektiven des Weltsystems.* Frankfurt am Main/New York, S. 215-229.
Wanzala, Winnie 1994: „Welche Rolle können städtische Frauenorganisationen bei der Emanzipation von Frauen in ländlichen Gebieten spielen? Eine theoretische Untersuchung," *Peripherie* 54, S. 75-90.
— 1996: „Von der 'angenommenen' Einheit zur 'praktischen' Einheit. Die Frauenbewegung in Namibia." In: Lenz u.a. (Hg.), S. 47-77.
WCED (World Commission on the Environment and Development) 1987: *Unsere gemeinsame Zukunft.* Greven.
Weber, Max 1924: „Zur Psychophysik der industriellen Arbeit." (1908/09) In: ders., *Gesammelte Aufsätze zur Soziologie und Sozialpolitik.* Tübingen, S. 61-255.
— 1963: *Gesammelte Aufsätze zur Religionssoziologie.* Bd. 1, 5. Aufl. Tübingen (1920). S. 237-275: „Einleitung" (zu Die Wirtschaftsethik der Weltreligionen). S. 536-573: „Zwischenbetrachtung: Theorie der Stufen und Richtungen religiöser Weltablehnung".
— 1973: „Die 'Objektivität' sozialwissenschaftlicher und sozialpolitischer Erkenntnis." (1904) In: ders. *Gesammelte Aufsätze zur Wissenschaftslehre*, 4. erneut durchges. Aufl., Tübingen, S. 146-214.
— 1981: *Die protestantische Ethik I.* 6. durchg. Aufl., Gütersloh. S. 9-26: „Vorbemerkung" (zu den Gesammelten Aufsätzen zur Religionssoziologie) (1920). S. 27-277: „Die protestantische Ethik und der Geist des Kapitalismus" (1904/05).

Wehler, Hans-Ulrich 1995: *Deutsche Gesellschaftsgeschichte*. Dritter Band *Von der „Deutschen Doppelrevolution" bis zum Beginn des Ersten Weltkrieges 1849-1914*. München.

von Weizsäcker, Carl Friedrich 1986: „Evolution und Entropiewachstum." In: Ernst Ulrich von Weizsäcker (Hg.), *Offene Systeme I*. 2., überarb. Aufl. Stuttgart, S. 200-221.

von Weizsäcker, Ernst Ulrich 1990: *Erdpolitik. Ökologische Realpolitik an der Schwelle zum Jahrhundert der Umwelt*. 2., aktual. Aufl., Darmstadt.

von Weizsäcker, Ernst Ulrich/Amory B. Lovins/L. Hunter Lovins 1996: *Faktor vier. Doppelter Wohlstand – halbierter Naturverbrauch. Der neue Bericht an den Club of Rome*. München.

von Werlhof, Claudia 1978: „Frauenarbeit: Der blinde Fleck in der Kritik der politischen Ökonomie." *Beiträge zur feministischen Theorie und Praxis* 1, S. 18-32.

*Weyand, K. 1972: „Entwicklung I." In: Joachim Ritter u.a. (Hg.), *Historisches Wörterbuch der Philosophie*. Bd. 2. Basel/Stuttgart, Sp. 550-557.

*Wichterich, Christa 1987: „Paradigmenwechsel: Von der 'Integration in die Entwicklung' zur 'Feminisierung der Entwicklung'," *Peripherie* 25/26, S. 122-142.

— 1996: „Zwischen lokalem Feminismus, Identitätspolitik und Lobbying. Die 4. Weltfrauenkonferenz in Peking als Momentaufnahme internationaler Frauenbewegung," *Peripherie* 61, S. 24-42.

*Wieland, Wolfgang 1975: „Entwicklung, Evolution." In: Otto Brunner/Werner Conze/Reinhart Koselleck (Hg.), *Geschichtliche Grundbegriffe. Historisches Lexikon zur politisch-sozialen Sprache in Deutschland*. Bd 2. Stuttgart, S. 199-228.

Wilbur, C. Martin 1984: *The Nationalist Revolution in China 1923-1928*. Cambridge usw.

Winter, Bronwyn 1996: „Frauen, Recht und Kulturrelativismus in Frankreich: Das Problem der Exzision." In: Lenz u.a. (Hg.) 1996, S. 152-187.

Wittfogel, Karl August 1931: *Wirtschaft und Gesellschaft Chinas. Versuch der wissenschaftlichen Analyse einer großen asiatischen Agrargesellschaft*. Erster Teil: *Produktivkräfte, Produktions- und Zirkulationsprozeß*. Leipzig.

Wittfogel, Karl August 1962: *Die orientalische Despotie. Eine vergleichende Untersuchung totaler Macht*. Köln/Berlin.

*Wolf, Eric R. 1986: *Die Völker ohne Geschichte. Europa und die andere Welt seit 1400*. Frankfurt am Main/New York.

Wolff, Caspar Fridericus 1774: *Theoria Generationis*. Editio nova. Aucta et emendata. Halae ad Salam (1759).

Wright, Mary Clabaugh 1969: *The Last Stand of Chinese Conservatism. The T'ung-chih Restoration*. New York, N.Y.

Zapf, Wolfgang 1994: *Modernisierung, Wohlfahrtsentwicklung und Transformation. Soziologische Aufsätze 1987 bis 1994*. Berlin.

Zapf, Wolfgang 1997: „Entwicklung als Modernisierung." In: Schulz (Hg.) 1997, S. 31-45.

Zdunnek, Gabriele 1997: „'Mainstreaming Gender' – Entwicklungsprozesse und Geschlechterverhältnisse." In: Schulz (Hg.) 1997, S. 243-258.

Zelnik, Reginald E. 1971; *Labor and Society in Tsarist Russia. The Factory Workers of St. Petersburg 1855-1870*. Stanford, Cal.

EINSTIEGE: • aktuell • gründlich • lesbar

Der Unterschied zwischen einer Einführung und dem, was hier ein Einstieg genannt wird, besteht in ihrer Zielsetzung. Die Einführung hat sich stets vor dem Kriterium einer gewissen Vollständigkeit zu rechtfertigen. Unser Einstieg hat es demgegenüber leichter und schwerer zugleich. Einerseits stellt er sich bewußt nicht jenem Vollständigkeitskriterium, andererseits steigt er in die Sache tiefer ein als es die Einführung kann und will, indem er mitten hinein springt in offene Problemstellungen, in aktuelle Diskussionen und wissenschaftliche Debatten.

Band 6
Hanns Wienold
Empirische Sozialforschung
ISBN 3-89691-696-3

Band 5
Heinz Steinert
Kulturindustrie
ISBN 3-89691-695-5

Band 4
Rainer Rotermundt
Staat und Politik
ISBN 3-89691-696-3

Band 2
Claus Rolshausen
Macht und Herrschaft
ISBN 3-89691-698-X

Band 1
Jürgen Ritsert
Gerechtigkeit und Gleichheit
ISBN 3-89691-699-8

EINSTIEGE
Grundbegriffe der Sozialphilosophie und Gesellschaftstheorie

je ca. 190 S.
je ca. DM 29,80 – ÖS 218 – SFR 27,50

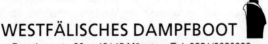

WESTFÄLISCHES DAMPFBOOT
Dorotheenstr. 26a · 48145 Münster · Tel. 0251/6086080
Fax 0251/6086020 · e-mail: dampfboot@login1.com
http://www.login1.com/dampfboot